社会主义问题研究文稿

杨尊明　著

山东大学出版社

内容简介

本书是从1980～1996年发表的部分论著(以论文为主)中挑选较重要的,按时间顺序编排而成,共20篇。作者着力运用马克思主义的立场观点和方法,分析研究当代社会主义运动中的重大理论问题和实践问题,并结合热点、难点加以探讨。书中多角度、深层次较系统地阐述了我国社会主义社会产生的历史必然性,社会主义社会的本质、特征、发展阶段及其优越性。特别着重对邓小平建设有中国特色社会主义理论和实践的研究,较深刻地说明了中国人为什么要搞社会主义,以及怎样建设社会主义的若干问题,从而对社会主义社会和建设有中国特色社会主义的规律性进行了初步探索。另外,还把十一届三中全会以来我党对科学社会主义的贡献和党的优良传统与作风的内容也编入其中。

自　序*

1933年11月，我出生在山东郓城一个农民家庭，自幼过着勤劳俭朴的生活。由于经济原因祖祖辈辈上不起学，父亲一生饱尝贫穷和没文化之苦，下决心再难也要让我上学。7岁在本村读私塾书后入学堂。1938年，日寇占领华北，我曾亲眼看见日军火烧村庄，跟着大人逃荒。1944年，家乡解放，参加儿童团并积极投入土改斗争。1947年前后，国民党进攻解放区，几次躲进青纱帐，不敢回家。学校停办，又到舅父家读私塾，同年夏天，国军全副武装闯入舅舅家张庄，多次逼问我："农会长家住哪里？"要抓人。我始终说："不知道。"便被狠狠地打了两刺刀，腿部受伤，终生难忘。后来，我村又遭国民党部队飞机轰炸，一颗炸弹落到我家墙外，邻居一位老人受重伤。就这样，在战乱中度过了痛苦的孩童时代。1950年2月，高小未毕业的我考入菏泽一中，次年参加青年团。后因国家急需教师，被分到菏泽一师读书。由于刻苦攻读学习成绩连续三年均居全班前列，并任团支部副书记。1955年毕业分到菏泽二中教导处工作。六年的学习生活使我过得愉快且富诗意，除学好各门功课外，还喜欢读一些优秀文学作品。印象最深的有《钢铁是怎样炼成的》《把一切献给党》《谁是最可爱的人》等。因所受家教严格，经常被叮咛要孝顺父母，尊敬师长，老实为人，好好上学，勤俭持家，做个有志气有文化的人。因此，从小就养成了艰苦奋斗、勤奋好学的习惯。同时，对革命英雄模

---

* 此文受国务院学位委会及山大研究生处推荐与委托为《社会科学家自叙辞典》一书而写，谨以此文作为自序2014年10月略有修改与增补。

范人物特别崇拜，对自己要求也非常严格。记得从家乡到菏泽的路程有70多公里，每逢暑寒假都与好友结伴步行，一日百里之遥，六年没坐过一回车，其艰辛程度可想而知。每当忆起此事，总觉得很有意义，从不后悔。

1956年，在党"向科学进军"的号召下，第一次允许干部、师范毕业生考综合大学，我激动不已。出差归来紧张复习后，考入山大历史系(青岛)。时任学习班长、团支部副书记。1960年3月，在成仿吾校长的领导和关怀下成立政治系，由中文系、历史系选派12名学生组成毕业班，历史系选派6人，我在其中。

家庭环境和个人经历使我深知，一个普通农民的儿子能成为家乡第一位新中国培养的大学生是何等不易。我心想：只有更加勤奋读书，学好本领，才能更好地报答父母养育之恩，不辜负党和国家给予的厚望。大学生活是世界观和人生观形成的关键时期。通过系统学习马列主义和专业知识、积极参加社会实践、劳动锻炼，逐步树立了科学世界观和坚定的社会主义、共产主义信念。1959年被学校评为红专积极分子，并派到北京参观全国农业展览馆。同年加入中国共产党。1960年作为政治系首届毕业生分到历史系任教。次年夏调到政治系政治学教研室。三年困难时期和十年"文革"，使社会主义事业遭到了严重挫折，给高等教育造成的损失也是空前的。作为青年教师，由于粮食定量太低，又吃大食堂，生活非常艰苦，水肿两年多，又患上了营养性肝病。但精神从未悲观失望，始终坚守岗位，忠于职守，积极参加教学科研和下乡劳动。坚信在党和人民群众的共同努力下，定会战胜困难，纠正失误。1963年秋参加省委工作组到巨野搞社教。1965～1966年参加省委工作组到荣成搞四清。1969～1970年，由文科三系组成教育革命探索队去滕县、青岛参加社会实践，我是负责人之一。1970～1974年年初，山大文科与曲阜师院合并成立新山大，在数学系任连副指导员、党支部副书记、马列部教员。1977～1978年春，参加省"农业学大寨"工作队。在郓城黄堆集公社吴庙乡任组长。上述活动基本上都与农民、工人同吃同劳动，进一步受到了教育和锻炼。总之，这些年是运动多、劳动多、开会多、学习专业知识少，教学科研少，耽误了许多宝贵时间，令人十分痛心和惋惜。特别是"文革"十年更是如此。

1978年12月，党的十一届三中全会作为历史的转折点载入史册，教育战线迎来了又一个春天。随着经济发展，人民生活改善和知识分子政策落实，"臭老九"的帽子摘掉了，广大教师的积极性得到空前发挥。可以这样说，改革开放十五年是教育事业飞速发展的"黄金时代"，也是我在教学科研中结出丰硕之果的十五年(1978～1993年退休)。当然，在"文革"前也参加一些教学与科研工作，如讲授并参加编写《马克思主义政治学》。1962～1979年，与同事合作在《文史哲》发表过4篇文章。虽然大都是学习、介绍马列经典及毛主席著作，但有的内容局限性也较为明显。1980年3月，赵明义主编的《科学社会主义》一书，由山东人民出版社出版。个人执笔3万余字，是主要撰稿人之一，并参加部分定稿工作。该书以崭新的内容作为全国第一部公开出版的教材和专著与读者见面，被许多大专院校党校选为教材，并得到专家学者的赞誉。同年发表《略论过渡时期和我国现阶段的社会性质》一文，受到学术界重视。1981年，派去中央党校学习，并参加著名学者范若愚、江流主编的《科学社会主义概论》撰稿工作，该书出版后获国家优秀著作奖。同年参加赵明义主编《科学社会主义》(增订本)的编写，个人执笔12万余字。该书获省优秀著作一等奖，被《光明日报》评价为全国有较大影响的一部好教材。

在长期从事科学社会主义理论教学与研究中，特别重视对社会主义社会及其发展规律的探索。先后在《文史哲》《科学社会主义》等国家级刊物上发表《论社会主义社会的发展阶段》《社会主义国家容易犯超越阶段错误原因探讨》等文章。较早提出并系统阐述了社会主义社会发展三阶段论和我国社会主义初级阶段的理论，在全国产生了积极影响，分别获省社科、省教委优秀成果二等奖。我认为，一个科社理论工作者应着力运用马克思主义的立场观点和方法，去分析研究当代社会主义运动中的重大理论和实践问题，更要结合热点、难点加以探讨。为此,曾有针对性地撰写了《论经济文化落后国家建立社会主义制度的历史必然性》《关于我国现阶段阶级斗争理论问题的若干思考》《怎样看待社会主义发展的曲折》等文,既有较高的理论价值,也受到社会上的广泛重视。

事实证明,在新的历史时期,我国社会主义现代化建设不仅取得了举世瞩目的成就,而且对科社理论的发展也做出了许多新贡献,迫切需要认真研究总结。党的十二大后发表的《我党对社会主义本质特征认识的重大进展》《十一届三中全会以来我党对科学社会主义理论的丰富和发展》等论文,获省级三等奖和许多专家学者的好评。党的十三大后,根据实践和理论发展的需要,又倾注了很大精力加强对邓小平建设有中国特色社会主义理论和实践的研究。这期间,我主编了《科学社会主义在中国的发展》一书,把科学社会主义理论在中国的传播,运用和发展结合起来,系统阐述了关于建设有中国特色社会主义的一系列重大问题,以新的角度和更深的层次说明了中国人民为什么选择了社会主义,以及只有社会主义才能救中国和发展中国的道理。1992 年 3 月由天津人民出版社出版,个人执笔 5 万余字。该书一出版,就得到全国著名专家学者的高度评价。中国人民大学科社系郑建邦教授在《光明日报》评价说:"无论就其思想内容和学术价值来说,都是一部优秀著作。"不久此书便获山东省社会科学优秀成果三等奖,获山东省科社学会、山东大学优秀成果一等奖,优秀教材一等奖。

根据教学需要 1985 年曾合作编写《科学社会主义原理》自学辅导一书,由山东大学出版社出版。个人执笔 4 万余字,是主要撰稿之一。1990 年编写《马列著作选读·科学社会主义释义》,山东人民出版社出版。个人执笔 5 万余字,任第二主编。1992 年参加省重点科研项目《世界百科名著大辞典》撰稿工作,山东教育出版社出版,任社会主义学卷副主编。1996 年参加赵明义主编《科学社会主义》一书(新版本),山大出版社出版,获山东省优秀成果二等奖。1997 年参编《新时期统一战线的理论与实践》,山东大学出版社出版。1982 年还参加国家重点项目《中国大百科全书》《科学社会主义卷》编写工作。另有几篇论文被全国多家刊物转载或选登。

四十多年来，主要从事科社理论和马列著作的教学与研究工作。其发表论文20余篇，7篇获奖。参编、主编出版教材、专著、文集14部，获省级社科一、二、三等奖各1项。在研究中力求把教学与研究课题相结合，把原理与具体实际相结合，把热点、难点与探索规律相结合，把学习与信仰、践行相结合，尽量取得经得起实践检验的成果。除勤于笔耕，发表一些有较高学术价值论著外，还一直坚持在教学第一线。全身投入，积极备课，孜孜不倦，治学严谨，教书育人也做出了显著成绩。期间，曾为本科生、研究生讲授多门课程。主要有：《马克思主义政治学》《科学社会主义原理》《马列著作选读》《科学社会主义理论与实践》《毛主席著作》《科学社会主义专题研究》等。培养硕士研究生8名，参与培养苏联高级进修生2名，是本院硕士、博士点梯队重要成员之一。同时，也为科社系的创立与重点学科建设做出了应有贡献。曾获高校省级教学成果二等奖，山大教学优秀成果二等奖。1993年12月～1997年退休后返聘继续带研究生讲授两门课，并兼任硕士、博士生辅导员、班主任、党支部书记。

从参加工作至今，在教育战线耕耘已四十余年。曾在历史、政治、哲学、科社等系任教，国政学院教授。科社教研室主任，党支部书记、硕士研究生导师、院系学术委员、学位委员、文科职称评委、省社科学会常务理事、校统战理论研究会理事、《文史哲》兼职编辑。忆往事，感慨颇多，只有在党的领导下才能读完中学师范和大学。虽然取得一些成果，但离要求还相差甚远。只是在较困难条件下尽心尽力而已。我出生时父母已年逾四十，上有两姐，都是农民。妻子亦是社员，四个孩子。大学毕业时，父母年迈。每月工资53元，十八年未变，吃饭变成了老大难。家庭负担主要由一人承担，更何况两地分居四十年。由于一心用在学业上想把耽误的时间补回来，书呆子气浓、也不善交往，对家庭关心实在太少了。对此多年来我一直深感内疚与愧欠。1980年农转非，只带来两个适龄女孩均是工人，其中一人下岗。另两人在家务农。老伴受苦受累最多,每提起此事,总是埋怨之声、不绝于耳。真是风雨坎坷历辛艰,一路征程苦辣甜。但信仰坚定,老实做人,坦率正直,崇尚节俭,艰苦奋斗的品格一直在坚守。爱好读书、求索真理、踏实治学、与时俱进、锲而不舍的精神始终没有变。

如今,我虽年事已高,但仍认为,把毕生精力献给马克思主义、科学社会主义的宣传教育和研究工作,是一件极有意义的事。纵观历史,使我深深懂得,一个国家、一个民族要发展、要振兴,总要有一种意识形态作为维系国家、民族统一和团结的精神支柱。在继承中国优秀传统文化的基础上,马克思主义、毛泽东思想、邓小平理论和建设有中国特色社会主义理论,就是保证我们国家富强和民族振兴的强大精神支柱。是否认真学习、研究这些理论,是否真正在坚持中发展创新并付诸实践直接关系到社会主义兴衰和国家的前途命运。因此,培养一大批有坚定信念、造诣很深、学以致用、富有开拓精神的青年一代,是时代赋予我们的光荣职责。我坚信,只要遵循社会发展的客观规律和社会主义社会的发展规律,只要高举这些经得起历史检验的伟大旗帜,我们的国家定能克服前进道路的一切艰难险阻,自立于世界强国之林,使生我养我的这片热土会更加繁荣昌盛,人民生活会更加富裕、安康、幸福。

杨尊明

1993 年 11 月 20 日

序 言

杨尊明教授今年已到了82岁的耄耋之年，我年长其一岁，我们是老朋友、好朋友。自1962年9月我从中国人民大学调来山东大学任教起，我们一直在一个教研室工作，在一个党支部过党的生活。几十年来，相互学习，相互帮助，能够相互交心，相互批评，是名副其实的好朋友。

特别需要着重说明的是，1978年我奉学校领导之命，筹建"山东大学科学社会主义系"的过程中，杨教授可以说是科社系的创始人之一，这之后的几十年，我们俩就成了科学社会主义学科教学与研究的老搭档。我们在编著全国第一部《科学社会主义》时，杨教授出力很大，除担负若干重要章节的撰写任务外，还参加了定稿工作。正因此，当中共中央党校范老（若愚）和江流同志主持编写《科学社会主义概论》，以读书班的名义组成编写组时，向山大提出希望派一名该校编写《科学社会主义》教材的骨干成员参加编写组，同时要带去若干本《科学社会主义》教材作为编写组成员参考。科社系决定派杨尊明同志参加了该读书班和编写组。之后，在编著《科学社会主义》增订本（即第二版）和新版本（即第三版）时，杨教授仍承担了较重的撰写任务。

呈现在读者面前的这部《社会主义问题研究文稿》，是杨教授几十年科研成果的一小部分，也是我主持的社会主义学科"985"研究项目的成果之一。该成果有许多创新之处，其中很突出的一点就是，在我党和邓小平同志提出社会主义初级阶段理论时，他在20世纪80年代初的文章中就提出一个新的观点：像中国这样经济文化落后的国家所搞的社会主义，不仅需要经历社会主义初级阶段，而且还要经历中级阶段和高级阶段，才能进入马克思和列宁所论的共产主义社会低级阶段那样的社会主义社会。这一观点既是他的观点也是科社系“原理教研室”这个教学科研团队共同观点。杨教授的文章中还有不少创新观点，由于他在其“自序文章”中阐述的比较详细，所以我在此就不一一赘述。

杨教授为人老实忠厚，做事又严又实，治学严谨，不论教学还是科研，从来都是严格要求自己；行动慢条斯理，语言不多也不巧，说话做事实实在在。用现在的话说，“严、实”精神在他身上有显著的体现，我和我们这个教学研究团队的同事们都很尊敬他，我本人向他学习了很多东西。

我的好朋友杨教授，晚年还展露出另一种才华——写诗。文稿附录了他政治色彩较浓的作品，最近他又出版了一本《文苑秋鸿》的诗词，真是老当益壮。在其《社会主义问题研究》文稿和诗词出版之际，我衷心祝愿其安康长寿。

赵明义*

2015 年 9 月 14 日

* 作者系山东大学终身教授、博士生导师、社会主义学科著名专家、中国科社学会资深顾问、山东省科社学会名誉会长。

目　录

略论过渡时期和我国现阶段的社会性质

最近,理论界就过渡时期和我国现阶段的社会性质问题,进行了一些讨论。下面说一点个人意见。

一

关于过渡时期的问题,恩格斯在 1847 年 6 月 9 日起草的《共产主义信条草案》中就已经初步提出来了。根据他的设想,大体由无产阶级取得政权开始,达到一个由人到环境的完全改变的革命转变过程,核心是从私有制到公有制的逐步过渡。其后在《共产主义原理》和《共产党宣言》《法兰西阶级斗争》等著作中,可以清楚地看出马克思恩格斯关于过渡时期的重要思想。1875 年马克思在《哥达纲领批判》中,更加明确地提出了关于过渡时期和共产主义社会两个阶段的伟大理论。他指出:“在资本主义社会和共产主义社会之间,有一个从前者变为后者的革命转变时期。同这个时期相适应的也有一个政治上的过渡时期,这个时期的国家只能是无产阶级的革命专政。”①列宁认为这是马克思运用最彻底、最完整、最周密的发展论,去考察资本主义的实际材料和未来共产主义的发展问题得出的科学结论。

怎样理解马克思这个著名论断中所谈到的过渡时期呢?我们认为,它的含义主要有下列四点:

第一,过渡时期是指两种社会形态的根本性质的变化。过渡的本来含义是从河的此岸到河的彼岸。我们讲从什么到什么的过渡或

① 《马克思恩格斯选集》第 3 卷,人民出版社 1972 年版,第 21 页。

过渡时期，只是借用以上含义，来表述从一事物到另一事物的质的转变（或转化），这同哲学上的质变、突变、飞跃等范畴具有相同的意义。当然也不是任何事物的质变，都会在时间上形成一个过渡时期，这要由事物本身的特点来决定。马克思列宁讲"从资本主义过渡到共产主义"或"从资本主义过渡到社会主义"，都是指从一个社会形态到另一个社会形态的过渡。

第二，过渡时期在经济上的主要特点，是两种社会经济结构同时存在并且彼此斗争的时期，是社会主义经济成分逐渐战胜和消灭资本主义成分，改造其他经济成分的时期。列宁说："过渡这个词到底是什么意思呢？它在经济上是不是说，在这制度内既有资本主义的也有社会主义的成分、部分和因素呢？谁都承认是这样的。"①列宁还说过："这个过渡不能不是衰亡着的资本主义与生长着的共产主义彼此斗争的时期，换句话说，就是已被打败但还未被消灭的资本主义和已经诞生但还非常脆弱的共产主义彼此斗争的时期。"②问题很清楚，按照列宁的解释，过渡时期的社会经济结构一定是生产资料公有制和生产资料私有制兼而有之。各个国家过渡时期的经济都具有多种成分的特点，其中社会主义经济成分将逐步占据统治地位。

第三，过渡时期政治上的主要特点，是存在着多个阶级、存在着阶级斗争，因此，这个时期的国家，只能是无产阶级的革命专政。马克思认为，无产阶级专政是达到消灭一切阶级和进入无阶级社会的过渡。列宁说："在无产阶级专政时代，阶级始终是存在的。阶级一消灭，专政也就不需要了。没有无产阶级专政，阶级是不会消灭的。"③可见，无产阶级专政仅仅存在于从资本主义到无阶级社会的历史时期。

第四，过渡时期的起点和终点应该是：从无产阶级取得政权后，

---

① 《列宁选集》第3卷，人民出版社1972年版，第540～541页。

② 《列宁选集》第4卷，人民出版社1972年版，第48页。

③ 《列宁选集》第4卷，人民出版社1972年版，第91页。

就开始进入向共产主义的过渡时期。它的终点是共产主义社会的第一阶段，即马克思和恩格斯设想的社会主义社会。

为什么说马克思、列宁讲的从资本主义到共产主义的过渡时期，是过渡到共产主义的第一阶段，而不是它的高级阶段呢？其主要根据有：

（一）在《哥达纲领批判》一书中，马克思讲的共产主义社会虽然是指共产主义社会形态，是包括两个发展阶段在内的共产主义的总称，但实际指的是过渡到它的低级阶段——社会主义社会。因为马克思要论及的是从旧社会到新社会的转变时期，不是论述共产主义社会自身发展的两个阶段，所以只需泛指共产主义社会就行了。社会主义是共产主义的第一阶段，当然应该首先过渡到社会主义，而不应该超越这一阶段而直接过渡到共产主义。关于过渡时期那段话的前面，马克思提出一个问题："在共产主义社会里国家制度会发生怎样的变化呢？"[①]后面接着说："这个纲领既没有谈到无产阶级的革命专政，也没有谈到未来共产主义社会的国家制度。"[②]很明显，这里说的共产主义社会的国家制度，就是指共产主义第一阶段的国家制度。因为过渡时期的国家即无产阶级专政，不能叫"共产主义社会的国家制度"，在共产主义社会的高级阶段，则又没有国家制度。在这部著作中，马克思已明确地把共产主义社会第一阶段和高级阶段区别开来，并对高级阶段的基本特征作了极其精辟的阐述。因此，尽管书中多次使用共产主义社会这一概念，但实际所指应是它的低级阶段。马克思在其他著作中，用"共产主义"一词既表示低级阶段又表示高级阶段，把向社会主义过渡称作向共产主义过渡也是常有的事。

（二）列宁的有关著作把马克思的意思解释得更加明确。《国家与革命》这部光辉著作中的第五章第二节标题是"从资本主义向共产主义的过渡"，实际讲，从资本主义向共产主义第一阶段的过渡。当

---

① 《马克思恩格斯选集》第3卷，人民出版社1972年版，第20页。

② 《马克思恩格斯选集》第3卷，人民出版社1972年版，第21页。

列宁谈到社会主义民主及其实质时指出，绝大多数人享受民主，对少数剥削分子实行镇压，“这就是从资本主义向共产主义过渡的条件下形态改变了的民主”[①]。这是过渡时期无产阶级专政条件下的民主。第三节讲“共产主义社会的第一阶段”。第四节专门讲了共产主义社会的高级阶段。如果我们结合《马克思主义论国家》，将革命胜利后的社会划分为三个阶段来考察，过渡时期的终点划到那里，就更加清楚了。列宁在这个读书笔记里，把从资本主义向共产主义的过渡时期，称为“长久的阵痛”时期。这个观点和《国家与革命》第五章第二节的标题正好一致，只有经过这个长久的阵痛时期，才能到达共产主义社会的第一阶段，即社会主义社会。由此可见，无论从内容还是从逻辑顺序看，这个过渡实际指的都是过渡到共产主义的第一阶段。列宁在《向匈牙利工人致敬》一文中的解释，说服力就更大。他说：“无产阶级的目的是建成社会主义，消灭社会的阶级划分，使社会全体成员成为劳动者，消灭一切人剥削人的制度的基础。这个目的不是一下子可以实现的，这需要一个相当长的从资本主义到社会主义的过渡时期，因为改组生产是一件困难的事情，因为根本改变生活的一切方面是需要时间的，因为按小资产阶级和资产阶级方式经营的巨大习惯力量只有经过长期的坚忍的斗争才能克服，所以马克思说，无产阶级专政的整个时期是从资本主义到社会主义的过渡时期。”[②]列宁的解释明确指明从资本主义到社会主义的过渡时期，但有的同志为主张过渡到共产主义的高级阶段提供论据，把列宁用的“社会主义”一词当作“共产主义”的同义语来解释，这显然是不正确的。列宁说：“社会主义的导师们之所以说从资本主义到社会主义要有一整个过渡时期并不是没有原因的，他们强调新社会诞生时的那种‘长久的阵痛’也不是没有缘故的。”[③]列宁还多次谈到社会主义就是消灭阶

① 《列宁选集》第3卷，人民出版社1972年版，第247页。

② 《列宁全集》第3卷，人民出版社1972年版，第857页。

③ 《列宁选集》第3卷，人民出版社1972年版，第546页。

级的观点。他明确指出："工农之间还有阶级差别的社会，既不是共产主义社会，也不是社会主义社会。"[①]又说："只要还存在着工人和农民，社会主义就还没有实现。"[②]根据列宁对马克思关于过渡时期的理解和分析，我们认为，把它理解成从资本主义到社会主义的过渡，这是毫无疑义的。诚然，在列宁的著作中，有时也说："从资本主义到共产主义过渡"，但如果我们的理解不仅限于字面，而是深入问题的实质，那就不难发现，这两种提法是一个含义，实际指的仍然是向社会主义过渡。

（三）在斯大林的著作中也能找到这方面的证据。当他论及无产阶级专政的特征时说："利用无产阶级政权组织社会主义社会，消灭阶级，过渡到无阶级的社会，即过渡到社会主义社会。"[③]又说："无产阶级专政不是目的本身。专政是走向社会主义的手段和道路。"[④]由此可以看出，无产阶级专政的根本任务之一，就是保证过渡到无阶级的社会主义社会。

根据上述引证和分析，我们认为：马列主义经典作家关于过渡时期的论述是很明确的。过渡时期不是社会主义社会，社会主义社会就不是过渡时期，二者属于不同的发展阶段，既有区别又有联系。那么，过渡时期何时结束，社会主义才算建成呢？按照马克思和列宁的当初设想，实行单一的社会主义公有制，并建立起相适的物质技术基础，创造出比资本主义更高的劳动生产率，实行按劳分配，没有商品生产和货币交换，无阶级、无剥削、也无阶级差别，国家的镇压职能已经消亡，但国家还没有完全消亡。只有具备这些条件，过渡时期才能结束，社会主义社会方才开始，才能谈得上在自身基础上由共产主义初级阶段向共产主义高级阶段过渡的问题。这种过渡和前面讲的过

---

① 《列宁选集》第3卷，人民出版社1972年版，第838页。

② 《列宁全集》第3卷，人民出版社1972年版，第464页。

③ 《斯大林全集》第8卷，人民出版社1954年版，第31页。

④ 《斯大林全集》第7卷，人民出版社1958年版，第133页。

渡时期是根本不同的。前者是从资本主义社会形态向共产主义社会形态进行革命大转变的历史时期，而后者则属于同一社会形态自身发展的经济上成熟程度不同的两个阶段。如果把过渡时期的历史界限划到共产主义高级阶段之前，即所谓“大过渡”，那就离开了马列关于过渡时期是两种社会经济形态之间的“革命转变时期”的原意，如果把社会主义社会都划入过渡时期，那就不仅混淆过渡时期和社会主义社会的根本区别，而且必然离开共产主义社会两个阶段的原理。其结果就会把过渡时期、社会主义社会和共产主义社会的历史界限混淆起来，容易犯“左”的错误。

二

正确认识过渡时期的问题，固然必须认真弄清马克思主义经典作家有关论述的原意，领会其精神实质，作为我们研究问题的理论依据。但更重要的还要坚持实践是检验真理的唯一标准，允许在新的历史条件下，实事求是地研究新情况，解决新问题，允许在实践检验中不断地为科学社会主义理论宝库增添新的东西。只有这样马克思主义才具有强大的生命力。

19世纪中叶，在资本主义向上发展的时期，马克思和恩格斯根据当时的历史条件，曾设想社会主义革命将在资本主义最发达的国家首先取得胜利，而且有可能在英、美、法、德等主要资本主义国家同时取得胜利。

到了帝国主义和无产阶级革命的时代，列宁没有从“定义”出发，拘泥于马恩某些过时的原理或个别结论，而是敢于从实际出发，在新的条件下，创造性地提出了社会主义可以在一个国家首先获得胜利的伟大理论。俄国和中国等社会主义革命的相继胜利，证明了这个新原理是无比正确的。由于社会主义革命是在另一种环境、另一类国家首先碰到了社会主义的实践问题，因此，由资本主义过渡到社会主义，就不可避免地产生一系列新特点和新问题。列宁正是运用马克思主义基本原理，从俄国具有中等资本主义发展水平和小农经济占优势的实际情况出发，及时总结革命经验，研究新情况，解决新问题，把马克思主义关于过渡时期和社会主义的学说又向前推进了一步。第一，列宁进一步阐明了过渡时期的特点和任务。他认为，过渡时期的经济实质是多种经济成分并存，兼有资本主义和社会主义两种结构的特点和特征。“这个时期必然是阶级斗争空前残酷、阶级斗争的形式空前尖锐的时期。”①十月革命后，苏联的多种经济成分表现为：宗法式的农民经济；小商品生产；私人资本主义；国家资本主义；社会主义。与此相适应地存在着资产阶级、小资产阶级（特别是农民）和无产阶级。其中无产阶级和资产阶级的矛盾是主要矛盾。这个时期的国家只能是无产阶级专政。它的任务除镇压剥削者的反抗外，还要消灭私有制建立社会主义公有制，大力发展生产力，为过渡到社会主义创造条件。第二，十月革命后，列宁从俄国的具体情况出发，认为在生产资料所有制的社会主义改造中，还不能直接把生产资料转归整个社会所有，而必须在一定的历史时期内存在着两种公有制形式，与此相联系的必然保存商品货币关系，用来保持社会主义国有经济同小生产者之间的经济联系。第三，列宁在创立资本主义不发达国家首先取得革命胜利并能够建成社会主义的理论基础上，及时总结经验，提出把社会主义社会划分为两个阶段的光辉思想。这就是经过不发达的或不完全的社会主义然后达到发达的或完全的社会主义。列宁说：“怎样想象出一个发达的社会主义社会，这也不困难。这个任务也已经解决了。但是，怎样具体地从旧的、习惯了的、大家都熟悉的资本主义过渡到新的、还没有长出来的、还没有稳固基础的社会主义，却是一个最困难的任务。”②又说：“既然存在着工人和农民，也就存在着不同的阶级，因而也就不能有完全的社会主义。”③在这里，列宁明显地把马克思和他本人设想的共产主义第一

---

① 《列宁选集》第3卷，人民出版社1959年版，第200页。

② 《列宁全集》第30卷，人民出版社1957年版，第299页。

③ 《列宁全集》第32卷，人民出版社1958年版，第258页。

阶段称之为"发达的社会主义",而"新的、还没有长出来的、还没有稳固基础的社会主义"以及"带有小农在居民中占优势所造成的特点的社会主义"[①],称为"不发达的和不完全的社会主义"。列宁对实践中产生的社会主义的划分,是以对不发达资本主义国家的实际情况为依据的,正像马恩设想的社会主义是建立在对发达资本主义国家进行科学分析的基础之上一样。第四,列宁进一步论证了过渡时期的长期性和艰巨性,并得出资本主义越不发达,过渡时期就会越长的科学结论。他从俄国革命后遇到的困难和复杂情况出发,指出:"由于历史进程的曲折而不得不开始社会主义革命的那个国家愈落后,它由旧的资本主义关系过渡到社会主义关系就愈困难。这里除破坏任务以外,还加上一些空前困难的任务,即组织任务。"[②]又指出:"资本主义愈不发达的社会,所需要的过渡时期就愈长。"[③]列宁的这一观点是和发达资本主义国家相比较而言的,是以发达社会主义的标准为尺度的。

总之,列宁的上述论断,虽与马克思恩格斯设想的社会主义有所不同,但却符合经济不发达国家的实际,深刻揭示了不发达社会主义社会的特点和规律。列宁的这些新思想新贡献,对今天国际无产阶级的社会主义事业,仍然发挥着巨大的指导作用。

1936 年,苏联胜利完成社会主义工业化和农业集体化的基本任务,实行从生产资料私有制到生产资料公有制,从存在着剥削阶级到消灭剥削阶级两个重大的革命转变之后,斯大林作出了过渡时期结束和进入社会主义社会的新结论。特别从当时仍处于资本主义包围的现实出发,又把过渡时期和无产阶级专政加以区别,明确认为,过渡时期结束了,无产阶级专政仍需坚持,社会主义国家不能消亡。斯大林的这些重要结论,显然和马列当初的设想有很大区别,但仍然符

① 《列宁全集》第 4 卷,人民出版社 1972 年版,第 516 页。
② 《列宁全集》第 3 卷,人民出版社 1959 年版,第 454 页。
③ 《马克思恩格斯全集》第 33 卷,人民出版社 1957 年版,第 43 页。

合马列主义的精神实质,符合苏联的客观实际。因此,应该说这是对马列主义关于过渡时期和社会主义理论的重要补充和发展。当然,斯大林认为苏联已基本上实现了马克思主义者称为“共产主义的第一阶段”,已在完成社会主义社会建设和逐渐过渡到共产主义社会,因而宣布“彻底消灭了剥削阶级的残余”①,不承认国内还有阶级斗争,这是应当引以为戒的。以毛泽东同志为首的中国共产党,历来强调把马列主义普遍原理同中国的具体情况相结合,坚持实践是检验真理的唯一标准,不断地总结国内外的革命经验,为在中国这个资本主义很不发展,无产阶级人数不多,小农经济占绝对优势的落后国家实现社会主义,创造性地解决了一系列根本问题,找到了具体的道路和形式,进一步丰富和发展了马列主义关于过渡时期和社会主义的伟大理论。无产阶级夺取政权以后,在生产资料所有制的改造过程中,采取和平的“赎买”的方法把资本主义经济改造为社会主义经济,这是马克思和列宁早就提出过但从来没有实现过的设想。在农业合作化的伟大运动中,毛泽东同志深刻了解我国农民的情况和要求,领导我们采取从互助组、初级社、高级社到人民公社等一系列的过渡形式。顺利地引导农民走上了共同富裕的社会主义大道。在这场涉及几亿人口的、大规模的、极其深刻的社会变革中,不仅避免了通常难以避免的生产力下降,有力地促进了国民经济的发展,而且正确地实行了把原来的剥削者改造成为自食其力的劳动者的方针。这是世界社会主义历史上的伟大创举,是毛泽东思想的光辉胜利。1956年,社会主义改造基本完成以后,在毛泽东同志主持下召开了党的第八次全国代表大会。毛泽东同志在这次大会前后发表的《论十大关系》。《关于正确处理人民内部矛盾的问题》两篇重要著作以及八大的主要文献中,明确指出,革命时期大规模的疾风暴雨式的群众阶级斗争基本结束,我们的根本任务已由解放生产力变为在新的生产关系下面保护和发展生产力,肯定我国已经建立了社会主义制度,进入

① 《斯大林文集》上卷,人民出版社1962年版,第221页。

了社会主义社会,但尚未建成社会主义。毛泽东同志设想,社会主义可能划分为两个阶段:第一阶段是不发达的社会主义;第二阶段是发达的社会主义。进一步强调国内阶级斗争同国际阶级斗争的密切联系,明确指出一个社会主义国家的最后胜利,有待于在整个地球上消灭人剥削人的制度,使整个人类都得到解放。毛泽东同志的这些光辉思想,使马列主义关于过渡时期和社会主义的理论又向前迈进了一大步。

根据列宁过渡时期特征的分析,以及把过渡时期和社会主义社会区别开来的思想,根据对社会主义所作的“不发达的”和“发达的”两阶段划分,我们认为,列宁实际指明,过渡时期的历史界限应该有所变化,不发达的社会主义应归属于社会主义社会而不归属于过渡时期。1936 年后的苏联和 1956 年后的中国,社会主义革命和社会主义建设的实践经验证明,列宁、斯大林和毛泽东同志的论断是完全正确的,是经得起实践检验的。因为这样做,符合关于生产方式的性质决定社会性质这一历史唯物主义基本原理;符合马列主义关于过渡时期、社会主义社会、共产主义社会三个历史阶段的基本精神;符合列宁关于不发达的社会主义社会的划分,更重要的是符合苏联和中国社会发展的客观实际。

三

我国现阶段的社会性质究竟是什么?目前理论界存在着意见分歧。对这个问题的看法,同对过渡时期的理解直接相关。根据上面对经典作家有关论述的理解,以及实践是检验真理的唯一标准的原则,我们坚定地认为,中国现阶段的社会性质是社会主义社会,尽管它还处在不发达的社会主义阶段,但毕竟具备了社会主义社会基本特征。持不同观点的同志认为:“我国现阶段既不是社会主义,也不是不发达的社会主义，而是从资本主义到社会主义的过渡时期。”①有的同志承认是不发达的社会主义，却把它划归过渡时期，只承认是社会主义国家，不承认是社会主义社会。他们的主要理由是：我们现在的社会根本没有达到马列当初设想的社会主义社会的标准。既没有建立那样完全的社会主义所有制，也没拥有超过资本主义的巨大生产力，没有消灭一切阶级和阶级差别，还有旧社会的传统势力，还需要无产阶级专政。因而过渡时期不能结束，还不是社会主义。否则，就会降低社会主义社会的标准，降低社会主义在人们心目中的声誉。这些观点无论如何我们是不能同意的。因为：

第一，用革命导师一百多年前关于发达社会主义的设想，硬套今天不发达社会主义的现实，凡有差距者，就一概不承认，这不是完整准确地理解马列主义，不是坚持实践是检验真理的唯一标准。如前所述，马克思和恩格斯原来设想的社会主义社会的标准，完全是以典型的发达资本主义国家同时胜利为依据的，只描绘了建成发达社会主义的一般情景，为社会主义学说奠定了基础。对经济不发达或落后国家来说，社会主义的情形是怎样的？他们也作过一些探索。由于历史条件的变化，马恩原来的有些设想未能成为现实，实践创造了一个不发达的社会主义社会。这就给人们突出地提出了一个新的重大课题，即到底怎样认识社会主义社会的标准问题。照搬马列关于发达社会主义社会的设想呢，还是在马列主义普遍原则的指导下，一切从实际出发，实事求是地总结社会主义革命和社会主义建设的实践经验，进一步探讨社会主义的本质特征，作为衡量社会主义社会的共同标准呢？我们以为后者才是马列主义的正确态度。对待这个问题正像对其他问题一样，要破除林彪、“四人帮”制造的现代迷信，也要破除一切迷信，不能把马恩说过的每句话都视为放之四海而皆准的普遍真理。如果只许照抄，不许发展，那就不能产生列宁的一国胜

① 严钟奎：《我国现阶段究竟是过渡时期还是社会主义——与黄家驹同志商榷》，载《学术研究》1979年第5期。

利学说，不会有十月革命的胜利，也就没有今天不发达的社会主义。

第二，遵照经典作家的教育和几十年来社会主义的历史经验，我们认为，社会主义社会的基本特征和衡量标准，应该有下列几条：

（一）社会主义公有制代替了资本主义私有制，消灭了人剥削人的制度。列宁说："既然生产资料已成为公有财产，那么'共产主义'这个名字在这里也是可以用的，只要不忘记这还不是完全的共产主义。"①在不发达的社会主义阶段，虽然还有两种公有制形式，生产资料公有化程度不高，但是确实消灭了私有制，建立了公有制。它是社会主义生产关系的基础，是社会主义社会最本质的特征。

（二）在个人消费品的分配方面，基本上实行了"各尽所能，按劳分配"的原则。这一原则的实现，从根本上否定了几千年来建立在生产资料私有制基础上的"劳者不获""获者不劳"的人剥削人的分配制度。列宁明确指出："人类从资本主义只能直接过渡到社会主义，即过渡到生产资料公有制和按劳分配。"②由此可见，社会主义社会最基本的特征，除了生产资料公有制以外，就是按劳分配。尽管不发达的社会主义阶段，由于生产力水平较低，制度不够健全，按劳分配制度的优越性未能充分地发挥出来，但不能由此否认我国现行的分配制度是社会主义制度。

（三）无产阶级专政代替了资产阶级专政，并且已经消灭了剥削阶级，劳动人民享受世界上最民主的权利，成了社会的真正主人。无产阶级专政的国家政权日益巩固，社会主义政治法律制度的建立和完善。剥削阶级被消灭，是社会主义社会的重要特点之一，大家知道，无产阶级专政的国家政权，是社会主义社会上层建筑的核心部分，没有无产阶级专政就没有社会主义。特别由于生产资料所有制的社会主义改造基本完成之后，地主、资产阶级作为完整的剥削阶级已被消灭，广大的个体农民和小手工业者也成为社会主义的集体劳

① 《列宁选集》第 3 卷，人民出版社 1959 年版，第 255 页。

② 《列宁全集》第 24 卷，人民出版社 1957 年版，第 63 页。

动者,从而基本上完成了由存在剥削阶级到消灭剥削的重大转变,向着"社会主义就是消灭阶级"的方向迈出了关键性的一步。

(四)按照社会主义基本经济规律和国民经济有计划、按比例发展规律办事,使生产力比在资本主义制度下以更快的速度发展,人民生活能够得到不断的提高和改善。这是由社会主义经济的性质和生产的目的决定的。

(五)以马克思主义为指导的社会主义意识形态占统治地位,使人民有一个共同的社会理想和道德标准。其中生产关系的性质是决定社会主义性质的关键。只要具备上述条件,就是建立了社会主义的经济制度和政治制度,就算基本上实现了从资本主义社会向社会主义社会的根本转变,就是进入了社会主义社会。当然,这种社会主义,离马列讲的发达社会主义还相差很远,但它确属于社会主义社会的一个阶段。只有科学地揭示社会主义社会的基本特征和标准,才能进一步正确地判定我国现阶段的社会性质。

第三,不承认我国现阶段的社会是社会主义社会,把不发达的社会主义划归过渡时期,不仅混淆了社会主义社会和过渡时期的重大区别,而且也不符合我国的实际情况。根据我们对过渡时期和社会主义社会的初步分析,可以看出两者的区别是非常明显的。无论在经济结构、主要矛盾、根本任务、上层建筑等方面都有很大的不同。实践已经证明,无论如何不能否认斯大林逝世以前的苏联是社会主义社会。中国三十年的历史证明,在过渡时期总路线的指引下,1956年三大改造基本完成以后,我国社会实现了由资本主义向社会主义的转变,过渡时期基本结束,从此进入社会主义社会,这个结论是正确的。同年九月,党的第八次全国代表大会关于政治报告的决议指出:现在社会主义改造已经取得决定性的胜利,无产阶级同资产阶级的矛盾已基本解决,社会主义社会制度在我国已经基本上建立起来了。经过二十多年的艰苦斗争,社会主义制度更加巩固了。正如华国锋同志在五届人大第二次会议上作的政府工作报告中所指出:我国的"社会主义制度已经经历了严峻的考验而确立了自己的稳定的统治”。叶剑英同志在庆祝中华人民共和国成立三十周年大会上的讲话，在谈到三十年来取得的巨大成就时明确指出：“我们消灭了剥削制度，改造了小生产者的私有制度，全面建立了生产资料的社会主义公有制，初步实行了‘各尽所能，按劳分配’的原则，使占世界人口五分之一以上的中国人民进入了社会主义社会。”这个报告和讲话，不仅对我国现阶段的社会性质再次作了肯定回答，而且对我国人民是在什么条件下进入社会主义社会的问题，也作了非常精辟的概括和阐发。这一概括，是我党对光荣伟大三十年历史的科学总结，是中国人民长期坚持社会主义道路所取得的伟大成果。这个事实是任何人也无法否认的。

第四，把不发达的社会主义还有阶级斗争，还需要无产阶级专政，作为过渡时期没有结束，这不是社会主义社会的根据也是不正确的，诚然，马列当初设想的社会主义社会是无阶级的社会，这是完全正确的。问题在于，是否承认革命实践产生了一个还有残余形态的阶级斗争，还必须坚持无产阶级专政的社会主义社会，是否承认不发达的社会主义也是社会主义。国际共产主义运动的历史证明，过渡时期并不一定是和无产阶级专政共存亡的。即使过渡时期结束了，进入不发达的和发达的社会主义社会之后，只要还存在某种国内外条件，无产阶级专政仍然是需要的。

第五，把我国目前还没有超过资本主义的巨大生产力，还有旧社会的传统势力，作为不是社会主义社会的理由也是不能成立的。大家知道，判断一个社会的性质主要是由这一社会的经济制度，首先是由生产资料所有制的性质决定的，而不是单纯看生产力的高低。马列提出超过资本主义的社会生产力，首先是针对发达社会主义提出的，强调这是社会主义最终战胜资本主义的最重要的最根本的物质保障。在不发达的社会主义阶段，生产力比发达的资本主义国家低，这是事实。但这不是社会主义制度造成的。这种状况正在改变，党中央把四化建设作为压倒一切的中心任务，就是为了以尽可能短的时间，赶上并超过发达的资本主义国家，使社会主义社会变成最富裕的社会。但这绝不是说,在没有超过资本主义巨大生产力之前,就不能进入社会主义社会。至于我国现阶段还存在一些旧社会的传统势力,那丝毫用不着奇怪。列宁说:"无论在自然界或在社会中,实际生活随时随地都使我们看到新事物中有旧的残余。"①这种现象无论哪种社会形态都会有的。不过,残余总归是残余,它不可能决定社会性质。

总之,不管是从理论方面还是从实践方面都有充分的根据证明,我国现阶段的社会是社会主义社会,不是过渡时期。有的同志认为,要把这样的社会硬说成是社会主义社会,"就是降低社会主义在人们心目中的声誉,使人们看不到社会主义的优越性"②。甚至认为,在共产主义革命没有实现两个决裂之前,说已经进入了社会主义,"就是降低社会主义的标准"。我们认为,这种观点也是站不住脚的。因为,我们说,不发达社会主义已经具备了社会主义社会的基本特征,在这个发展阶段上,不是停步不前,满足现状,而是积极创造条件向更高的阶段努力奋斗。即使人民认识到社会主义制度比资本主义制度有巨大的优越性,看到它开始显示强大的生命力和发展前途,对共产主义事业充满信心,又使人民认识到它还不成熟,不完善,还带有旧社会的许多痕迹。这样认识怎么会降低社会主义在人们心目中的声誉呢?恰恰相反,只有那种坚持我国现阶段不是社会主义,也不是不发达社会主义的观点,才从根本上否定了我国社会主义制度的优越性,才会真正引导人们看不到这种优越性。

(原载《湘潭大学学报》1980年第2期)

---

① 《列宁选集》第3卷,人民出版社1972年版,第256页。

② 严钟奎:《我国现阶段究竟是过渡时期还是社会主义》,载《学术研究》1979年第5期。

论经济落后国家建立社会主义制度的历史必然性

当前，社会上有人认为，中国经济落后，不应该建立社会主义制度，就是建立了，也不是科学社会主义。只有发达资本主义国家才能建立社会主义制度。这个观点，涉及社会主义一系列的重大理论问题和实践问题。它不仅导致从根本上否定我国现阶段的社会性质，而且也否定经济落后国家（指资本主义未充分发展的国家）有建立社会主义制度的历史必然性。本文试图从马克思主义经典作家的有关论述和当代社会主义实践，探讨一下经济落后国家进入社会主义社会的客观条件和理论依据。

一

从马克思恩格斯的论述看，经济比较落后的国家是否有建立社会主义的历史必然性呢？回答应该是肯定的。

两位革命导师具有世界历史意义的伟大功绩，在于他们用科学的世界观和方法论，揭示了资本主义灭亡和社会主义胜利的历史必然性，这是不以人的意志为转移的客观规律，也是科学社会主义的一条基本原理。这条原理既适用于资本主义高度发展的国家，也适用于经济文化相对落后的国家。

列宁指出："资本主义必然要转变为社会主义社会这个结论，马克思是完全而且仅仅根据现代社会的经济运动规律得出的。"[①]"社

① 《列宁选集》第2卷，人民出版社1972年版，第599页。

会主义不是幻想家的臆造，而是现代社会生产力发展的最终目标和必然结果。”①由此可见，深入分析资本主义社会基本矛盾运动规律，是论述社会主义代替资本主义历史必然性的主要依据，也是研究经济落后国家能否产生社会主义的主要依据。马克思主义认为，资本主义的基本矛盾，就是生产的社会化和资本主义私人占有之间的矛盾，它的存在和发展决定了资本主义必然灭亡的命运。什么是生产的社会化？按马克思、恩格斯的观点，就是指生产资料、生产过程和生产成品的社会化，就是生产资料是由许多人共同使用的，生产过程从个人行动变成一系列的社会行动，产品也是成百上千人集体劳动的产物。马克思恩格斯创立的科学社会主义同空想社会主义学说的根本区别之一，就在于他们从社会化的生产力的本性中找到了社会主义必然实现的客观根据。但是，生产资料被资本家私人占有，这就使社会化的生产和资本主义私人占有之间发生了对抗性的矛盾。这种矛盾只有通过社会主义革命和实现生产资料公有制的办法来解决。马克思和恩格斯就是从资本主义上升时期基本矛盾的运动规律，从生产社会化的趋势中，看到了社会主义代替资本主义的历史必然性。然而，他们从未规定资本主义发展到什么程度，社会化大生产占多大比重，才可以搞社会主义革命。我们认为，只要存在着生产的社会性和资本主义私人占有之间的矛盾，存在着无产阶级和资产阶级之间的矛盾，不管是发达资本主义国家还是不发达国家，都有建立社会主义制度的历史必然性。

在深入考察人类社会历史发展进程的基础上，马克思、恩格斯科学地论证了社会发展的一般规律，同时也承认在发展过程中的特殊性，承认历史发展有跳跃性。恩格斯在此基础上，初步提出了许多殖民地国家在特定条件下可以越过资本主义独立发展阶段而进入社会主义的重要思想。

马克思、恩格斯根据唯物史观，将人类社会大体区分为原始社

① 《列宁选集》第1卷，人民出版社1960年版，第86页。

会、奴隶社会、封建社会、资本主义社会和共产主义社会五种基本社会形态，把它看作是社会经济形态的演进的几个时代。就是说，按照人类历史发展的一般规律，社会形态的更替是依次进行的。但同时又承认各个国家、各民族在其发展过程中会有自己的特殊性。恩格斯说："历史常常是跳跃式地和曲折地前进的。"[①]即认为，在特定的条件下，跳过一种或几种生产方式的情况是存在的。因此，就需要正确认识社会发展的一般规律和特殊规律的关系。一般规律总是通过特殊规律表现出来的，特殊规律又作为一般规律的补偿而存在。1882年恩格斯在给考茨基的信中指出，像阿尔及利亚、埃及、印度等殖民地国家，有可能在欧美先进国家革命胜利后的帮助下，不经过资本主义的独立发展阶段，逐步过渡到社会主义。他说："只要欧洲和北美一实行改造，就会产生巨大的力量和做出极好的榜样，使各个半文明国家自动地跟着我们走，单是经济上的需要就会促成这一点。"[②]尽管恩格斯的这一设想未能实现，社会主义革命不是先在资本主义发达国家取得胜利，而是在经济不太发达，甚至经济落后国家取得了胜利。中国、朝鲜等一系列国家未经资本主义独立发展阶段而进入了社会主义社会，终于使这种可能性变成现实。从而又证明了恩格斯关于殖民地国家有可能越过资本主义独立发展阶段进入社会主义这一论断的正确性。有人提出，生产力相对落后的国家为什么能够建立先进的生产方式呢？马克思主义认为，对生产关系一定要适合生产力性质这一普遍规律，不能作机械的和庸俗的理解。不能只看普遍规律而忽视特殊规律。纵观世界历史，不仅有一国超越某一发展阶段而进入更高级社会形态现象的发生，如德国没有经过奴隶社会就进入了封建社会，美国没有经过封建社会进入了资本主义社会，而且有些落后国家，为了赶上生产力较先进的国家，首先采取先进的生产关系，更是不乏其例。中国的秦始皇变法图强，立志改

---

① 《马克思恩格斯选集》第2卷，人民出版社1972年版，第122页。

② 《马克思恩格斯全集》第35卷，人民出版社1971年版，第353页。

革，不是先产生于经济文化发达的齐、鲁诸国，而是产生在经济文化落后的西秦；希腊、罗马奴隶社会经济文化相当发达，但封建社会并不是先从那里产生；封建社会在世界上最发达的四大文明古国（巴比伦、印度、埃及、中国），也未能先进入资本主义社会，恰恰相反，后来它们就落伍了；由于各种历史原因，资本主义最发达的国家并没有最先走上社会主义道路，而是资本主义不发达的国家，首先建立了先进的生产关系，进入了社会主义社会，这难道还有什么奇怪吗?!

马克思和恩格斯虽然强调，社会主义革命有可能在发达的资本主义国家首先胜利，但同时并未排除经济落后国家有进行社会主义革命的可能性，从未否认资本主义没有得到充分发展的国家，有建立社会主义制度的历史必然性。

19 世纪中叶，他们根据自由资本主义时代和发达资本主义国家的具体情况，曾设想社会主义革命有可能首先在一切文明国家里，至少在英国、美国、法国、德国同时发生，但是并没说，只有经过资本主义充分发展的国家，才能搞社会主义革命，没有看作是走向社会主义的唯一道路。当时，德国经济文化比较落后，恩格斯仍把它排进能够进行社会主义革命的国家之一。只是说革命发展得最慢最困难，而不是根本不行。1881 年，俄国女革命家维·伊·查苏利奇写信问马克思，人类社会历史发展是否各国都必须经过资本主义生产的各个阶段，才能进行社会主义革命而进入社会主义社会？马克思在复信中认为，这是对他的历史理论的误解。明确指出："俄国可以不通过资本主义制度的卡夫丁峡谷，而把资本主义制度的一切肯定的成就用到公社中来。"[①]后来恩格斯重申他和马克思以前的观点，都寄希望于经济比较落后的俄国发生革命并与西方无产阶级革命相配合，以便使刚刚踏上资本主义道路的国家，不经过资本主义充分发展的阶段直接进入社会主义社会。1894 年，恩格斯又强调说："我们无须等到资本主义生产发展的后果到处都以极端形式表现出来的时候，

---

① 《马克思恩格斯全集》第 19 卷，人民出版社 1963 年版，第 438 页。

等到最后一个小手工业者和最后一个小农都变成资本主义大生产的牺牲品的时候，才来实现这个变革。”[①]由此可见，马克思和恩格斯不仅认为资本主义没有得到充分发展的国家，有建立社会主义制度的历史必然性，而且还热切希望由这种必然性变成现实性。他们考察无产阶级革命的原因时，总是包括经济、政治、军事诸因素，从不把生产力发展水平的高低，当作衡量革命成熟的唯一标志。

怎样理解马克思、恩格斯关于社会主义社会的设想，这个问题与是否承认当代社会主义实践有极其密切的关系。有人借口和马恩规定的标准不同，就否认我国现阶段的社会性质是社会主义社会。这种看法也是不正确的。我们认为，马恩关于社会主义社会的预见和设想，是科学社会主义理论的重要内容，它为各国建设社会主义提供了基本原则和指明了方向，但并不是给社会主义社会规定具体标准，不是为各国人民制定千古不变的先验模式，用以裁决丰富的社会主义现实。例如，实行生产资料私有制和按劳分配，坚持以社会化的大生产为物质基础，坚持人民当家做主的民主制度，彻底消灭剥削阶级和阶级差别等，就是我们必须遵循的基本原则。至于公有制和按劳分配采取什么具体形式，社会化大生产占多大比重，各国实行的政治形式和消火阶级的途径怎样，革命导师从来不愿意也不可能为社会主义拟定绝对标准，来限制、束缚亿万人民群众的社会主义实践。恩格斯说：“我们只能在我们时代的条件下进行认识，而且这些条件达到什么程度，我们便认识到什么程度。”[②]历史证明，马克思主义关于科学社会主义的理论也是在实践中不断丰富和发展起来的。中国和其他社会主义国家，所建立的社会主义制度的多种模式，是和马克思、恩格斯论述的基本精神一致的，它是社会主义历史发展的伟大成果，是对马恩关于未来社会设想的重要发展。

---

① 《马克思恩格斯选集》第4卷，人民出版社1972年版，第312页。

② 《马克思恩格斯选集》第3卷，人民出版社1972年版，第562页。

二

列宁在新的历史条件下，把马克思主义基本原理和俄国的特点相结合，进一步论证了经济落后国家能够建立社会主义制度的历史必然性，创造性地开辟了具有中等资本主义发展水平的国家走向社会主义的历史道路，第一次使科学社会主义理论变成现实，从而丰富和发展了马克思、恩格斯关于经济落后国家能够进行社会主义革命和社会主义建设的光辉思想。

19世纪末20世纪初，世界进入帝国主义和无产阶级革命的时代。无产阶级革命的条件发生了很大变化。列宁深入研究帝国主义基本矛盾和特征，分析了帝国主义时代资本主义经济政治发展不平衡的规律更加突出，得出社会主义革命可能首先在一个或几个资本主义国家获得胜利的新结论，这是对马克思主义的伟大贡献。这个结论包含像俄国这类不太发达的资本主义国家有可能取得社会主义革命胜利的问题。并且他认为，社会主义革命不一定在工业比较发达的国家首先爆发，相反，可能在不发达的国家开始，在帝国主义战线最薄弱的环节突破。这一科学结论，为经济落后国家走上社会主义道路进一步提供了理论依据。

十月革命的胜利，使社会主义变成了现实，从此开创了一个经济不太发达的国家实现社会主义的先例，它是资本主义社会基本矛盾发展的必然结果，是俄国特殊历史条件下的必然产物。沙皇俄国是一个经济、政治比较落后的国家，到19世纪末20世纪初，也加入了帝国主义的行列。它是一个垄断资本主义同农奴制残余相结合的军事封建帝国主义国家。当时的俄国是帝国主义一切矛盾的集合点。这些矛盾有：无产阶级同垄断资产阶级的矛盾，农民同地主阶级的矛盾，人民大众同沙皇专制制度的矛盾，国内各被压迫民族同大俄罗斯主义的矛盾，国外被压迫民族同沙俄帝国主义的矛盾，俄国人民同外国帝国主义的矛盾等等。由于这些矛盾的存在和发展，才构成沙皇俄国必然灭亡的内在因素。列宁说："由于许多历史原因(俄国比其他国家落后得多，战争带给它的困难特别大，沙皇制度腐朽透顶，1905年的传统还活生生地存在着)，使得俄国的革命比其他国家先爆发。”[①]从俄国的具体情况看，它既是帝国主义一切矛盾的焦点，是帝国主义链条上最薄弱的环节，又具备用革命的方法解决这些矛盾的实际力量。1913年，俄国工业占工农业总产值的42.1%，产业工人大约有1000万人左右。俄国无产阶级和其他帝国主义国家的无产阶级相比，受剥削最重，受压迫最深，受机会主义毒害较轻，因而最富于革命性。更重要的还有以列宁为首的布尔什维克党的正确领导，有强大的工农联盟。同时，俄国的地理条件和第一次世界大战的国际环境，也为社会主义在俄国的胜利提供了有利条件。

1920年，列宁在共产国际第二次代表大会上，进一步提出了经济落后的殖民地、半殖民地国家，能否不经过资本主义的发展阶段而过渡到社会主义的问题。列宁的回答是十分明确的。他指出："还应该从理论上说明，在先进国家无产阶级的帮助下，落后国家可以不经过资本主义发展阶段而过渡到苏维埃制度，然后经过一定的发展阶段过渡到共产主义。”[②]即在一定的条件下落后国家或民族可以不经过资本主义的独立发展阶段，先建立劳动人民苏维埃，然后逐步过渡到社会主义。这些条件主要是：有共产党的领导和苏维埃制度，有科学社会主义思想的传播，再经过复杂的过渡阶段，以及先进国家无产阶级的援助，就可以避免发展资本主义之苦，而逐步过渡到社会主义。这些论断，进一步发展了马克思恩格斯关于社会主义革命的思想。

十月革命后，列宁多次精辟地分析了经济落后国家先于发达资本主义国家进行社会主义革命和进入社会主义社会的必然性与特殊性，尖锐批判了第二国际和苏汉诺夫的机会主义谬论。1923年，列宁在《论我国革命》这篇著名文章中，进一步回答经济文化落后的国

① 《列宁选集》第3卷，人民出版社1972年版，第168页。
② 《列宁选集》第4卷，人民出版社1972年版，第336页。

家，不仅可以进行社会主义革命，而且能够进行社会主义建设，痛斥孟什维克和社会民主党人考茨基重弹“俄国生产力还没有发展到足以实现社会主义的水平”的老调。他质问道，在遇到第一次帝国主义战争时所造成的那种革命形势的人民，在毫无出路的情况下，难道不能挺身起来斗争吗？难道不能通过斗争去为进一步发展文明争得必要的条件吗？列宁说：“既然建设社会主义需要有一定的文化水平（虽然谁也说不出这个一定的‘文化水平’究竟怎样，因为这在各个西欧国家都是不同的），我们为什么不能首先用革命手段取得达到这个一定水平的前提，然后在工农政权和苏维埃制度的基础上追上别国的人民呢？”[①]在这里，列宁再次论证了无产阶级可以利用工农联盟和一切有利条件，先夺取政权，然后再依靠政权发展经济和文化，实现社会主义的科学道理。同时，他还运用革命的辩证法，深刻阐明了世界历史发展的一般规律和各国在发展的形式上或顺序上必然出现特殊性的关系。他强调由于各国具体情况不同，在走向社会主义、共产主义的道路上，不可避免地会有自己的特点。俄国革命突破了西欧资本主义和资产阶级民主的固定道路，并不是越出世界发展的共同路线，恰恰相反，正是俄国革命特殊性的表现。并预言，在东方那些人口无比众多，情况无比复杂的国家里，今后的革命定会比俄国革命带来更多的特点。

以什么态度对待马克思、恩格斯关于社会主义社会的预见和设想，这也是研究经济落后国家能否产生社会主义的一个重要问题。列宁的科学态度为我们研究社会主义树立了很好的榜样。他从来不把科学社会主义创始人的预见和设想，当作不能变更的金科玉律，而是强调马克思主义基本原理和各个国家的具体实践相结合，用发展的观点研究马克思主义。十月革命后，经过七年社会主义实践，列宁对社会主义的看法有些改变了。他认为：“在工人阶级掌握国家政权和全部生产资料的条件下，单是合作社的发展，就等于社会主义的发

① 《列宁选集》第4卷，人民出版社1972年版，第691页。

展。因此我们不得不承认我们对社会主义的整个看法根本改变了。”[①]他逐步认识到，在社会主义阶段，不能立即建立单一的整个社会占有制，而应采取国家所有制和合作社集体所有制两种公有制形式；不能立即消灭商品和货币；按劳分配不是用劳动券直接从社会储备中领取，而是借助于商品和货币。列宁逝世后，以斯大林为首的联共(布)党，同样也没把马恩的设想当作唯一模式，而是从实际出发，根据马列主义基本原则，对实践中出现的新问题给以新的解释。1936年，苏联胜利完成社会主义工业化和农业集体化的基本任务后，斯大林作出过渡时期结束和进入社会主义社会的新结论。苏联先于发达资本主义国家建立社会主义制度这一事实，是否违背了革命导师关于社会主义必然代替资本主义的基本原理呢？是否违背了马恩关于社会主义社会论述的基本精神呢？我们认为，一点也不违背，而且还有发展，它是当今世界上社会主义社会发展规律性的一个重要表现。

三

有人提出，沙皇俄国虽然落后，但毕竟是帝国主义国家。旧中国是一个半殖民地半封建的东方大国，经济文化比俄国更落后，为什么不经过资本主义的独立发展阶段却走上社会主义道路呢？并据此否认我国有建立社会主义制度的必然性和必要性。为了回答这一问题，还必须对中国革命的历史和现状作进一步的分析。列宁说：“在分析任何一个社会问题时，马克思主义理论的绝对要求，就是要把问题提到一定的历史范围之内。”[②]中国先于发达资本主义国家走上社会主义之路绝不是偶然的，它是帝国主义时代历史发展的必然，是中国特殊历史条件的必然产物。

第一，从我们所处的时代看，中国民主革命的前途必然是社会主

① 《列宁选集》第4卷，人民出版社1972年版，第687页。

② 《列宁选集》第2卷，人民出版社1972年版，第512页。

义，而不是资本主义。根据毛泽东同志关于新民主主义革命理论的科学分析，我们清楚地知道，中国民主革命发生在帝国主义和无产阶级革命的时代，发生在第一次世界大战和十月革命之后，它已成为世界无产阶级社会主义革命的一部分。中国经过新民主主义革命，走上社会主义道路，符合当代历史的潮流。在帝国主义阶段，资本主义已进入决然死灭和社会主义决然兴盛的时代。特别是社会主义革命在俄国的胜利，成为人类历史的转折点。在这种时代，任何殖民地半殖民地国家，只要发生反对帝国主义、反对国际资产阶级的革命，都不再属于旧的世界资产阶级民主主义革命的范畴，而是属于世界无产阶级社会主义革命的一部分。这种革命必然为帝国主义所反对，为社会主义国家和国际无产阶级所支持。处在帝国主义包围下的旧中国，根本不可能建立独立的资本主义社会。因此，就断绝了中国建立资产阶级专政和独立发展资本主义的路。中国的近代史证明，只有社会主义才能救中国。

第二，从旧中国的社会性质和革命的特点看，在半殖民地半封建社会的基础上，经过新民主主义革命走上社会主义道路，这是中国社会基本矛盾发展的必然结果，是中国所处的特殊历史条件的必然产物。处于半殖民地半封建社会的中国，是帝国主义一切矛盾的集合点。随着资本主义发展起来的以社会化大生产为内容的先进的生产力同帝国主义、封建主义和官僚资本主义等落后的生产关系之间形成一种错综复杂的社会基本矛盾。帝国主义同中华民族，封建主义和官僚资本主义同人民大众的矛盾，当然还有民族资产阶级同无产阶级之间的矛盾，反动统治阶级内部的矛盾等等，都是这一基本矛盾的表现。上述矛盾的存在和发展，必然造成蓬勃发展的革命运动。毛泽东同志和中国共产党在极端困难的条件下，把马列主义基本原理和中国的具体国情相结合，创造性地开辟了一条经过新民主主义革命直接转变为社会主义革命，然后进入社会主义社会的光辉道路。民主主义革命是社会主义革命的必要准备，社会主义革命是民主主义革命的必然趋势。新民主主义革命的胜利，不仅为资本主义扫清了道路，而且更主要的还为社会主义扫清了道路。因此，在新民主主义革命的基础上，及时地转入社会主义革命，既符合中国革命发展的规律，又符合人类社会发展的总趋势。

第三，从建国初期的历史情况看，中国已经具备了由新民主主义到社会主义转变的条件。毛泽东同志和中国共产党，依据新民主主义革命胜利所创造的向社会主义过渡的经济政治条件，领导全国各族人民有步骤地实现了从新民主主义到社会主义的转变。这些条件主要是：有无产阶级和无产阶级政党的坚强领导；有牢固的工农联盟和人民民主专政的国家政权，这个政权掌握着国家经济命脉，并使社会主义国营经济成为国民经济的领导成分；有马列主义、毛泽东思想的指导和正确的路线、方针与政策；有一大批会治党、治国的干部；有在党的领导下为社会主义事业自觉奋斗的亿万人民群众。以毛泽东同志为代表的中国共产党，及时抓住工人阶级同资产阶级，社会主义同资本主义这个主要矛盾，正确制定党在过渡时期的总路线，创造性地开辟了一条适合中国特点的社会主义改造的道路。采取社会主义工业化和社会主义改造同时并举的方针，实行逐步改造生产资料私有制的具体政策，从理论和实践上解决了在中国这样一个占世界人口近 1/4 的、经济文化落后的大国中建立社会主义制度的艰难任务。

第四，从我国的社会主义实践看，它是以一定的社会化的生产力为基本前提的，已经具备了建立社会主义制度的物质基础，具有社会主义社会的本质特征。它已初步显示出巨大的优越性和强大的生命力，是中国人民彻底解放和获得幸福的必由之路。怀疑我国建立社会主义制度历史必然性的最重要论据，就是认为我们还没有建设社会主义的社会化生产力，没有进入社会主义社会的客观物质基础。究竟有没有这一条，对我们确实太重要了。如果根本没有社会化的生产力，社会主义就会陷入空想。根据马恩关于社会化生产的含义和我国生产力发展的实际状况，可以断言，我们已经具备了这一基本前提。新中国成立前，我国虽然没经过独立的资本主义发展阶段，但资本主义已有一定的发展。近代工业虽然较少(1949 年在国民经济中约占 17%），但却非常集中，最大和最主要的资本是买办的、封建的国家垄断资本主义，它控制着旧中国的经济大权。国际资本、官僚资本和民族资本，都为社会主义经济的建立作了一定的物质准备。同时，随着近代工业的发展，一支无产阶级的队伍也在形成和壮大。1919 年，产业工人有 200 万左右，新中国成立前夕发展到近 400 万人。他们是新生产力的代表，是领导全国人民夺取政权建立社会主义制度的现实力量。新中国诞生后，我们没收了全部官僚资本，把它变成社会主义国营企业，为建立社会主义制度奠定了物质基础。经过恢复国民经济和开展有计划的经济建设，并在 1956 年基本上完成了对生产资料私有制的社会主义改造，基本上实现了生产资料公有制和按劳分配。从此，我国已经进入了社会主义社会。诚然，我国的生产力水平与发达资本主义国家相比是落后的。但是，先进与落后是相对的。在我国多层次的生产力中，毕竟社会化的生产力已经达到了一定的水平，并不比一百多年前马克思、恩格斯看到的发达资本主义国家的生产力水平低多少，甚至有些已经超过。例如，1870 年包括英、法、德等先进国家在内的全世界钢的总产量是 52 万吨，石油 80 万吨。而 1957 年的中国，生产钢为 535 万吨，石油为 146 万吨，都超过了当年全世界产量的总和。如果说，马恩在一百多年前认为发达的资本主义国家可以建立社会主义制度的话，那么，一百年后在许多方面比当年最发达的国家并不落后的中国，为什么不能建立社会主义社会呢？再拿我国现阶段的生产力水平看，有更多的方面超过了一百多年前发达国家的生产力水平。1980 年，我国钢产量达 3700 多万吨，煤为 62000 万吨，石油为 10500 多万吨。工业产值在工农业总产值中的比重，由 1957 年的 56%到 1980 年的 75%。一系列新兴工业部门，如合成纤维、塑料、电子、合成橡胶已经建立，许多尖端技术，如电子计算机、自动控制，原子能、激光等已在一些部门开始使用。机耕面积占耕地总面积的 41.3%，灌溉面积占耕地总面积的 45%。一个以社会化生产力为主导的独立的比较完整的工业体系和国民经济体系已经形成。由此可见，那种至今还认为，我国尚不具备建立社会主义制度物质基础的观点，是没有根据的。况且，生产力的状况，虽然对社会形态的发展和变革起着最后的决定作用，但它并不直接决定一个社会的性质。社会主义社会的性质，是由占统治地位的社会主义生产关系来决定的。生产资料所有制是生产关系的基础，所以，社会主义公有制在国民经济中占绝对优势，就成为社会主义社会质的规定性。实践证明，我国确已建立了与一定的社会化生产力相适应的生产资料公有制，消灭了人剥削人的制度，实行了各尽所能，按劳分配的原则，建立了人民当家做主的社会主义民主制度，这些都体现了社会主义社会的本质特征。尽管社会主义公有制在国民经济中占有支配地位和绝对优势，还不"完全"与"纯粹"，但它并不影响我国现阶段的社会性质。几十年来，我国各条战线所取得的伟大成就和成功经验，进一步证明当今的中国社会，是科学意义上的社会主义社会。

总之，中国先于发达资本主义国家进入社会主义社会，绝不是无缘无故的，而是中国历史发展的必然结果。正如胡耀邦同志所指出："中国先于发达资本主义国家进入社会主义社会，这是中国所处的特殊历史条件，我们党的正确领导和全国人民艰苦奋斗的结果，是科学社会主义的发展，是我们党和中国人民的光荣。"①

应当指出，经济落后国家是否存在建立社会主义制度的历史必然性，这不仅是个理论问题，而且已变成国际范围内的实践问题，在许多经济不发达国家社会主义已成为现实。尽管开始建立的只是初级形式的社会主义，但它们都是在帝国主义时代，生产力和生产关系的矛盾在世界范周内发生作用的结果，是那些国家社会基本矛盾和阶级斗争发展的必然产物。既肯定它们先于发达资本主义国家进入社会主义社会的基本事实，是人类社会的巨大进步，又不能忽视由于落后而带来的困难和弱点，需要经历更艰苦和更长期的努力奋斗。同时，我们肯定经济落后国家有建立社会主义制度的历史必然性，并

① 胡耀邦：《在庆祝中国共产党成立六十周年大会上的讲话》，1981年7月。

不否认发达资本主义国家也有这种必然性，而且这种必然性更加明显。问题在于要使客观必然性变成现实性，还必须具备一定的条件。资本主义灭亡和社会主义胜利，是客观形势和主观条件相统一的结果。一百多年来，马克思和恩格斯关于社会主义代替资本主义历史必然性的理论，一直是无产阶级及其政党树立社会主义必胜信念的科学依据。人类历史证明，资本主义已经走进了死胡同，代替它的必然是社会主义，共产主义的光辉前景。

（原载山东大学《文科论文集刊》1982 年第 2 期）

谈谈对社会主义社会基本特征的初步认识

随着科学社会主义理论在世界的广泛传播和实践上的成功，社会主义已成为当代不可战胜的时代潮流。许多国家自称社会主义国家。各种冒牌社会主义也粉墨登场，往往弄得鱼龙混杂，真假难分。于是，究竟什么是社会主义社会，它有哪基本特征以及评定这个社会的标准是什么？就成为世界人民和社会科学工作的日益关注、热心探讨的重大课题。特别是我们在经受了林彪，“四人帮”的反动社会主义的惨重教训之后，更感到弄清这个问题的必要和迫切。本文仅就社会主义社会的基本特征，谈一点粗浅认识。

一

社会主义社会到底有哪些基本特征，目前理论界正在讨论，看法不一。其中有几种看法需要提及。一种意见认为，研究这个问题应以马恩关于社会主义社会基本特征的论述为标准，不能降低。这些特征和标准必须是：一是生产力高度发展，创造出比资本主义更高的劳动生产率；二是实行单一的全民所有制和按劳分配的社会主义原则；三是没有商品和商品交换；四是没有阶级和阶级差别；五是国家的镇压职能已经消亡。无产阶级专政的国家变成了“非政治国家”。只有具备这些特征，才算社会主义社会。否则，就会降低标准。就不是社会主义社会。另一种意见认为，探讨这个社会的基本特征，应从中国等不发达的社会主义实际情况出发，马恩的论述只是设想，并未成为现实。因此，应当重新认识，另立标准。有些同志还提出，社会主义社会的基本特征，不包括上层建筑，因为决定社会性质的东西是经济基础。我们认为,这些看法是值得商榷的。为了作进一步地探讨,有必要先从以下几个认识问题谈起。

第一,是从原则出发,还是从实际出发;是理论检验真理的标准,还是实践是检验真理的唯一标准?一切从实际出发,坚持实践是检验真理的唯一标准,这是研究一切问题的根本出发点。恩格斯说:"原则不是研究的出发点,而是它的最终结果;这些原则不是被应用于自然界和人类历史,而是从它们中抽象出来的;不是自然界和人类去适应原则,而是原则只有在适合于自然界和历史的情况下才是正确的。"①十月革命后不久,列宁进一步指出:"现在一切都在于实践,现在已经到了这样一个历史关头:理论在变为实践,理论由实践赋予活力,由实践来修正,由实践来检验。"②

第二,对马恩的论述,是当作一成不变的教条,还是在实践中允许发展,是替社会主义规定具体标准,还是只为社会主义学说奠定基础?我们认为后一种看法是正确的。科学社会主义理论是在一定的历史条件下产生和发展起来的,人们的认识必然受到历史条件的限制。恩格斯指出:"我们只能在我们时代的条件下进行认识,而且这些条件达到什么程度,我们便认识到什么程度。"③其实马列关于社会主义理论本身,就是不断发展变化的,对未来社会特征的预见和设想,也不是制定具体标准,而是为我们指明方向和奠定基础。

第三,判定一个社会形态的性质,是仅仅看它的经济基础,还是应该同时考虑它的上层建筑?我们认为,确定某一社会的性质以及它和另一社会的根本区别,固然主要决定于经济基础,但同时也要考虑上层建筑的作用,坚持经济基础和上层建筑的有机统一。恩格斯说:"经济状况是基础,但是对历史斗争的进程发生影响并且在许多

① 《马克思恩格斯选集》第 3 卷,人民出版社 1972 年版,第 74 页。

② 《列宁选集》第 3 卷,人民出版社 1972 年版,第 398 页。

③ 《马克思恩格斯选集》第 3 卷,人民出版社 1972 年版,第 562 页。

情况下主要是决定着这一斗争的形式的，还有上层建筑的各种因素。”[①]社会主义实践经验也告诉我们，如果上层建筑搞得不好，社会主义社会就可能变质。因此，当我们探讨这个重大问题时，就不能不涉及它的上层建筑方面。

第四，怎样认识基本特征的概念与范围，是弄清社会主义社会基本特征的重要因素。事物的基本特征，应是这一事物的本质表现，它决定事物的性质，反映事物的各个方面，并贯串事物的全过程。同时又是区别另一事物的基本标志。它和全部特征或具体特征既有区别又有联系。社会主义社会也是如此。所以，在讨论基本特征时，就应当抓住该社会共同本质，抓住对该社会性质起决定作用和主要的东西，舍弃那些非本质的、偶然的、特殊的东西。社会主义社会，不是个独立的社会形态，而是共产主义社会的第一阶段或低级阶段，它不同于过渡时期，也区别于共产主义的高级阶段。社会主义社会有一个从低级阶段向高级阶段发展的过程。列宁根据马恩对社会主义社会的设想，结合俄国资本主义不发达、小农经济占优势的实际情况，提出了不发达或不完全的社会主义和发达的社会主义社会两个阶段的重要思想。尽管各国在建设社会主义的实践中也会产生自己的特点。但是我们研究社会主义社会的基本特征时，就不能局限于某个国家、某个阶段、某个时期的具体特点，而要找出适合于所有社会主义国家的全过程的共同本质特征；不是讨论建成社会主义的具体标准，而是研究判断社会主义社会性质的基本条件和主要标志。

总之，只有用马克思主义的科学世界观和方法论，分析问题研究问题，坚持实践是检验真理的标准，把科学社会主义学说放到历史发展的过程中去考察，使它建立在现实的基础上，才能获得比较正确的认识。

① 《马克思恩格斯选集》第4卷，人民出版社1972年版，第477页。

二

那么,社会主义社会的基本特征应该有哪些?我们理解下列五点是不可缺少的。

(一)必须用社会主义的生产资料公有制代替资本主义私有制,消灭人剥削人的制度

马克思主义历来认为,彻底消灭资本主义私有制,建立社会主义公有制,消灭剥削,是社会主义社会的最本质特征。1846 年,恩格斯和格恩律"真正的社会主义者"辩论时,就把消灭私有制代之以财产公有作为科学共产主义基本原理和识别真假共产主义三条原则之一。他写的《共产主义信条草案》和《共产主义原理》两个重要文献,都把废除私有制看作是实现共产主义和无产阶级获得解放的必要条件。在马恩合著的《共产党宣言》里,进一步强调这个问题的重要性。指出:"共产党人可以用一句话把自己的理论概括起来:消灭私有制。"①只有如此,才能从根本上消灭产生剥削阶级和剥削制度的经济根源,解放生产力,为社会主义建立巩固的经济基础。这种社会主义公有制,必须使人民享有真正的占有权、支配权、管理权和分配权,决不能徒有其名。如果人民群众没有实权,只是少数领导说了算,社会主义公有制也可能变质。这里需要指出,生产关系的变革必须和生产力的发展水平相适应,不顾生产力发展水平,任意改变生产关系。认为"越大越公越革命"搞"穷过渡"的办法是极其错误的。现在的问题是,在社会主义条件下,生产资料公有制是否允许有不同的形式,是否只有一种全民所有制,才称作"社会主义社会"。我们的看法是否定的。因为全民所有制和集体所有制,尽管在形式上有高低之分,有公有化程度的不同,但决不能否定它的公有制性质,不能否认它同资本主义所有制的本质区别。大家知道,由于各国建设社会主义的起点和发展水平不同,有些社会主义国家还保留一部分个体经

① 《马克思恩格斯选集》第 1 卷,人民出版社 1972 年版,第 265 页。

济，但必须以不剥削别人为前提，不允许劳动力成为商品，不允许把货币变成资本去牟取剩余价值。目前我国允许不剥削他人的个体劳动者存在，作为全民所有制和集体所有制经济的补充，对调动一切积极因素，为国家建设积累资金，促进生产力发展，扩大就业，方便和改善人民生活都是必要的。有人认为，两种公有制的存在，已经降低了社会主义的标准，允许个体经济存在，那就和社会主义更不相容了。我们认为，这个看法是不对的。因为，少量的个体劳动者存在是和我国当前存在着多层次的生产力水平相适应的，是以生产资料公有制占绝对优势为存在前提的。所以它的存在不会影响整个社会的性质。

（二）在个人消费品分配方面，实行“各尽所能，按劳分配”的原则

生产资料公有制的建立，不仅使劳动人民成为社会生产的主人，而且也成为社会产品的主人。生产资料所有制的性质决定分配的性质，按劳分配就是建立在社会主义公有制基础之上并与之相适应的分配制度。因此，它的性质是属于社会主义的，是比资本主义和一切剥削制度优越的重要体现。在资本主义社会，生产资料归资本家占有，因而，资本主义的分配制度，是资本家从工人身上榨取最大限度的剩余价值，是劳而不获和不劳而获的剥削制度。在社会主义社会，按劳分配要求每个有劳动能力的公民，都必须尽自己的能力为社会工作，对社会主义革命和社会主义建设做出自己的贡献。同时，按劳动的数量和质量计算报酬，多劳多得，少劳少得，不劳动者不得食。这一原则的实现，是人类历史上分配制度的一次深刻革命，它从根本上否定了几千年来建立在生产资料私有制基础上的人剥削人的分配制度。列宁说：“人类从资本主义只能直接过渡到社会主义，即过渡到生产资料公有和按劳分配。”[①]又说：“‘不劳动者不得食’——这是工人代表苏维埃掌握政权后能够实现而且一定要实现的最重要、最

① 《列宁全集》第24卷，人民出版社1957年版，第63页。

主要的根本原则。"[①]由此可见,实行生产资料公有制和按劳分配,消灭剥削,的确是社会主义社会的最基本特征。当然,在不发达的社会主义阶段,由于生产力水平不高,制度不健全,在执行中还存在一些问题。例如,平均主义,吃"大锅饭",过分悬殊,搞个人特权等不良倾向都相当严重地存在,使按劳分配的优越性未能充分地发挥出来,但决不能由此否定这种分配制度是社会主义制度。

(三)逐步具有高度发达的现代化水平的社会生产力,创造比资本主义更高的劳动生产率,使全国人民过富裕的生活

马克思主义认为,一种新的社会形态,之所以能够代替另一种旧的社会形态,归根结底,是由社会生产力发展的状况决定的。社会主义代替资本主义,也是社会化大生产与资本主义私有制矛盾发展到一定程度的必然产物。马克思说:"手推磨产生的是封建主为首的社会,蒸汽磨产生的是工业资本家为首的社会。"[②]社会主义社会是比资本主义更高的社会形态,它的社会生产力应该高于资本主义条件下的生产力,是题中应有之义。马恩关于社会主义社会基本特征的设想,正是以经济发达的资本主义国家建设社会主义为依据的。因此,把生产力高度发达,创造出比资本主义更高的劳动生产率,作为社会主义的基本特征之一,是完全正确的。由于历史的原因,社会主义首先在经济比较落后的国家取得了胜利,产生了不发达的社会主义社会。不发达社会主义的特点之一,是生产社会化程度和生产力水平都比较低,人民生活尚不富裕。面对社会主义现实,应当怎么看,我们认为,既要承认它是社会主义社会,又要看到生产力不发达,正处于社会主义的低级阶段,经济上不成熟,离马恩所设想的社会主义社会的条件还相差很远,无论中国还是其他社会主义国家都无一例外,正因为如此,在不发达的社会主义阶段,大力发展国民经济,加速现代化的步伐,补上生产力发展不足这一课,以便逐步创造比资本

① 《列宁选集》第3卷,人民出版社1972年版,第315页。

② 《马克思恩格斯选集》第1卷,人民出版社1972年版,第108页。

主义更高的劳动生产率，使人民生活得到更快的提高和改善。就成为无产阶级和全国人民面临的一项最迫切最重大的任务。列宁说："没有高度发达的大工业，那就根本谈不上社会主义，而对于一个农民国家来说就更谈不上社会主义了。"[①]列宁还明确指出，劳动生产率，归根到底是保证新社会制度胜利的最重要最主要的东西。同时。社会主义经济就应当是用现代化科学技术武装起来的社会化大生产和社会主义公有制的统一。如果不狠抓现代化建设，不用大生产代替小生产，不用机器生产代替手工业。不要说建设发达的社会主义是不可能的，就是已建立起来的初级形式的社会主义制度也是难以巩固的。如果有谁认为，社会主义社会可以长期落后于资本主义的经济发展水平，可以让人民在贫困中长期度日，而不能超过资本主义下人民生活水平增长的速度，那就不是科学社会主义，只能是"穷社会主义"。假社会主义。

（四）坚持无产阶级专政（或人民民主专政）并逐步由政治国家向"非政治国家"过渡，充分发扬社会主义民主，使人民群众享有世界上最民主的权利

社会主义社会不仅要建立和完善自己的经济制度，而且还要建立和完善与之相适应的政治制度。无产阶级专政是以工人阶级为领导的（通过共产党），以工农联盟为基础的新型民主和新型专政的社会主义国家政权。这个政权是社会主义社会上层建筑的核心部分，没有无产阶级专政和社会主义民主，就不会有社会主义。特别在生产资料公有制确立后，剥削阶级被消灭，个体农民和小手工业者成为社会主义的集体劳动者，从而基本完成了由存在剥削阶级到消灭剥削阶级的重大转变。向着"社会主义就是消灭阶级"的方向迈出了关键性的一步。随着无产阶级专政的巩固和发展，社会主义民主和法制也必须日益完善。使劳动人民拥有对国家以及各项事业的管理权，成为社会的真正主人。只要在政治上具备这些条件就应该是进

① 《列宁全集》第 32 卷，人民出版社 1958 年版，第 399 页。

入社会主义社会的一个基本条件。有些同志不赞成这种意见,他们说,建立和坚持无产阶级专政只是衡量一个国家是否是社会主义国家的标志,绝不是社会主义社会的基本特征之一。分析其原因主要是:第一,忽视了社会主义上层建筑,特别是建立在社会主义经济基础之上的政治法律制度,是决定社会主义社会性质的一个重要因素。第二,把无产阶级专政仅仅理解成镇压,把坚持无产阶级专政和发扬社会主义民主看成是矛盾的,甚至是社会主义社会产生专制独裁弊端的根源。我们认为,这种看法是站不住脚的。从无产阶级专政的本意来看,它是无产阶级不与其他阶级分掌领导权的国家政权,是无产阶级的政治统治。它的实质主要不在于暴力,主要在于无产阶级对于非无产阶级劳动群众实行领导,在于建设比资本主义经济类型更高的社会劳动组织。社会主义民主首先是指无产阶级的国家制度,它的基本含义是劳动人民当家做主,有管理国家和管理社会的权利。因此,坚持无产阶级专政和发扬社会主义民主是完全一致的,它和专制独裁,破坏人民民主权利的行为是根本不相容的。有些同志以马恩设想的社会主义社会为标准,认为那个社会是一个没有阶级和阶级差别的社会,自然不需要无产阶级专政。这个看法有一定道理,但是需要根据实践加以说明。诚然,马恩设想的社会主义社会不是无产阶级专政的时期,那时因国内消灭了阶级和阶级差别。国外无资本主义威胁。无产阶级专政也就没有存在的必要了,政治国家变成了“非政治国家”。国家的镇压职能已经消失,主要任务是保卫生产资料公有制,保卫劳动的平等和产品分配的平等。马恩的这些论述,是在没有无产阶级专政实践经验或只有很少经验的情况下,对国家消亡问题的科学预见。它只为无产阶级专政的发展规律指出了方向,无产阶级的政治国家必须向“非政治国家”过渡,然后走向国家的完全消亡。至于无产阶级专政到底存在多久,以及如何具体向“非政治国家”过渡,马恩没有也不可能有更详细的回答。现实情况是,由于历史条件的变化和社会主义事业的复杂曲折,实践中产生了还有残余形态阶级斗争的社会主义社会,存在着需要无产阶级专政的社会主义社会。当然,这个专政不是一成不变的,它将随着社会主义经济基础的发展而变化,也将随着阶级的彻底消灭而消亡。可以断言,当世界上还存在着帝国主义和资本主义威胁的时候,无产阶级专政的国家怎样完成向“非政治国家”的过渡,这个任务一定是非常艰巨的。时间也不会是短暂的。

这里还要强调指出,在不发达的社会主义阶段,在无产阶级专政日益巩固和完善的过程中,必须特别重视扩大社会主义民主和健全社会主义法制,社会主义不仅是一种优越于资本主义剥削制度的经济制度,而且也是一种高于资本主义民主的政治制度。绝大多数人享受广泛的民主,无产阶级国家建立和完善的民主制度,切实保证各族人民享有充分的公民权利,以及参与管理国家、本地区、本民族、本基层组织的政治经济文化生活的权利,是社会主义社会最基本的政治特征。六十多年的社会主义实践证明,如果人民群众没有真正享有这些民主权利,国家不实行政治民主化,那么,这个社会就不会有长期安定团结的政治局面,就不可能充分调动劳动者的积极性,高速度地发展社会生产力。建立和发展社会主义强大的物质技术基础,就不可能对极少数敌人实行有效的镇压和改造。这样一来,所引起的后果必然是十分严重的,不仅给个别野心家、阴谋家篡党夺权以可乘之机,使社会主义政治、经济制度遭到极大的破坏,而且会导致无产阶级专政国家机构和工作人员的蜕化变质,使社会主义夭折,资本主义复辟。总之一句话,没有民主,就不会有社会主义。无产阶级专政包括两个基本方面,即对人民实行民主,对人民的敌人实行专政,所以,也可以称为“人民民主专政”。特别在社会主义制度建立以后。无产阶级专政发展到了一个新阶段。在剥削阶级基本上被消灭,国家的镇压职能大大缩小的情况下。组织和领导经济文化建设就成为无产阶级专政的中心任务。毫无疑问,随着生产力的高度发展和剥削阶级的彻底消灭,民主的范围也就越来越大,国家由政治职能逐渐变成简单的管理职能,直到最后国家的消亡,民主也随之消亡,这是无产阶级专政国家发展的必然规律,也是我国现阶段为什么强调发扬社会主义民主，强调组织经济文化建设职能的客观依据。当然，只要社会主义的历史阶段不结束，国家是不会完全消亡的。

（五）以马克思主义为指导的社会意识形态占主导地位，使人民有一个共同的理想和道德标准。社会主义必须是一个具有高度文化和精神文明的社会

马克思和恩格斯有句名言："统治阶级的思想在每一时代都是占统治地位的思想。"①这是适用于任何一种社会形态的普遍规律，社会主义社会也不例外。社会主义之所以成为科学，就是因为它建立在马克思主义基础之上。马克思主义是关于自然和社会发展规律的科学，是关于社会主义和共产主义胜利的科学。毛泽东思想是根据中国的条件而具体化和发展了的马克思主义理论的科学体系。马列主义，毛泽东思想是中国共产党和我们国家的理论基础，是建设社会主义和共产主义的强大思想武器。只有以坚持马列主义、毛泽东思想为指导的社会意识形态占主导地位，才能认识和掌握社会主义社会的发展规律，促进社会主义经济基础的巩固和发展，使全国人民有一个共同的思想基础，有一个统一的共产主义伟大理想和道德标准，团结起来为着一个共同的目标而奋斗。在我国现阶段，全国人民同心同德，艰苦奋斗，去建设一个现代化的、高度民主和高度文明的社会主义强国，就是我们的共同理想和奋斗目标。这个理想来源于统一的指导思想和人们对于未来共同利益的追求。归根结底，是由社会主义制度本质决定的，是全国人民根本利益一致所使然。在社会主义条件下，既然已经建立了生产资料公有制，全体人民有着共同的根本利益和共同理想，这就决定全国人民必然要有一个共同的道德标准，爱祖国，爱人民，关心集体，热爱劳动，助人为乐，公而忘私，爱护公物，遵守法纪。忠诚老实，实事求是等新的道德观念，已经越来越成为全国人民的共同美德。这是社会主义社会上层建筑的一个重要部分。

① 《马克思恩格斯选集》第1卷，人民出版社1972年版，第52页。

如果一个社会，不以马克思主义作为指导思想，不要以马克思主义为指导的社会意识形态占主导地位，经济上贫穷，文化上落后，那么，这个社会也绝不是社会主义社会。

三

上述五个特征，是从经济、政治和意识形态三方面来分析问题的。这些特征既反映出经济基础和上层建筑的统一以及它们之间不可分割的联系，同时也体现了社会主义社会同资本主义社会的本质区别。这种分析利于比较两种社会制度的优劣，利于从根本上维护和发挥社会主义制度的优越性，并且最终战胜资本主义。当然，这些基本特征也不能平列，而有主次之分。其中最能体现本质特征的是，生产资料公有制，消灭剥削和按劳分配。根据以上分析，对社会主义社会的科学概念，大致可以表述为：是不成熟的共产主义社会，是实行生产资料公有制和按劳分配的一种社会制度，是消灭了剥削阶级和具有较完善的社会主义民主制度的新社会。它在经济、道德和精神方面还带有旧社会的痕迹，又是比资本主义优越的社会制度。由于经济成熟程度不同，它可分为不发达社会主义和发达社会主义两个阶段，二者之间既有联系又有区别。我国目前的社会，正处于不发达的社会主义阶段。有的同志认为，这样论述社会主义社会的基本特征，是否太低了，会损害它的崇高的声誉，使人们看不到社会主义的优越性。我们不同意这种看法。如前所述，这里主要解决的是判断一个社会形态的主要标志，即具备什么基本条件，就可以叫社会主义社会，而不是具体讨论建成发达社会主义的标准问题。我们认为，这个社会的基本特征，在社会主义不同的发展阶段，具体表现是有差异的。不发达的社会主义，肯定不如发达的社会主义那样成熟和典型。但是，只要承认它是社会主义社会，不论发达不发达，就一定具备这个社会最本质的特征。幼年时期的社会主义，只能初步具备这个社会的基本特征，而不可能达到完美的程度，是符合事物发展规律的正常现象。唯物辩证法告诉我们，任何事物都包含着矛盾的普遍性和矛盾的特殊性。普遍性存在于特殊性之中。共性存在于个性之中。有的同志一面承认我国现阶段的社会性质属于社会主义社会，一面又不承认它已初步具备了社会主义社会的基本特征，这种看法本身是自相矛盾的，实质上是对我国当前的社会性质持有异议。我们不能用发达的社会主义来否定不发达的社会主义，用理想中的社会主义社会来否定现实中的社会主义社会。如果只承认将来的社会主义，不承认今天的社会主义，这才真正是看不见社会主义的优越性，当然他就更无法引导人们去认识这种优越性！

当然，我们强调现阶段的社会也是社会主义社会，并不是说它没有缺点和弊病，不是满足现状，停步不前，永远要一个不发达的社会主义，恰恰相反，而是要从实际出发，正视现实，发挥优势，扬长避短，积极创造条件向更高的目标前进。只有这样，才能使社会主义制度的优越性进一步得到发挥。

（原载《科学社会主义论文选》，山东省科学社会主义学会编印，1980年11月）

论马克思主义关于社会主义社会的理论在中国的运用和发展*

一个世纪以来，马克思主义关于科学社会主义理论得到了广泛传播，经受了各种考验并在实践中获得了巨大的成功。国际共产主义运动的历史证明，马克思和恩格斯创立的科学社会主义学说是不可战胜的，也是不断发展的。列宁认为，马克思的理论"只是给一种科学奠定了基础，社会主义者如果不愿意落后于实际生活，就应当在各方面把这门科学向前推进"①。中国社会主义革命和建设取得的辉煌成就，正是以毛泽东同志为代表的中国共产党人坚持和创造性运用马克思主义的结果，是科学社会主义理论在中国的胜利。特别是党的十一届三中全会以来，党中央通过的《关于建国以来党的若干历史问题的决议》和党的十二大文献，依据马克思主义基本原理，认真总结国内外的实践经验，从本国的国情出发，深入研究当代社会主义出现的新情况和新问题，使我们党进一步提高了对社会主义社会发展规律的认识。它不仅对社会主义在实践中产生的经验从理论上作出了新的概括，而且还制定了一整套既符合马克思主义又符合中国具体实际的纲领、路线和政策，从而使我国年轻的社会主义制度更加充满了生机，并把马克思主义关于社会主义社会的理论推向前进。现在，我们正处在新的历史时期，重温马克思主义经典作家关于社会主义社会的论述，认真探讨这一理论在中国的运用和发展，对于坚定

---

* 此文的著作者为赵明义、杨尊明、张乐岭。

① 《列宁选集》第1卷，人民出版社1972年版，第203页。

共产主义信念，指导社会主义现代化事业胜利前进，都具有重大意义。当然，马克思主义关于社会主义社会的理论内容是非常丰富的，在这里我们只能从几个方面谈些粗浅体会。

一

关于共产主义社会发展阶段问题，是科学社会主义理论的重要内容之一，是无产阶级政党制定路线、方针和政策的客观依据。马克思和恩格斯从当时的历史条件出发，严格按照唯物辩证法考察资本主义即将崩溃的问题，考察共产主义社会的发展问题，对未来社会及其发展阶段作了许多原则的科学论述。19 世纪 40 年代，马克思、恩格斯在《共产主义原理》和《共产党宣言》等著作中，已初步提出关于共产主义社会发展阶段的某些思想以及从资本主义向共产主义过渡的许多措施。19 世纪 50～60 年代，马克思、恩格斯在总结 1848 年欧洲革命经验的基础上，进一步论述了共产主义社会两个阶段的问题。明确提出从资本主义向共产主义发展必然有一个过渡时期的思想，对共产主义社会两个发展阶段的学说提供了基本要点。马克思在有关著作中，提出无产阶级专政是一个必然的历史过渡阶段的概念，认为这个专政不过是达到消灭一切阶级和进入无阶级社会的过渡。马克思的《资本论》在论述自由人联合体的生产、分配和消费的过程中，也包含着关于共产主义社会发展阶段的思想。从内容上看，实质上是他后来讲的实行按劳分配的共产主义社会的低级阶段。他认为，要达到这个阶段“需要一定的社会物质基础或一系列物质生存条件，而这些条件本身又是长期的、痛苦的历史发展的自然产物”。[①]就是说，从资本主义向社会主义过渡，需要一个长期的痛苦的历史过程。这些论述，为马克思最后形成这一学说打下了牢固的基础。19 世纪 70～90 年代，马克思和恩格斯关于共产主义社会两个发展阶段的思想进入完成阶段。在《法兰西内战》一书中，马克思认为，从工人

① 《马克思恩格斯全集》第 23 卷，人民出版社 1972 年版，第 96～97 页。

阶级夺取政权之后到消灭一切阶级，“必须经历阶级斗争的几个不同阶段”①。必须经过一系列把环境和人都完全改变的历史过程。1875 年马克思的《哥达纲领批判》一书，则全面、系统地阐明了关于共产主义社会发展阶段的理论，第一次明确地把共产主义社会分为低级阶段和高级阶段，并对两个阶段的不同特征作了科学的预见和设想。他不仅精确地表述了关于共产主义社会两个发展阶段的经典性定义，指出它们的根本差别是经济成熟程度的不同，而且把分配原则作为区分社会发展阶段的重要标志之一。与此同时，恩格斯在有关著作中，也大致相同地论述了共产主义社会发展阶段的思想。总之，马克思和恩格斯认为，共产主义社会需要划分阶段，它同任何社会一样，都有一个从低级向高级的发展过程，从资本主义到共产主义社会，需要经历三个发展阶段，即从资本主义向共产主义社会第一阶段(社会主义社会)的过渡时期，共产主义社会的第一阶段，共产主义社会的高级阶段。至于到共产主义社会高级阶段之后还要经过哪些具体阶段，由于历史条件的限制不可能再作详细论述。在谈到殖民地国家向社会主义发展要经过哪些阶段时，恩格斯更是非常谨慎地表明了自己的态度。他说：“至于这些国家要经过哪些社会和政治发展阶段才能同样达到社会主义的组织，我认为我们今天只能作一些相当空泛的假设。”②

列宁在新的历史条件下，总结俄国革命的实践经验，创造性地发展了马克思主义关于过渡时期和共产主义两个阶段的理论，对社会主义发展阶段的问题作了进一步的阐述。在《国家与革命》一书中，列宁第一次明确指出：社会主义社会就是马克思所说的共产主义社会的第一阶段或低级阶段。十月革命后，他对社会主义社会发展阶段的认识有了很大的发展。列宁认为，社会主义社会是一个相当长的历史时期，有一个产生、发展和成熟的过程，并且明确提出社会主

① 《马克思恩格斯选集》第 2 卷，人民出版社 1972 年版，第 416 页。

② 《马克思恩格斯全集》第 35 卷，人民出版社 1971 年版，第 353 页。

义社会还需要划分若干阶段的重要思想。为此,他曾设想把社会主义社会划分为“初级形式的社会主义”即不发达的或不完全的社会主义,发达的社会主义或完全的社会主义两个阶段。指出,怎样想象出一个发达的社会主义社会并不困难,但怎样具体地从旧的资本主义过渡到新的、还没有稳固基础的社会主义,却是一个最困难的任务。这里发达的社会主义,就是相当于马克思、恩格斯设想的共产主义第一阶段;他说的没有稳固基础和初级形式的社会主义,也可以叫不发达的社会主义。在《共产主义运动中的“左派”幼稚病》一书中,列宁又把共产主义分为三个阶段,即“低级阶段”“中级阶段”和“最高阶段”。他坚信在通向共产主义的道路上,必须划分若干阶段,社会主义社会一定能够由低级阶段发展到高度发达的阶段,直到共产主义最终实现。但是,列宁对待这个问题,同样抱着十分慎重的态度。他强调说:“至于人类会经过哪些阶段,通过哪些实际办法达到这个最高目的,那我们不知道,也不可能知道。”以斯大林为首的联共(布)党,根据马列主义经典作家的论述精神,从苏联社会主义革命和建设的实际出发,对实际中出现的新问题给以新的解释。

1936年,苏联胜利完成社会主义工业化和农业集体化的基本任务后,便作出过渡时期结束和基本上实现了社会主义、建立了社会主义制度的重要结论。应该说这是对马列关于社会主义理论的新发展。

以毛泽东同志为主要代表的中国共产党人,经过长期斗争,深刻认识到在一个半殖民地、半封建的东方大国里进行革命,必然遇到特殊的复杂问题。靠背诵马列主义一般原理和照搬外国经验是不行的,必须坚持马克思列宁主义普遍原理和中国革命具体实践相结合的原则。正是根据这一原则,我们党在领导中国革命和建设的过程中,进一步丰富和发展了马列主义关于过渡时期和社会主义社会发展阶段的理论。

马克思、恩格斯和列宁基于对一般资本主义社会发展规律的考察和研究,提出和论述了从资本主义向共产主义低级阶段(即社会主义）过渡时期的理论，回答并解决了一般资产阶级国家由旧社会转变为新社会的问题。他们对过渡时期的含义及其特点的原则性论述，对认识和研究社会主义的发展规律，推动无产阶级解放运动沿着正确的轨道前进，至今仍然起着重要的指导作用。但是，对于在殖民地、半殖民地的国家中，如何运用这一理论，胜利解决由旧社会转变为新社会的问题，却没有也不可能有详细论述。毛泽东同志和中国共产党，把马列主义关于过渡时期的理论同我国的具体实际相结合，提出和论证了由新民主主义革命转变为社会主义革命，从新民主主义社会过渡到社会主义社会的理论，创造性地解决了中国如何从半殖民地、半封建的旧社会转变为社会主义的新社会这样一个极其特殊和困难的问题。这个理论，不仅充分体现了中国向社会主义过渡的特点，而且也是对马列关于从资本主义到社会主义过渡时期理论的新贡献。旧中国是一个半殖民地、半封建的社会，不是资本主义社会。资本主义的政治和经济制度从来没有得到过独立发展。这与经过资产阶级革命而发展起来的资产阶级国家有很大区别。毛泽东同志从中国的实际情况出发，深刻研究中国革命的特点和规律，明确指出，我们国家所进行的革命必须分两步走，第一步是民主主义革命，第二步是社会主义革命。新民主主义革命"是为了终结殖民地、半殖民地、半封建社会和建立社会主义社会之间的一个过渡的阶段"[①]。新民主主义共和国是一定历史时期的过渡形式。这就是说，在中国是直接从新民主主义向社会主义过渡，而不是从资本主义向社会主义过渡。1953 年毛泽东同志进一步提出："从中华人民共和国成立，到社会主义改造基本完成，这是一个过渡时期。"[②]我们党就是遵循这一过渡时期的理论，依据新民主主义革命胜利所创造的向社会主义过渡的经济政治条件，领导全国各族人民有步骤地实现从新民主主义到社会主义的转变。并且在过渡时期中，创造性地开辟了一条

① 《毛泽东选集》第 2 卷，人民出版社 1968 年版，第 610 页。

② 《毛泽东选集》第 5 卷，人民出版社 1977 年版，第 89 页。

适合中国特点的社会主义改造的道路。从 1949 年中华人民共和国成立到 1956 年社会主义改造基本完成,我们已经胜利实现了这个根本转变,完成了过渡时期的任务,进入社会主义社会。从理论和实践上解决了在中国这样一个占世界人口四分之一的、经济文化落后的大国中建立社会主义制度的艰难任务。这是马列主义过渡时期理论在中国的伟大胜利。尽管我们党在理论宣传中曾一度照抄照搬沿用"从资本主义到社会主义过渡"的提法,但党的十一届六中全会决议已经改为"从新民主主义到社会主义的转变",恢复了以前的正确提法。实践证明,这一提法符合中国的国情,更为准确地表达了我国历史发展的特点,是马列主义过渡时期理论在中国的具体运用和发展。

1959 年,毛泽东同志在谈到社会主义发展阶段的问题时,曾明确指出,社会主义可以分为两个阶段:第一个阶段是不发达的社会主义;第二个阶段是比较发达的社会主义。后一阶段可能比前一阶段需要更长的时间,并肯定我国已经建立了社会主义制度,进入了社会主义社会,但尚未建成社会主义。毛泽东同志的这些重要论断,使马列主义关于社会主义发展阶段的理论又向前迈进了一大步。

正确地划分社会主义社会的发展阶段,弄清各个阶段的区别和联系,对于社会主义革命和建设,具有重大的意义。列宁在谈到过渡时期时指出:"在这一时期内,我们的政策又要照顾到许多更小的过渡。我们担负的任务的全部困难、政策的全部困难和政策的全部艺术,就在于要估计到每一种这样的过渡的特殊任务。"①过渡时期是如此,社会主义社会也是如此。能否正确地划分阶段,就意味着对社会主义发展的成熟程度能否作出准确判断。它关系到是否正确认识和把握各个发展阶段的特点和任务,正确认识和运用社会主义社会发展的规律问题。科学地划分阶段,对于按照社会发展的客观规律办事,加速社会主义现代化建设,促进整个共产主义事业的发展,具有重大的现实意义和深远的历史意义。建国以来的历史表明,如果

① 《列宁全集》第 30 卷,人民出版社 1957 年版,第 299 页。

不分阶段或混淆阶段，就会导致理论上的混乱，政策上的“左”右摇摆，使党的事业遭受巨大损失。

怎样正确地划分社会主义的发展阶段呢？由于社会主义国家的历史不长，社会主义社会的发展规律有些已经比较清楚，更多的还有待于继续探索，所以在现阶段要想解决好如此复杂而又重大的问题，的确是很困难的。但是我们也应看到，比马恩时代和列宁在世时已经具备更多的有利条件。马列主义基本原理不仅为我们提供了观察问题的正确立场、观点和方法，为进一步研究社会主义发展阶段提供了理论基础，而且社会主义的实践经验也更加丰富了。特别是十月革命后，经济比较落后的中国，通过三十多年的社会主义实践，已经积累了比较丰富的经验和教训，在把马列主义普遍原理和中国的具体实际结合上，也取得了极其宝贵的成果。党的十一届六中全会通过的《决议》和党的十二大文献，就是最集中的体现，它是把马列主义关于社会主义社会的理论创造性运用于中国的伟大典范。《决议》重申，我国已经建立了社会主义制度，进入了社会主义社会，同时指出，我们的社会主义制度还是处于初级的阶段，它由比较不完善到比较完善，必然要经历一个长久的过程。认为社会主义，直到共产主义的实现，这是人类历史上空前伟大的革命。我们现在为建设社会主义现代化国家而进行的斗争，正是这个伟大革命斗争的一个阶段。胡耀邦同志在十二大报告中，进一步阐述了党在新时期的总任务，提出全面开创社会主义现代化建设新局面的正确纲领，论证了社会主义的重要特征。党中央的这些科学论断，都为我们继续探索社会主义社会的阶段划分，提供了新鲜经验和指明了方向，丰富和发展了马列主义关于社会主义社会发展阶段的思想。我们根据马克思主义经典作家有关论述的基本精神以及经济落后国家建设社会主义的实践经验，根据生产力的发展和生产关系的变革都有一个从低到高的发展过程，以及社会主义社会的长期性，认为在经济落后国家基础上建立起来的社会主义社会，大致可以划分为三个阶段，即社会主义的初级阶段、中级阶段和高级阶段，然后再过渡到共产主义社会。初级阶段是不发达的社会主义;中级阶段是比较发达的社会主义;高级阶段则相当于列宁说的发达的社会主义。根据我国的情况,初级阶段的主要特点是:社会主义的全民所有制和集体所有制是基本的经济形式,少量的劳动者个体经济是公有制经济的必要补充;生产力发展水平较低,四个现代化的目标尚未达到;剥削制度被消灭,按劳分配原则已基本实现,阶级斗争不是主要矛盾,但它在一定范围内将长期存在,还必须坚持人民民主专政,高度的社会主义精神文明和高度民主的社会主义政治制度正在建设中。在中级阶段,社会主义两种公有制得到进一步巩固和发展,劳动者个体经济的合作经济关系将同全民所有制的国营经济和集体所有制更加密切;四个现代化的任务已胜利完成,生产力发展到较高水平,社会主义具有了相当强大的物质基础;按劳分配原则得到进一步贯彻,平均主义和生活过分悬殊的现象大为减少;阶级斗争总的趋势是逐步走向缓和但在更小的范围内仍然存在,人民民主专政还需要坚持,只是它的镇压职能在缩小;建设高度的社会主义精神文明和高度民主的社会主义政治制度的目的已经达到,人民的共产主义思想和道德水平大大提高。社会主义的高级阶段,相当于马克思、列宁所设想的高度发展了的社会主义社会。那时,一切生产资料已归全社会所有,两种公有制变成了单一的社会主义全民所有制;有高度发达的生产力和比资本主义更高的劳动生产率;按劳分配原则得到充分实现,人民生活达到了很高的水平;三大差别基本消失,只要国外还有帝国主义,国内阶级斗争因素就不可能彻底消灭,这时国家还没有完全消亡,高度的社会主义精神文明和高度民主的社会主义政治制度已得到进一步发展和完善,人民的思想觉悟和共产主义道德已达到很高的水平,但还未彻底消灭旧社会的传统和痕迹。至于发达资本主义国家,无产阶级夺取政权以后,同样必须有一个过渡时期。只是由于生产力水平本来较高,有可能不经过社会主义的初级阶段,但不可能不经过中级阶段,就一步跳入高度发展、高度成熟了的社会主义社会。

以上划分法,虽然是探索性的,今后究竟要分哪些阶段,归根到底，还有待于实践。但它却基本上反映了社会主义社会的产生，发展和完善的客观历史进程，是当代社会主义发展规律性的重要表现。

二

社会主义社会，作为人们理想的共产主义社会的第一阶段，是怎样的一种社会？它还存在不存在矛盾？如果存在矛盾，那是些什么矛盾？它的性质、特点、地位和作用如何？怎样处理这些矛盾？这些都是马克思主义者需要认真研究的重要课题。

马克思和恩格斯曾经对社会主义社会的矛盾提出过许多天才的预见。在《哥达纲领批判》中，马克思就曾对社会主义社会内部矛盾的条件作过理论上的分析。他们指出，社会主义社会“是刚刚从资本主义社会中产生出来的，因此它在各方面，在经济、道德和精神方面都还带着它脱胎出来的那个旧社会的痕迹”。恩格斯也揭示了“运动本身就是矛盾”[①]的真理，并且指出：“所谓‘社会主义社会’不是一种一成不变的东西，而应当和任何其他社会制度一样，把它看成是经常变化和改造的社会。”[②]可见，在马克思、恩格斯看来，社会主义社会仍然存在矛盾。但是他们当时所面临的任务是通过对资本主义矛盾运动的分析，揭示资本主义将被社会主义代替的历史必然性，是教育无产阶级认识自己的历史使命，组织起来为新的社会制度的诞生而奋斗。而对于这种新的社会制度诞生后的情况，“只是最一般地谈到”[③]。他们没有建设社会主义的实践，社会主义社会的矛盾问题还没有具体地提到他们面前，所以他们还不可能详尽地论述这个问题。

列宁曾经分析了无产阶级专政和社会主义制度下新旧事物的矛盾，工人内部的矛盾，工农之间的矛盾，社会主义制度同官僚主义的矛盾，社会主义国家内部的民族矛盾等等。列宁明确指出：在社会主

① 《马克思恩格斯选集》第3卷，人民出版社1972年版，第160页。

② 《马克思恩格斯全集》第37卷，人民出版社1971年版，第443页。

③ 《马克思恩格斯全集》第16卷，人民出版社1964年版，第243页。

义条件下,对抗消失了,矛盾存在着。比如,在关于《工会在新经济政策条件下的作用和任务》这一提纲中,他就对工人阶级的个别部分同工人国家的个别机关之间、工会内部、工人和专家之间可能发生的矛盾进行过分析,并且指出,为了解决这些矛盾,工会可以同有关经济机关进行谈判,要设法满足群众合理的、可以办到的要求;同时对群众进行政治教育,等等。共产党应当成为及时地解决这些矛盾的最高的权威机关。但是,列宁没有亲眼看到生产资料私有制社会主义改造的完成,他没有来得及对社会主义社会的矛盾进行全面的考察和系统的、综合的研究。斯大林对社会主义社会的矛盾有更多的接触,他分析了集体农庄内部的矛盾,苏联存在的民族矛盾以及工农之间的矛盾。他甚至提出过这样的卓越见解:无产阶级同农民的矛盾是"结和内部的矛盾",而无产阶级同富农的矛盾则是"结合范围以外的矛盾"。但是,在苏联生产资料私有制的社会主义改造基本完成以后,他对社会主义社会矛盾的认识,部分地又是严重地离开了辩证唯物主义。因此,他不能坚持这些正确的意见并前进一步,提出关于社会主义社会矛盾的完整理论。相反,他长时期把社会主义看成只有一致没有矛盾的一个整体。他不恰当地强调社会主义社会的生产关系和生产力、上层建筑和经济基础的完全适应,没有把它们之间的矛盾当作全面性的问题提出来,没有认识到这些矛盾是推动社会主义社会发展的基本矛盾。他不恰当地强调所谓社会主义社会在道义上和政治上的完全一致,对于社会主义社会中存在的人民内部矛盾和特殊形式的阶级斗争缺乏认识;如果说到阶级斗争他也仅仅把这归结为国外资本主义的包围和国际间谍的破坏。总之,在苏联基本完成生产资料私有制的社会主义改造以后,斯大林对社会主义社会内部的矛盾缺乏思想准备。马克思、恩格斯和列宁关于这个问题的正确思想实际上被他中断了。这样,就必然在客观存在着的复杂的社会矛盾面前陷于被动,不能采取正确的方针和政策加以处理,因此使苏联在革命和建设中发生了一些严重的错误。

受斯大林错误的影响,在国际共产主义运动中,长时期不注意社会主义社会的矛盾。在我们国内也曾经有人用形而上学的方法看待社会主义社会，把社会主义社会有矛盾同社会主义制度的优越性对立起来，似乎社会主义如果有矛盾，社会主义制度就不优越了。因此，他们否认或者不敢公开承认社会主义社会还存在矛盾。

毛泽东同志为主要代表的中国共产党的伟大贡献在于，在新的历史条件下恢复并且发展了马克思、恩格斯和列宁在这个问题上的正确思想，科学地分析了社会主义社会的矛盾，揭示了这些矛盾的特点和运动规律，阐明了正确处理这些矛盾的原则和方法，系统地提出了正确处理人民内部矛盾的问题，完整地创立了关于社会主义社会矛盾的理论。

毛泽东同志指出，对立统一规律是宇宙的根本规律，这个规律在自然界，人类社会和人们的思想中都是普遍存在的。社会主义社会并不例外，也是对立统一的。社会主义制度是优越的，但“这并不是说在我们的社会里已经没有任何的矛盾了。没有矛盾的想法是不符合客观实际的天真的想法”①，社会主义社会的基本矛盾仍然是生产关系和生产力之间的矛盾，上层建筑和经济基础之间的矛盾。不过这些矛盾，具有不同于旧社会的性质和特点罢了。社会主义社会中的基本矛盾是既相适应又相矛盾。适应的方面是主要的基本的。矛盾的方面，就社会主义生产关系和生产力、上层建筑和经济基础的矛盾来说，是基本适应情况下的矛盾，是非对抗性的，在社会主义社会的基本矛盾中居于统治地位。就社会主义社会中还存在的旧的生产关系和上层建筑的某些残余同生产力的发展和社会主义的经济基础的矛盾来说，则不是基本适应情况下的矛盾，是对抗性的，但是，在社会主义社会的基本矛盾中它不居于矛盾的统治地位。上述矛盾都可以经过社会主义制度不断得到解决。这个基本矛盾是社会主义社会一切矛盾的总根源。因此，毛泽东同志指出，在社会主义社会里不是有没有矛盾或找到找不到矛盾的问题，而是充满着矛盾，正是这些矛

① 《毛泽东选集》第5卷，人民出版社1977年版，第363～364页。

盾及其正确解决，推动着我们的社会向前发展。毛泽东同志关于社会主义社会基本矛盾的论断，纠正了在这个问题上的形而上学观点，发展了马列在这个问题上的正确思想，揭示了社会主义社会发展的基本动力，奠定了关于社会主义社会矛盾理论的基础。

社会主义社会基本矛盾不同于旧社会的性质和特点，表明社会主义的生产关系能够容纳生产力以旧社会所没有的速度迅速发展，表现了社会主义制度的巨大优越性。随着资本主义制度被推翻、生产力被解放，旧的主要矛盾已经解决。因此，在社会主义制度确立以后，无产阶级政党所面临的应该解决的新的主要矛盾就变成了人民日益增长的物质和文化需要同落后的社会生产之间的矛盾。在任何国家，夺得了政权的无产阶级都面临一个创造高于资本主义的劳动生产率的任务。中国是先于发达资本主义国家进入社会主义社会的，这是中国共产党和中国人民的光荣。但这同时，又使我们的社会主义事业不可避免地要遇到一系列由于经济文化落后而产生的困难。在我们这里，人民日益增长的物质和文化需要，同落后的社会生产之间的矛盾更尖锐更突出一些。需要更加艰苦更加长久的奋斗。随着主要矛盾的变化，党和国家的工作重点必须转移到以经济建设为中心的社会主义现代化建设上来，把实现工业、农业、国防和科学技术现代化，建设我国成为高度民主高度文明的社会主义国家，作为新的历史时期的总任务。这既是社会主义基本矛盾运动的客观要求，也是解决我国社会主义现阶段主要矛盾的迫切需要。

社会主义社会的基本矛盾表现在人与人之间的关系上，形成了人民内部矛盾和敌我矛盾这两类不同性质的社会矛盾。人民内部矛盾反映社会主义生产关系和上层建筑自身发展中的矛盾，一般说来是人民根本利益一致基础上的矛盾。在社会主义现阶段，这种矛盾大量表现为国家、集体、个人之间在具体利益上的矛盾，也表现为思想认识上的先进与落后、正确与错误的矛盾。这些矛盾为社会主义生产关系同生产力、上层建筑同经济基础的矛盾性质所规定，都是非对抗性的；敌我矛盾反映新旧生产关系和上层建筑的对立，是根本利害的冲突。在社会主义现阶段，这种矛盾主要是指工人阶级和广大人民群众同极少数敌对分子之间的矛盾。这些敌对分子总是从经济上、政治上、思想文化上、社会生活上进行蓄意破坏和推翻社会主义制度的活动。这是我国现阶段阶级斗争的主要表现。这种矛盾为决定它的基本矛盾的性质所规定，是对抗性的矛盾。

社会主义社会基本矛盾的情况，改变了敌我矛盾，阶级斗争和人民内部矛盾在我国社会生活中的地位。旧的生产关系和上层建筑的某些残余，在我们社会里不占统治地位，因此，反映新旧生产关系和上层建筑对立的敌我矛盾和阶级斗争也不占统治地位；社会主义基本矛盾本身是占统治地位的矛盾，因此，为它决定的人民内部矛盾在人与人之间的关系上也占统治地位。在资本主义社会，解放生产力的斗争表现为破坏旧生产关系和上层建筑的剧烈的阶级斗争，那时，阶级斗争是主要矛盾。在社会主义社会，保护和发展生产力的斗争，是通过新的生产关系和上层建筑的调整和完善进行的。因此，它在人与人之间关系上一般不再表现为剧烈的阶级斗争，而是表现为人民内部矛盾。就是生产力自身发展中的矛盾，也必然在人与人之间的关系上得到反映。生产力所直接表现的当然是人与自然的矛盾。但正如毛泽东同志所说，人的主观认识和客观规律的矛盾“也将表现为人同人之间的矛盾，即比较正确地反映客观规律的一些人同比较不正确地反映客观规律的一些人之间的矛盾，因此也是人民内部的矛盾”①。随着阶级斗争范围的缩小和地位的下降，人民内部矛盾就变得突出起来，成为一个影响全局的问题，成为我国社会政治的主要内容。因此，毛泽东同志在社会主义社会各种纷繁的矛盾中抓住了正确处理人民内部矛盾的问题，把它作为一个总题目，作为国家政治生活的主题，作为一门科学让全党研究。毛泽东同志提出的这一问题，是我们认识社会主义社会的一个新范畴。

毛泽东同志和我们党反复强调，必须正确认识和处理社会主义

① 《毛泽东选集》第5卷，人民出版社1977年版，第401页。

社会中的各种矛盾,并且规定了正确处理这些矛盾的路线、方针、原则和方法。实事求是、群众路线是正确处理社会主义社会各种矛盾的根本路线。采取不同于阶级斗争的方法来正确地解决我国社会内部大量存在的不属于阶级斗争范围的各种社会矛盾,坚持人民民主专政国家的专政职能,坚持用马克思主义的阶级观点处理当前我国带有阶级斗争性质的社会矛盾和社会现象,这是我们关于社会主义社会各种社会矛盾的基本方针。敌我之间的矛盾和人民内部的矛盾性质不同,解决的方法也不同。前者用专政的方法,后者用民主的方法,这是解决不同性质的矛盾的两种根本不同的方法。毛泽东同志提出了人民内部要在政治上实行"团结——批评一团结",在党与民主党派的关系上实行"长期共存,互相监督";在科学文化工作中实行"百花齐放,百家争鸣",在经济工作中实行对全国城乡各阶层统筹安排和兼顾国家,集体、个人三者利益等一系列正确的原则和方法。所有这些都充分体现了调动一切积极因素,化消极因素为积极因素,团结全国各族人民,自力更生,艰苦奋斗建设社会主义强大国家的战略思想。

总之,关于社会主义基本矛盾及其特点,关于我国社会主义现阶段的主要矛盾和党在新的历史时期的总任务,关于社会主义社会存在两类不同性质的社会矛盾,关于必须正确区分和处理两类不同性质的社会矛盾,把正确处理人民内部矛盾作为国家政治生活的主题等,这些就是毛泽东同志和我们党系统地提出的关于社会主义社会矛盾理论的基本内容和主要之点,它对马克思主义关于社会主义社会的理论,作出了新的重大贡献。

三

马克思主义关于社会主义社会特征的理论,经由毛泽东同志为主要代表的中国共产党人,特别是经过党的十一届三中全会以后的党中央,在中国这块大地上具体应用之后,也得到了重大发展。

在标志着马克思主义正式诞生的《共产党宣言》这一纲领性文献

发表二十多年之后，马克思曾于1875年写了《哥达纲领批判》这部具有划时代意义的伟大著作。在这一著作中，马克思第一次把共产主义社会划分为低级阶段和高级阶段，并对共产主义低级阶段的特征作出了某些科学预见和设想，这个低级阶段也就是我们现在所说的社会主义社会。在马克思看来，共产主义社会低级阶段即社会主义社会大致是这样的一种社会：(1)是一个公共占有生产资料的社会，实现了单一的社会主义公有制；(2)是一个实行“按劳分配”的社会，每一个劳动者在作了多项扣除之后，从社会领回他为社会所创造的一切；(3)是一个没有商品生产和货币交换的社会，因为个人的劳动已直接作为社会总劳动的构成部分，价值形式已经消失；(4)是一个阶级和阶级差别消失了的社会，因而也“消灭了作为国家的国家”，那时，对人的统治将由对物的管理和对生产过程的领导所代替。

列宁在新的历史条件下，从俄国的具体实际出发，总结了他领导七年建设社会主义的实践经验，创造性地发展了马克思主义关于社会主义特征的理论。他认为，科学社会主义创始人马克思和恩格斯关于社会主义社会特征的科学预见和设想，不是为社会主义社会制定具体标准，而只是为我们奠定了基础和指明了方向。十月革命前夕，即1917年4月10日，列宁在《无产阶级在我国革命中的任务》即著名的《四月提纲》中，谈到俄国社会民主工党改名俄国共产党的时候，明确地指出了社会主义社会的基本特征。他说：“人类从资本主义只能直接过渡到社会主义，即过渡到生产资料公有和按劳分配。我们党看得更远些：社会主义必然渐渐成长为共产主义，而在共产主义旗帜上写的是：‘各尽所能，按需分配。’”①在这里，列宁是从生产资料公有和按劳分配这两个特征，社会主义社会和资本主义社会区别了开来；而用“按劳分配”和“按需分配”来区分社会主义社会和共产主义社会。十月革命之后，列宁在逝世前夕所写的具有政治遗嘱性质的几篇论文中，对社会主义社会的特征又作了具体的阐述和发

① 《列宁选集》第3卷，人民出版社1972年版，第62页。

挥。他认为,在生产资料公有制和无产阶级对资产阶级取得胜利的条件下,文明的合作社工作者的制度就是社会主义制度。他说:“有了完全合作化的条件,我们也就在社会主义基础上站稳了。”①列宁正是基于他对社会主义看法的某些改变,才逐步认识到,在社会主义阶段,不可能立即建立起单一的生产资料整个社会占有制,而应采取国家所有制和合作社集体所有制两种公有制形式,肯定集体所有制的合作经济也是社会主义性质,认定在社会主义阶段,不能立即消灭商品生产和货币交换,按劳分配也不能用劳动直接从社会储备中领取实物,而必须继续借助于商品与货币这个中介来进行分配。1936年,苏联胜利完成社会主义工业化和农业集体化的基本任务后,斯大林作出了过渡时期已经结束和进入了社会主义社会的结论。他明确指出,社会主义社会在一定历史时期中,还存在着两种社会主义公有制,而不是单一的社会主义全民所有制;认为过渡时期结束了,无产阶级专政仍需坚持,无产阶级专政的社会主义国家还不能消亡。斯大林的这些新结论,也是对马列主义关于社会主义社会特征理论的补充和发展。

毛泽东同志为主要代表的中国共产党人,特别是党的十一届三中全会以后,在总结了中国三十多年社会主义建设正反两方面的经验,研究和吸取了其他社会主义国家建设社会主义的经验教训之后,全面地确定并详细论证了社会主义社会的特征。胡耀邦同志代表党中央在党的十二大做报告时明确指出:“社会主义精神文明是社会主义的重要特征,是社会主义制度优越性的重要表现。过去讲到社会主义特征的时候,人们往往强调剥削制度的消灭和生产资料的公有,按劳分配,国民经济有计划按比例的发展,以及工人阶级和劳动人民的政权。人们还强调,高度发达的生产力和比资本主义更高的劳动生产率,作为社会主义发展的必然要求和最终结果,也是它的特征。这些无疑都是正确的,但是还不足以完全包括社会主义社会的特征。

① 《列宁选集》第4卷,人民出版社1972年版,第687页。

社会主义还必须有一个特征。就是以共产主义思想为核心的社会主义精神文明。”可见，我党十二大关于社会主义社会特征的科学概括，既突出了重点，指明了它的最基本的经济特征；又全面完整，把政治标志和思想文化标志也反映到社会主义社会的特征中，从而克服了人们长期以来对社会主义社会认识和理解上的片面性。党的十二大文件，大大丰富和向前发展了马克思列宁主义关于社会主义社会特征的理论。它主要表现在以下两个方面：

第一，在社会主义社会的经济特征中，除指明和强调了马列一贯坚持的生产资料公有和按劳分配是社会主义社会的基本特征之外，又根据经济文化落后国家建设社会主义的实际，特别是我国的实际情况，创造性地提出了两大科学论断。

(1)高度发达的生产力和比资本主义更高的劳动生产率，作为社会主义发展的必然要求和最终结果，也是社会主义社会的特征的问题。在我国前一时期关于社会主义社会特征问题的讨论中曾反映出两种片面性观点。一种是强调高度发达的生产力和比资本主义更高的劳动生产率，是社会主义社会的基本特征之一，而由此作出了在经济落后国家建立的社会主义制度是违背社会发展规律的，不是科学意义上的社会主义，而是“农业社会主义”或“空想社会主义”的错误结论；另一种是害怕否定我国是科学意义上的社会主义社会，而坚决反对把高度发达的生产力和比资本主义更高的劳动生产率，作为社会主义社会的基本特征，甚至想出各种理由说明生产力水平高低与社会主义社会的特征没有必然联系，妄图用政治决定论来解释我国的社会主义性质。党的十二大文件的上述科学论断，实际上总结了这一讨论，克服了这两种形而上学的片面性。既坚持从社会化生产力这一根本出发点来研究像我国这样的经济落后国家建设的社会主义性质问题。认定高度发达的生产力和比资本主义更高的劳动生产率是社会主义发展的必然要求；同时又从经济落后国家建设社会主义的实际出发，把达到上述水平的生产力和劳动生产率看作是一个过程，是社会主义发展的“最终结果”，就是说在社会主义的初级阶段、中级阶段暂时达不到，而社会主义发展到高级阶段，生产力和劳动生产率必须达到上述水平。我们党把以实现四化为中心的发展高度发达生产力的方针看作是社会主义的特征。对于经济、文化落后的国家，走上社会主义道路之后，如何正确认识社会的主要矛盾、正确处理经济与政治的关系、正确确定党和国家全部工作的着重点问题，具有极其特殊的重大意义。

(2)关于正确贯彻计划经济为主、市场调节为辅原则的问题。党的十二大文件除明确肯定“国民经济有计划按比例的发展”也是社会主义社会的特征之外，还根据我国三十多年建设社会主义的实践所取得的正反两方面的经验和其他社会主义国家的经验教训，提出了一个“以计划经济为主、市场调节为辅”的问题，并作了系统的论证。指出：我国在公有制基础上实行计划经济，有计划的生产和流通，是国民经济的主体，同时，允许对于部分产品的生产和流通不作计划，由国家划出一定的范围，由价值规律自发地起调节作用。这一部分是有计划生产和流通的补充，是从属的、次要的，但又是必需的、有益的。正确贯彻计划经济为主、市场调节为辅的原则，是经济体制改革中的一个根本性问题，其中一个最重要的问题是正确划分指令性计划、指导性计划和市场调节各自的范围和界限。这个问题的提出和科学的论述，说明它概括了一种深刻的经验，即我们党对我国社会主义建设规律认识的深化，标志着我们党对经济工作的领导更加成熟了。在确立了公有制的社会主义社会里，特别是在像中国这样大的社会主义国家里实行“市场调节为主、计划经济为辅”或“计划经济和市场调节相结合”(即二者不分主辅)，都不利于社会主义的经济建设，只有确立和正确贯彻“以计划经济为主，市场调节为辅”的原则，才能保证国民经济健康而迅速的向前发展。实践出真知(即科学理论)。这种实际经验经过我党十二大的科学总结，上升到了科学社会主义理论的高度，丰富和发展了马克思主义关于社会主义社会的理论。这在社会主义发展史上是有重大的理论意义和实践意义的。

第二，党的十二大文件不仅从经济上概括和论述了社会主义社会的特征,而且还从政治方面和思想文化方面概括和论述了社会主义社会的特征。

首先,关于社会主义社会的政治特征问题。党的十二大文件根据马克思主义关于共产主义作为社会形态,既是一定质的生产力和生产关系的统一,又是一定质的经济基础和上层建筑的统一的基本观点,认定社会主义社会不仅要建立和完善自己的经济制度,而且还要建立和完善与之相适应的政治制度。明确指出:"工人阶级和劳动人民的政权",也是社会主义社会的一个重要特征,其实质则是努力建设高度民主的社会主义政治制度问题。这种规定也表明,我们党对社会主义社会发展规律的认识进一步深化了。马克思、恩格斯、列宁和斯大林对工人阶级和劳动人民政权的论述是很多的,而且非常精辟。但是,他们从未明确地把它列为社会主义社会的重要特征之一。我们党的这种认识是对马克思主义关于社会主义社会特征理论的创造性发展。对这一理论重大发展,也是同我们建设社会主义正反两方面的经验密切的联系在一起的。在一个较长的时间里,我们建设社会主义过程中所遭受的挫折,究其原因既是因为没有及时地把工作着重点转移到社会主义经济建设上来,也是由于我们没有把政治建设坚定不移地立足于建设高度的社会主义民主为中心这个基础上来。过去,我们长期把民主只作为一种手段,而将其排除在我们的奋斗目标之外,对于"没有民主就没有社会主义和没有社会主义也不会有真正的民主"这种科学观点缺乏足够的认识。现在,我们党从我国和其他社会主义国家在这个问题上的经验教训中得到了启发。明确指定:建设高度民主的社会主义政治制度,既是我们的根本目标和根本任务,又是建设高度的社会主义物质文明与社会主义精神文明的根本手段和重要条件。它们之间是互为目的和互为条件。我们党把高度民主的社会主义政治制度的建设,提高到"工人阶级和劳动人民的政权"建设的高度,提高到社会主义社会特征的高度,认为社会主义民主必须法律化、制度化、并且要将其扩展到政治生活、经济生活、文化生活和社会生活的各个方面;清楚地指出社会主义民主应成为人民群众自我教育的方法，坚持根据社会主义原则建立人与人之间、各民族之间的平等关系和个人与社会之间的正确关系；特别指出在发展社会主义民主过程中所采取的一切措施，一定要有利于社会主义制度的巩固，有利于社会主义建设事业的健康发展，而决不给危害社会主义的敌对分子以进行破坏的自由。上述一切，都是对马克思主义关于社会主义理论的丰富和发展。

其次，关于社会主义社会的思想文化特征。马克思主义的经典作家对于无产阶级的精神文化、社会主义的思想文化建设，都做过极其精辟的论述。但是，他们从未将社会主义精神文化概括到社会主义社会的重要特征中去。党的十一届三中全会以后的党中央，坚持和发展马列主义、毛泽东思想，在将党的工作着重点转移到现代化经济建设上来之后，曾多次郑重提出：在建设高度物质文明的同时，一定要努力建设高度的社会主义精神文明。党的十二大文件又正式明确，建设高度的社会主义精神文明，是“建设社会主义的一个战略方针问题”。它是社会主义社会的思想文化方面的特征，是社会主义制度优越性的重要表现，没有这种精神文明就不可能建设社会主义。党的十二大文件还系统地阐述了物质文明和精神文明的关系，并将社会主义精神文明的内容极其科学地概括为文化建设和思想建设两部分，深刻地论证了文化建设与思想建设的辩证关系，突出强调了党的思想建设是全社会精神文明建设的支柱，极其明确地指出了共产主义思想是社会主义精神文明的核心，等等。这一切，对于我们全面理解和胜利地建设真正科学意义上的社会主义社会有极其重大的作用。因为，我们如果忽视了在共产主义思想指导下在全社会建设社会主义精神文明这个伟大任务，那么人们就会片面地、歪曲地理解社会主义社会，就会使人们的注意力仅仅限于物质文明的建设，甚至仅仅限于物质利益的追求。那种情况如果真的出现了，那么我们的现代化建设就不能保证社会主义方向，我们的社会主义社会就会失去理想和目标，失去精神的动力和战斗的意志，就不可能抵制各种腐化因素的侵袭，甚至会走上畸形发展和变质的邪路。反之，如果我们从现在起，既能从理论的高度和政治的高度来正确认识和深刻理解建设社会主义精神文明的意义和作用，又能真正下定决心非常切实地同时进行物质文明和精神文明的建设，那么，我们就会在实行对外开放、对内搞活经济政策，全面进行经济、政治体制改革的过程中，头脑清醒，立场坚定，既坚持共产主义思想体系的指导，又严格执行现阶段的各项社会主义政策，从而使我们的社会主义事业永葆革命的青春和活力。

总之，以毛泽东同志为主要代表的中国共产党人，特别是党的十一届三中全会以后的党中央，在把马克思主义关于社会主义社会发展阶段的理论、关于社会主义社会矛盾的理论，以及关于社会主义社会特征的理论，同我国社会主义革命和社会主义建设的具体实践相结合的过程中，确实得到了进一步的丰富和发展，对马克思主义关于社会主义社会的理论作出了重大贡献。我们要学习、研究和总结我党对马克思主义作出的这些新贡献，更好地坚持和发展马克思列宁主义、毛泽东思想，努力做好本职工作，为社会主义现代化建设贡献一切力量。

（原载山东大学《文科论文集刊》1983 年第 1 期）

近年来科学社会主义若干理论问题讨论综述

近年来，我国理论界对科学社会主义的一些基本理论问题，继续进行了认真的探讨，并取得了许多新成果。现将探讨中的不同观点综述如下。

一、关于科学社会主义的研究对象及其理论体系问题

（一）科学社会主义的研究对象是什么？

有些同志认为，科学社会主义是关于无产阶级解放斗争的性质、条件和一般目的的学说，亦即研究无产阶级解放斗争的进程及其发展规律的科学。有的同志把它概括为关于无产阶级解放运动发展规律的科学。主要理由是：(1)这个表述，是科学社会主义的创始人在无产阶级斗争的实践中逐步形成、完善和概括出来的。(2)它揭示了科学社会主义这门学科的特殊矛盾和特殊本质。(3)它体现了科学社会主义同空想社会主义的原则区别、同各种冒牌社会主义的根本对立。(4)它符合一百多年来国际共产主义运动发展的实际。

另一些同志认为，科学社会主义是研究社会主义社会产生和发展规律的科学。它要揭示社会主义、共产主义发生、发展和胜利的规律，因此必须对作为社会形态的社会主义社会从政治、经济、思想文化直到生活方式等各方面进行综合性研究，而不能把着眼点仅仅放在政治斗争上。主要理由是：(1)科学社会主义，顾名思义就是以整个社会主义社会作为它的研究对象。因此，它应把社会主义社会当成活的有机体来研究，探索社会主义社会产生和发展的规律。(2)科学社会主义既是一种思想体系，又是一种社会制度，当今社会主义已

由理论变为现实，如不研究、不回答社会主义的现实问题，科学社会主义就没有生命力。(3)前一种看法是科学社会主义创始人在特定的条件下，从某种特定意义上阐述科学社会主义的主要内容和任务，不是对研究对象的直接回答。诚然，马克思、恩格斯的论述是重要依据，但把对象仅限于恩格斯的某一观点或论断，不再作新的概括是片面的。

还有的同志认为，科学社会主义是研究改变资本主义、帝国主义世界和建设社会主义、共产主义世界的一般规律的科学。即科学社会主义是以资本主义社会和共产主义社会这两个社会形态作为它的研究客体，其中包括从资本主义到社会主义的过渡时期。主要理由是：(1)把科学社会主义仅仅归结为研究无产阶级解放的条件，或者加上“性质”“目的”，未免太狭窄，还应该包括无产阶级以外的广大人民群众的解放。(2)科学社会主义的研究对象不把研究推翻、改变资本主义社会包括在内，是不全面的。(3)这样表述与恩格斯的论述精神是一致的。

第四种意见提出，科学社会主义就是马克思主义的政治学。因为，科学社会主义研究的是，社会主义社会中政治的上层建筑，如何适应自己的经济基础，并为其服务的问题。从这个意义上说，科学社会主义就是马克思主义的政治学。

第五种意见认为，科学社会主义是关于无产阶级领导人民群众进行革命斗争和建设社会主义、共产主义的一般规律的科学。

第六种意见提出，科学社会主义是一种社会历史观点或学说，它认为资本主义社会将发展为共产主义社会。它以研究经济关系为主，以资本主义社会和共产主义社会以及前者转变为后者为研究内容。

第七种意见认为，可以从不同角度给科学社会主义下定义。就研究“客体”而言，它是研究衰亡中的资本主义社会形态和发展中的共产主义社会形态；就研究“内容”而言，它是关于实现共产主义的一般规律的科学。

（二）科学社会主义理论体系包括哪些内容？

第一种意见认为，科学社会主义的理论体系可分为上下编，即无产阶级为推翻资本主义旧世界而斗争的理论和策略；无产阶级为创建共产主义新世界而斗争的理论和策略。有的把它分为三编，即资本主义条件下的无产阶级的革命斗争；无产阶级专政和社会主义社会；无产阶级政党和战略策略。有的把它概括为七条基本原理：社会主义代替资本主义的历史必然性；无产阶级的历史使命；无产阶级政党；无产阶级革命和无产阶级专政，无产阶级的战略策略；无产阶级国际主义和爱国主义；社会主义社会和共产主义社会。

第二种意见主张以“条件”的纵向联系为线索进行体系安排，既注重“条件”在实践中的状态，也注意它们的横向联系。全书可分为无产阶级解放的经济条件；政治条件；思想文化条件；国际条件；策略条件等五篇。

第三种意见认为，体系的内容既要反映无产阶级政治行动的主观规律，更要揭示社会主义产生、发展的客观规律。整个体系可分为社会主义理论、社会主义运动、社会主义社会三部分。

第四种意见认为，科学社会主义的理论体系应包括四个有机组成部分：即关于世界革命进程的理论；关于共产主义的理论；科学社会主义的方法论；科学社会主义史。

第五种意见指出，在“概论”中不应汇集属于中间层次的具体学科的基本内容。整个体系可分社会主义社会有机体；社会主义经济系统；政治系统；思想文化系统；社会主义社会有机体的运行机制、规律与社会发展控制总体战略五篇。

第六种意见力图回答“时代的挑战”，主张开设科学社会主义理论的创立及其在实践中的发展、无产阶级夺取政权道路的曲折性和多样性、社会主义社会是改革的社会、实现社会主义所遵循的共同规律四部分内容。

第七种意见认为，只有对已有的科学社会主义范畴和规律加以系统阐述，才是人们对社会主义认识深化的标志。新的理论框架是：

上篇,科学社会主义的基本规律;下篇,科学社会主义的基本范畴。

二、关于我党对科学社会主义理论的贡献问题

(一)毛泽东同志对科学社会主义理论有哪些贡献?

一种意见认为,毛泽东同志对科学社会主义理论的贡献,主要是新民主主义革命的理论。

另一种意见认为上述看法是片面的。他们指出,毛泽东同志对科学社会主义理论的贡献,总的来说,是毛泽东同志把马列主义普遍原理与中国革命的具体实践相结合,成功地解决了中国革命和建设的许多重大问题,从而丰富和发展了科学社会主义理论。其中主要是:(1)关于新民主主义革命的理论。(2)关于社会主义革命和社会主义建设的理论。(3)关于人民民主专政的理论。(4)关于社会主义社会存在两类不同性质矛盾的理论。(5)关于战略和策略的理论。(6)关于思想政治工作和文化工作。(7)关于党的建设。(8)关于社会主义的四项基本原则。

(二)党的十一届三中全会以来我们党对科学社会主义理论有哪些发展?

第一种意见主张从"条条"进行概括,提出了七个方面:(1)科学地全面地概括了社会主义社会的基本特征。(2)提出了建设有中国特色的社会主义问题。(3)完整地提出了社会主义社会的阶级斗争理论。(4)全面地制定了社会主义经济建设的原则和方针。(5)创造性地发展了社会主义民主理论。(6)精辟地阐明了建设高度的社会主义精神文明是社会主义重要特征的新观点。(7)丰富和发展了统一战线的理论。(8)进一步发展了工人阶级执政党建设的理论。

第二种意见主张从"块块"进行概括,提出了三个方面:(1)恢复和发展了社会主义社会需要划分阶段的理论。(2)对社会主义社会的基本特征作了全面概括。(3)重申社会主义有多种模式的原则,坚持走有中国特色的社会主义建设道路。

(三)《中共中央关于经济体制改革的决定》(以下简称《决定》)在

哪些方面丰富和发展了科学社会主义理论？

第一种意见认为,《决定》在社会主义经济基础和上层建筑两方面对科学社会主义有重大发展。具体地说:(1)肯定了个体经济、吸收外资都是对社会主义经济的必要补充。明确提出了所有权同经营权可以适当分开的观点。(2)明确提出了社会主义的目标是要使全国人民共同富裕,而鼓励一部分人先富起来则是实现共同富裕的必由之路。(3)明确指出,社会主义计划经济是在公有制基础上的有计划的商品经济,必须自觉依据和运用价值规律。(4)在消费方面,《决定》正确而又全面地说明了消费和生产的关系,提出了在社会主义条件下应该"适当增加消费",而不能"一味限制消费"的新观点,消除了长期以来对消费的误解。

《决定》在上层建筑方面的发展,主要体现在国家、民主、科学和政党四个方面。(1)提出实行政企职责分开,简政放权。对社会主义国家管理经济的职能作了新的科学概括。(2)《决定》提出要使工人和劳动者成为企业的主人翁,并提出了发扬社会主义民主的主要措施。(3)在人才和知识问题上,《决定》反映了社会主义前进的内在要求和客观规律。(4)在党的领导方面,《决定》正确地制定了关于改革的方针政策,规定了要加强思想工作和组织工作,加强党风和党纪建设。

第二种意见认为,《决定》对科学社会主义的贡献,可以概括为六点:(1)改革是社会主义制度自我完善和发展的根本途径。(2)中国特色的社会主义首先应该是充满生机和活力的社会主义。(3)有计划的商品经济是社会主义社会的一个基本经济特征。(4)国家管理经济的科学规定为马克思主义国家学说增添了新的内容。(5)鼓励一部分人先富起来的政策是带动整个社会走向富裕的必由之路。(6)形成崭新的生活方式和精神状态是建设社会主义精神文明的重要内容。

第三种意见认为,《决定》对科学社会主义理论的丰富和发展,还表现在:(1)在论述经济体制改革的同时,联系到政治体制的改革,主张从根本体制上解决发展社会主义民主的问题。(2)进行社会主义现代化建设必须尊重知识、尊重人才。

三、关于社会主义社会的基本特征和社会主义模式的多样性问题

(一)社会主义社会的基本特征到底是几个,怎样表述才更全面更准确?

自从党的十二大对社会主义社会的特征作了全面的科学概括之后,理论界认识已经比较统一,但具体表述仍有不同。

多数同志认为,社会主义社会的基本特征有六个,有的认为是七个。有的从三方面加以概括:即实行生产资料公有制和按劳分配制度;实行人民群众当家做主的民主制度;建设以共产主义思想为核心的社会主义精神文明。还有的同志从经济制度的角度把社会主义的基本特征用一个公式来表示,那就是:社会主义=生产资料公有+(按劳分配+社会主义商品生产),意思是用共产主义两个阶段共有的东西和共产主义低级阶段专有的东西来说明社会主义的基本特征。

党的十二届三中全会《决定》公布后,有些同志认为,对社会主义社会的基本特征要作更全面、更精确的理解和表述。其中对"生产资料公有"这一条更确切的表述,应该是"以生产资料公有制为主体和起主导作用"。有的则表述为"以生产资料的公有制为主体"。对"国民经济有计划按比例发展"的表述也是一样,更准确些说,应该是"国民经济要按有计划的商品经济的规律来发展"。有的则表述为"在生产资料公有制的基础上,实行有计划的商品经济。"对于"按劳分配"这个特征,也有的同志认为,把它表述为"同企业经济效益相联系的按劳分配"就更确切些。

(二)社会主义为什么会有不同的模式?

关于社会主义的模式问题,近年来已逐步引起我国学术界的重视。有些同志指出,这是值得研究的重大课题。因为:(1)它不只是一个简单的提法问题，而是社会主义由理论变为现实后必然提出的一个新课题，有着深刻的实践意义。(2)社会主义只有一种模式，还是多种模式，弄清这个问题对当代社会主义发展是命运攸关的大问题。(3)长期以来，苏联模式严重地影响和束缚了社会主义事业在各国的蓬勃发展，使人们痛切地认识到搞清这个问题的重要性。(4)实践已经冲破了一种模式的束缚，但理论界在这方面的研究还是落后的。

社会主义应该有多种多样的模式，这是我国学术界绝大多数人的看法。除个别同志认为社会主义社会只有一种模式即马恩所设想的社会主义社会，以及少数同志主张社会主义社会有三级模式外，许多同志已对社会主义模式的含义、模式多样性的原因等问题进行了认真的研究。他们指出，从总体上看，"模式"实际上是指在共同规律下的民族特点，是科学社会主义与各国实际相结合的产物，社会主义模式一定要有民族特色，不存在什么标准的普遍的社会主义模式。因此，既要反对单一模式，也要反对僵化模式。从具体方面看，模式主要包括经济、政治、文化(科学教育)、社会生活、对外关系五方面的体制。简言之，社会主义模式就是指社会主义的民族特点或民族形式。

有的同志对社会主义产生多种模式的原因，进行了全面分析。从哲学上讲，从事物发展的客观规律上讲，有共性和个性的关系，一般和个别的关系，内容和形式的关系。应从这些关系中考察社会主义不同模式的理论根源和科学依据。同时，还可以从人们社会实践的特有品格来看，即实践的独立自主性、实践的差异性、实践的创造性去分析。再从具体和实际方面看，形成社会主义模式多样性大体有八个因素：(1)历史传统；(2)各国经济、政治、文化发展水平；(3)地理条件；(4)人口构成(包括民族成分)；(5)国际环境；(6)人民群众的意愿和实践；(7)执政党的状况；(8)党政领导人的思想状况等。这八项因素都对各国模式的形成产生作用。概括起来说，从纵向来看可分为历史和现实两方面，从横向来看可分为主观和客观两方面。正因如此，各国建设社会主义的具体形式和道路不可能是一模一样的，在今后的社会主义实践中，必然还会出现许多新的模式，这是社会主义事业胜利发展的生动体现。那种认为社会主义只有一种模式并把它强加于人的想法和做法，只会给社会主义事业带来损失。

四、关于建设有中国特色的社会主义问题

(一)建设有中国特色的社会主义的基本含义是什么？

第一种意见认为，这一命题包含两层含义：一是社会主义；二是有中国特色。社会主义是这一命题的基础和前提，中国特色是指在社会主义共同原则的基础上来考察中国社会主义的特点。它既具有社会主义的共性，又具有中国国情的个性，是普遍性和特殊性的统一。

第二种意见认为，这个命题包括三层含义，即在前两层含义的基础上加上“建设”这个工作重点问题，指明了我们国家的主要任务。

第三种意见认为，它包括多方面含义：一是奋斗目标；二是指导思想；三是社会制度；四是表现形式；五是基本途径；六是社会力量；七是具体道路。总之，它“是多方面、多种因素的统一体。”

(二)建设有中国特色的社会主义包括哪些基本内容？

第一种意见认为，从广义上说，应包括三方面内容：即社会制度、建设道路和奋斗目标。

第二种意见认为，从总的特色来看，应包括四项基本原则；自力更生方针；以经济建设为中心的现代化建设；两个文明一起抓和建设高度的社会主义民主；借鉴外国经验和立足本国实际；以马列主义、毛泽东思想为指导，同时辩证地对待我国的实践经验；充分发挥十亿多人民的伟大力量等七个方面。

第三种意见认为，中国社会主义的基本特色表现在以下四个方面：(1)中国特色的社会主义首先应该是充满生机和活力的社会主义。(2)中国特色的社会主义是全面建设和和谐发展的社会主义。(3)中国特色的社会主义是实行共同富裕，富国富民的社会主义。

(4)中国特色的社会主义是不断改革和日趋完善的社会主义。

第四种意见认为,有中国特色的社会主义的基本内容,主要表现在:(1)有中国特色的经济,即在社会主义公有制占主导地位的前提下,坚持发展多种经济形式和多种经营方式,实行有计划的商品经济,建立多种形式的经济责任制,实行政企分开,简政放权,把对外开放作为长期的基本国策。(2)有中国特色的政治,即人民民主专政是我们国家的根本政治制度,同时要建设高度的社会主义民主。(3)有中国特色的思想文化,即坚持和发展把马列主义普遍原理同中国具体实践相结合的毛泽东思想,建设高度的社会主义精神文明。

(三)怎样建设有中国特色的社会主义?

大家认为,党的十二大文件已高度概括了建设有中国特色的社会主义的奋斗目标和达到这一目标的根本途径,并且制定了一系列正确的方针、政策;《邓小平文选》是建设有中国特色的社会主义的建国大纲;《中共中央关于经济体制改革的决定》,是建设有中国特色的社会主义的纲领性文件和新指针。只要认真学习,自觉贯彻,努力实践,就能沿着正确的道路建设有中国特色的社会主义。为了进一步探讨怎样建设有中国特色的社会主义的问题,他们还从不同的角度强调了以下几点

建设有中国特色的社会主义,(1)必须有正确的指导思想,即坚持马克思主义的普遍真理同中国具体实际相结合的原则,坚持学习外国经验同本国实际相结合的原则。(2)必须坚持实事求是的思想路线。(3)必须坚持四项基本原则。(4)必须走全面建设的道路,即建设有三个"高度"的社会主义强国,它既是建设有中国特色的社会主义的总目标。又是经济、政治,思想文化建设三方面全面协调发展的道路。(5)必须走全面改革的道路,这是社会主义制度自我完善和发展的根本途径,也是建设有中国特色社会主义的必由之路。(6)必须走有步骤、分阶段、逐步前进的道路。(7)必须坚持独立自主、自力更生和对外开放的原则与政策。独立自主、自力更生是建设有中国特色的社会主义的立足点和根本原则。

五、关于社会主义精神文明问题

(一)建设社会主义精神文明的重大意义是什么?

有的同志认为,其重大意义在于:(1)社会主义精神文明是社会主义社会的重要特征。(2)是建设社会主义强国的一个根本目标和战略方针。(3)是推动社会主义经济建设的巨大动力。(4)是建设高度社会主义民主的重要保证。(5)是向共产主义过渡的必要条件。

有些同志认为,(1)建设高度的精神文明,是巩固和发展社会主义生产资料公有制的需要。(2)是推动社会主义经济建设的必要条件。(3)是建设高度民主的社会主义政治制度的需要。(4)是造就社会主义一代新人的需要。(5)是向共产主义社会发展的需要。

还有的同志从保证四化建设,适应改革、对外开放和发展社会主义商品经济的需要,从端正党风和社会风气、有效抵制剥削阶级思想影响的需要等方面论述了建设社会主义精神文明的重要性。

(二)社会主义精神文明的主要特征有哪些?

一种意见认为,它有四个主要特征:(1)是建立在生产资料公有制基础上的精神文明。(2)是以共产主义思想为核心的精神文明。(3)是文化建设与思想建设和谐发展的精神文明。(4)是代表无产阶级和劳动人民利益和要求,真正为全世界大多数人所享用的精神文明。

一种意见认为,它的主要特征是:第一,以马克思列宁主义为指导。第二,以共产主义思想为核心。第三,文化建设与思想建设互相促进、协调发展。第四,实现了创造者与享用者的统一。

还有一种意见认为,社会主义精神文明,(1)是革命性和科学性高度统一的精神文明;(2)是具有广泛人民性的精神文明;(3)是最高尚、最富有社会美的精神文明;(4)是全社会统一的精神文明。

(三)怎样正确认识社会主义精神文明建设中的几个关系?

(1)改革对外开放与社会主义精神文明的关系问题。许多同志认为,改革和对外开放不仅大大促进了物质文明建设,而且也大大促进了社会主义精神文明的建设。主要表现在:改革和对外开放促进了教育、科学和文化的发展;促进了人们观念和精神状态的变化;促进了马克思主义的发展。对外开放是实现社会主义现代化的必要条件,贯彻党的对外开放政策,大大解放了人们的思想,有力地冲击了封建的、小生产的狭隘观念,加深了对科学社会主义的理解,同时也极大地推动了社会主义科学文化教育事业的发展。有些同志指出,对外开放也不可避免地会带来一些腐朽落后的东西,产生一些消极影响。但可以肯定地说是利大于弊。改革和对外开放推动着精神文明建设,精神文明建设保证改革和对外开放的顺利进行。

(2)发展社会主义商品经济与建设社会主义精神文明的关系问题。许多同志认为,社会主义商品经济对精神文明建设有着两重性的影响:第一,它把国家、集体、个人利益统一起来,有利于培养主人翁观念和集体主义思想,但也可使一些人产生追求局部和个人特殊利益的消极作用。第二,等价交换有利于贯彻按劳分配原则,但也可能使一些人产生一切向钱看的恶习。第三,竞争能培养人们积极向上,勇于开拓的进取精神,但也可能使一些人损公肥私。总之,积极的促进作用是主要的,消极的作用是次要的。有些同志进一步论证了社会主义商品经济对人们思想的积极影响,主要表现在:社会主义商品经济的发展,有助于人们思想的解放和观念的变革,有助于自主精神的培养和平等、民主意识的增强;有助于增强人们的劳动观点,提高人们的劳动热情。

对社会主义商品经济是否具有商品拜物教的属性,有两种不同意见。一种意见认为,商品拜物教是资本主义商品关系的必然产物,它是以私有制为基础的以最大限度地榨取剩余价值为目的的资本主义商品经济的固有属性。社会主义商品经济则不同,它不具有商品拜物教的属性。我们不能混淆两种不同的商品经济,不能把资本主义商品经济的个性当作所有商品经济的共性,从而当作社会主义商品经济的同有属性。那么,在社会主义社会是否还有商品、货币拜物教呢?应该说,不能完全排除,这是由多方面原因造成的。现在既不能排斥商品拜物教的存在，也不能排除它对目前不正之风的影响。问题在于，不正之风与其说主要来自商品拜物教，毋宁说主要来自“权力拜物教”，往往带着封建主义的色彩。另一种意见认为，凡是商品经济就都不可避免地带有商品拜物教的性质。社会主义商品经济虽然是直接受国家计划指导和控制的，但商品交换关系，也可能使一些人产生拜金主义思想。不过，两种不同意见的同志都认为，在社会主义条件下，对发展商品经济可能引起的消极现象，都可通过经济的、行政的、法律的、思想的等各种手段加以自觉控制，使消极作用减少到最低程度。

(3)端正党风和建设社会主义精神文明的关系问题。许多同志认为，端正党风，是端正社会风气的关键，也是建设好社会主义精神文明的关键。因为我们党是执政党，党风如何，党员能否起模范带头作用，对社会风气有决定性影响。只有党风正，才能民风正。好的党风对社会主义精神文明建设起着巨大的推动作用和保证作用。同时，加强社会主义精神文明建设对端正党风和社会风气也有很大的促进作用。因此，要建设社会主义精神文明，就必须认真抓好党风。有些同志指出，缺乏党性原则、政治素质不高是产生不正之风的根本原因，端正党风，必须从治本入手。同时要大力发扬党内民主和党外民主，实行公开原则，充分发挥群众的监督作用也是至关重要的。

(4)关于完善制度与建设社会主义精神文明的关系问题。有些同志提出，制度是文明建设的重要内容，它对社会主义精神文明建设有巨大的保证和推动作用。精神文明建设一定要有相应的制度建设作保证。发展和完善各种制度，既有利于人们进行物质的和精神的创造活动，又可以从制度上堵住精神文明建设中的漏洞，强制社会成员遵守社会规范和各种规章制度并逐渐变成自觉行动。

有的同志提出，制度建设是介于物质文明和精神文明之间的交叉领域；有的同志认为制度属于精神文明范畴；还有的同志主张可以把它同思想和文化建设并列。

(四)社会主义精神文明建设有哪些规律?

有的同志认为,社会主义精神文明建设的基本规律是:在全力发展高度物质文明的同时,通过大力加强文化建设和思想建设培养有理想、有道德,有文化、有纪律的共产主义新人,以推动和保证社会主义和共产主义的实现。基本规律是主要手段和根本目的的辩证统一。

有些同志指出,现在总结基本规律比较困难,可先根据党的十二大报告的有关论述,从不同的方面总结规律。目前提出的规律有:(1)精神文明和物质文明互为目的、互为条件、协调发展的规律。(2)社会主义精种文明要在批判地继承人类一切优秀文化遗产基础上发展的规律。(3)社会主义精神文明在斗争中前进、在批判中发展的规律。(4)社会主义精神文明内部各因素之间相互影响的规律。(5)精神文明要以文化作为基础,思想建设作为主导向前发展的规律。(6)社会主义精神文明建设本身同其他外部诸因素相互联系、相互影响的规律。(7)多层次多渠道建设社会主义精神文明的规律。(8)社会主义精神文明建设的长期性和艰巨性的规律。(9)社会主义精神文明如何有领导有组织地进行建设的规律。

(原载《文史哲》1986年第5期)

论社会主义社会的发展阶段

关于社会主义社会是否需要划分阶段以及怎样划分阶段的问题，是目前许多社会主义国家正在探讨的重大理论问题和实践问题。本文试图就这个问题，发表一点不成熟的看法。

一

无产阶级夺取政权后，要经过若干发展阶段，才能逐步进入共产主义的高级阶段，这是马克思主义经典作家的一贯思想。马克思、恩格斯从当时的历史条件出发，严格按照辩证唯物主义和历史唯物主义的世界观和方法论，去考察资本主义即将崩溃的问题，考察共产主义社会的发展问题，对未来社会及其发展阶段作了许多原则性的科学论述，他们预见到无产阶级在通向共产主义的道路上必然要经过若干阶段，从而奠定了共产主义社会形态形成和发展学说的基础。19 世纪 40 年代，马克思和恩格斯在有关著作中，已初步提出了关于共产主义社会发展阶段的某些思想以及如何实现从资本主义向共产主义过渡的许多措施。19 世纪 50～60 年代，他们在总结 1848 年欧洲革命经验的基础上和系统探讨资本主义经济形态运动的客观规律中，明确提出从资本主义向共产主义发展必然有一个过渡时期的思想，为共产主义社会两个发展阶段的学说提供了基本要点。19 世纪 70～90 年代，马克思、恩格斯在总结巴黎公社经验的基础上，以《资本论》创立的成熟经济理论为指导，把共产主义社会分为两个阶段的学说推进到了完成阶段。特别是 1875 年马克思的《哥达纲领批判》一书，全面系统地阐明了关于共产主义社会发展阶段的学说，第一次明确地把共产主义社会分为低级阶段和高级阶段，并对两个阶段的不同特征作了科学的预见和设想。他们都认为，从资本主义到共产主义社会，需要经历三个发展阶段，即从资本主义向共产主义第一阶段的过渡时期，共产主义社会的第一阶段，共产主义社会的高级阶段。至于从社会主义到共产主义社会还要经过哪些具体阶段，由于没有社会主义的实践经验，不可能作详细论述。

列宁在新的历史条件下，总结俄国革命和建设的实践经验，对社会主义的阶段划分问题作了许多精辟的论述。他在《国家与革命》一书中，第一次明确指出，马克思所说共产主义社会的第一阶段或低级阶段，就是我们通常所说的社会主义社会。列宁认为，“严格地区别本质上不同的各个阶段，冷静地探讨这些阶段产生的条件”，“考察该社会发展的客观阶段”①，是无产阶级及其政党制定正确的战略与策略的一个极其重要的条件。列宁认为，社会主义社会是一个相当长的历史时期，有一个产生、发展和成熟的过程，并且明确提出社会主义社会还需要划分若干阶段的重要思想。他曾设想把社会主义社会划分为“初级形式的社会主义”即不发达或不完全的社会主义、发达的社会主义或完全的社会主义两个阶段。1911 年，他根据俄国经济文化落后的特点指出：“我们在剥夺了地主资本家以后，只获得了建设初级形式的社会主义的可能性。”②1920 年，他又指出：“怎样想象出一个发达的社会主义社会，这也不困难，这个任务也已经解决了。但是，怎样具体地从旧的、习惯了的、大家都熟悉的资本主义过渡到新的、还没有长出来的、还没有稳固基础的社会主义，却是一个最困难的任务。”③这里发达的社会主义，就相当于马克思、恩格斯设想的共产主义第一阶段，他说的没有稳固基础的社会主义和初级形式的

---

① 《列宁全集》第 8 卷，人民出版社 1959 年版，第 6 页；第 21 卷，人民出版社 1959 年版，第 55 页。

② 《列宁选集》第 4 卷，人民出版社 1960 年版，第 142 页。

③ 《列宁全集》第 30 卷，人民出版社 1957 年版，第 299 页。

社会主义，也可以叫作不发达或不完全的社会主义。总之，他坚信在社会主义社会的发展过程中，必须划分若干阶段。这里需要指出，列宁对这个重大问题，同样抱着慎重的态度。他强调说："至于人类会经过哪些阶段，通过哪些实际办法达到这个最高目的，那我们不知道，也不可能知道。"①其后，斯大林根据马列主义经典作家论述的基本精神，从苏联社会主义革命和建设的实际出发，对实践中提出的新问题给予了新的解释。1936年，苏联完成社会主义工业化和农业集体化的基本任务之后，便作出过渡时期结束和进入社会主义社会的新结论。并进一步明确指出，社会主义社会在一定的历史时期中，还存在着两种社会主义公有制，而不是单一的社会主义全民所有制，过渡时期结束，但无产阶级专政仍需坚持，无产阶级专政的社会主义国家还不能消亡。这些结论虽然和马克思、列宁的论述有很大差别，但仍然符合科学社会主义的精神实质，又与苏联的客观实际基本一致。因此，应该说是坚持和发展了马克思和列宁关于共产主义社会发展阶段的理论。

以毛泽东同志为主要代表的中国共产党人，在领导中国革命和建设的过程中，在总结经验的基础上，进一步丰富和发展了马列主义关于社会主义发展阶段的理论。1956年生产资料的社会主义改造基本完成后，毛泽东和我们党明确肯定，我国已建立了社会主义制度，进入了社会主义社会，但尚未建成社会主义。后来毛泽东曾设想，社会主义可以分为两个阶段，第一阶段是不发达的社会主义；第二阶段是比较发达的社会主义。后一阶段可能比前一阶段需要更长的时间。毛泽东同志的这些论断，不仅肯定了社会主义社会划分阶段的必要性，而且对如何划分阶段的问题也进行了探讨。党的十一届三中全会以来，我们党更加重视对社会主义发展阶段理论的研究。特别是《关于建国以来党的若干历史问题的决议》和党的十二大报告等重要文献，在认真总结我国社会主义和国际共产主义历史经验的

① 《列宁选集》第3卷，人民出版社1972年版，第257页。

基础上,明确提出我国还处于社会主义社会的初级阶段,并对社会主义社会的基本特征进行了全面的科学概括,同时还为建设有中国特色的社会主义制定了一系列正确路线,方针和政策,这些都反映了我们党对社会主义社会认识的进一步深化。当然,探讨社会主义阶段划分的必要性,只是在马列著作中寻找根据是不够的,还必须从理论和实践方面作进一步的分析。

第一,从方法论上讲,任何事物的发展过程都有阶段性,任何社会形态的发展都呈现出阶段性,社会主义社会也不例外。马克思主义哲学认为,任何事物的发展总要经历一个从量变到质变的过程,在两个大的质变之间,必然存在着许多局部的质变,各种局部的质变,又会使事物在大的发展阶段上呈现出许多小的阶段。任何社会形态的产生、发展和变化都是一个历史过程,在它的根本性质没改变之前,在它发展的各个时期都会发生部分质变,因而每一社会形态在其发展过程中,必然出现一定的阶段性。历史上资本主义社会就分为自由资本主义时期和帝国主义时期两个发展阶段。社会主义社会也有一个产生、发展和完善的历史过程,同样会出现阶段性,这是事物发展的普遍规律。

第二,社会主义社会的长期性必然产生划分阶段的问题。社会主义是共产主义社会形态的特定阶段,它是一个长期的发展过程。这种长期性主要由两方面的因素决定的:一方面,要为建设人类最美好的共产主义社会创造经济、政治,思想文化等各方面的条件,这是一个长期艰巨的战略任务;另一方面,社会主义经济、政治、文化科学教育等各种制度都有一个产生、发展和完善的历史过程,生产力的发展也要经历一个长期的发展过程。在这期间,生产力和生产关系、经济基础和上层建筑都将发生重大变化,社会主义就必然从不成熟到成熟,从一个成熟程度向另一个更高的成熟程度发展,因此,根据生产力水平和生产关系完善程度的不同,就必然出现几个不同的阶段。

第三,社会主义代替资本主义制度,将在几种不同类型的国家(如发达资本主义国家、资本主义中等发达的国家和生产力不发达国家等)发生,因情况不同,夺取政权后所建立的社会主义制度一定有自己的特点,在它们到达共产主义之前,也必然要经过不同的发展阶段。这就是说,由于各国走上社会主义道路的起点和具体国情不同,它们在生产力、生产关系、阶级关系和社会状况等方面也会有所不同。因此,社会主义需要划分阶段,这是社会主义社会发展规律的客观反映。

第四,从实践方面看,各国共产党和人民正在努力探索如何结合本国特点科学地解决划分阶段的问题。十月革命后,列宁强调指出:"对俄国来说,根据书本争论社会主义纲领的时代已经过去了,我深信已经一去不复返了。今天只能根据经验来谈论社会主义。"[①]目前,苏联、中国以及东欧的一系列社会主义国家,非常重视社会主义社会发展阶段的研究。这不仅是推动社会主义理论发展,探索社会主义客观规律的需要,而且也是解决社会主义社会一系列实际问题的需要。尽管各国对怎样划分阶段有不同的理解,但对社会主义社会需要划分阶段的看法却是一致的。

第五,科学地划分阶段,意味着对社会主义社会发展的成熟程度、阶段性作出准确的判断,这对于正确认识和把握社会主义各个发展阶段的特点与任务,制定正确的战略策略、路线和政策,对于按照社会发展的客观规律办事,促进社会主义事业的发展,意义是深远的。实践已经证明,如果不划分阶段或混淆阶段,马克思主义政党就会对社会主义发展成熟程度的判断出现失误,犯"左"的或右的错误。其结果不是操之过急,超越阶段,就是延缓提出和解决已经成熟的任务,给社会主义事业造成巨大损失。

二

近年来,在对社会主义发展阶段问题的探讨上,有些学者已经取得了一些成果。但在如何划分阶段的问题上仍然存在意见分歧。原

① 《列宁全集》第27卷,人民出版社1958年版,第480页。

因之一就是对划分阶段的原则和标准未能达到统一的认识。为此，笔者认为，把握以下几点，对正确地划分社会主义发展阶段是有益的。第一，以科学的态度对待马克思主义关于共产主义社会发展阶段的理论。既要以它的基本精神为指导，又允许在新的历史环境下，对出现的新问题进行大胆探索，勇于创新。这就是说，我们不仅要研究革命导师对这一问题是怎样论述的，弄清它的原意，分析他们在当时作出那种判断或假设的根据是什么；而且还要根据几十年的社会主义实践经验和历史材料对那些判断或假设进行重新研究，看看有哪些应该修正和补充。对革命导师的论述，既不能断章取义，随意解释，也不能把个别结论拿来生搬硬套。第二，把生产方式作为社会主义社会划分阶段的主要标准，同时也要对经济基础和上层建筑的变化进行综合考察。生产方式是生产力和生产关系的统一。其中生产力的发展是衡量历史进步的最重要的标志，它决定着生产关系和社会生活的各个方面，因而它是划分社会主义发展阶段的重要标尺。特别是在以发展生产力作为根本任务的条件下，情形更是如此。当然，五种社会形态的区分，主要是由占统治地位的生产关系的性质决定的，其中又以生产资料所有制的性质为标准。这一原则，对于社会主义社会的阶段划分，仍然具有重要的指导意义。因此，研究这个问题时，应考虑决定社会发展阶段的各种因素和条件，如生产力发展水平，生产关系的变化及其完善程度；社会阶级关系的变化；社会成员的物质生活和精神生活水平等。要综合研究每个阶段在经济、政治、思想文化诸方面成熟程度上的差异。第三，坚持实践是检验真理的唯一标准的原则，一切从实际出发，认真对世界各种不同类型的国家的历史、现状及其发展前景进行深入研究，逐步得出科学结论。这里首先应当加强对各社会主义国家的调查研究，从总结社会主义建设的丰富经验入手，系统研究各国社会主义的历史，看它们已经经历了哪些阶段，现在处于什么阶段，正向怎样的阶段发展，有什么规律可循。同时还要研究各种类型的非社会主义国家，包括发达资本主义国家、具有中等发展程度的资本主义国家和经济落后的国家。只有根据各国具体丰富的材料进行长期的综合研究，才有可能对社会主义发展阶段的客观规律有一个较全面的认识。

社会主义社会到底应该分为几个阶段，目前学术界的看法尚不统一。基于上述认识并结合社会主义国家的实践经验，笔者认为，在经济落后国家建立起来的社会主义社会，划分三个阶段，即社会主义的初级阶段、中级阶段和高级阶段较为合适。具体理由：第一，这是由社会主义社会发展的长期性和经济落后国家建立社会主义社会的特殊性决定的。社会主义社会是从资本主义社会中产生出来的，它在经济、道德、精神等方面还带着它脱胎出来的那个旧社会的痕迹。消除这种痕迹需要一个很长的历史时期，在经济文化落后的国家更是如此。社会主义的根本任务是发展生产力，特别像中国这样一个在半封建半殖民地基础上建立起来的新社会，起点低，底子薄，要想赶上并超过发达资本主义国家的生产力水平，充分满足人民的物质文化生活需要，为实现共产主义创造条件，将会需要更长的时间。实践越来越证明，经济发展愈落后的国家，建设社会主义的困难就愈大，花费的时间就愈长。而发达资本主义国家的无产阶级夺取政权后，出于原来的生产力水平比较高，除必须经过一个过渡时期外，有可能不经过社会主义的初级阶段。第二，这种划分基本反映了社会主义社会的产生、发展和完善的客观历史进程，是当代社会主义发展规律性的重要表现。过渡时期结束，社会主义经济制度和政治制度的确立，只是标志着社会主义社会在其自身基础上的历史进程的开始，它必然要经历一个从不成熟到比较成熟再到完全成熟；从不完善到比较完善再到完善的长期发展过程。这里从生产力到生产关系，从经济基础到上层建筑都反映出各个发展阶段的成熟程度的不同。第三，列宁虽然提出过反映不同历史阶段的"初级形式的社会主义"和"发达社会主义"两个概念，但并没有说社会主义社会只能划分两个阶段。他更多的预见到社会主义必须划分若干阶段，社会主义社会是一个多级的发展过程，事实上在苏联的历史上也曾有人主张把社会主义划分为三个阶段，1931 年，著名经济学家沃兹涅辛斯基在阐述社会主义经济问题时就分为三个阶段，即："新经济政策的最后阶段和社会主义的第一阶段"；"第二阶段是完成劳动和生产资料的社会主义社会化的过程，基本上消灭阶级和消除工农业的对立"；"第三阶段是社会主义社会的发展，在这个发展过程中建立共产主义高级阶段的物质基础和消除资本主义的'胎痕'"①。第四，1981 年，党的十一届六中全会通过的《关于建国以来党的若干历史问题的决议》首次明确指出，我们的社会主义制度还是处于初级阶段，它由比较不完善到比较完善，必然要经历一个长久的过程。这一科学论断，不仅是我们党制定正确路线、方针、政策的最重要的出发点和基本依据，是我们正确认识和处理我国当前各种社会问题的立足点和重要依据，而且也为我们继续探索社会主义社会划分阶段的问题指明了方向。据此我们还可以推论，经过一个相当长的时期，社会主义社会的初级阶段将逐渐发展到中级阶段，再进而发展到高级阶段。这个初级阶段是初级形式的社会主义，就是不发达、不成熟的社会主义，中级阶段是较发达、较成熟或较完善的社会主义，高级阶段则相当于列宁说的发达的社会主义或完全的社会主义。

我们现在的迫切任务，是研究社会主义初级阶段的主要特点，以此作为制定现阶段党的路线、方针、政策的依据。这个阶段的特点，应是社会主义社会基本特征的共性和初级阶段的个性的统一。它既保留过渡时期的某些特点或因素，又与过渡时期有质的区别，既与社会主义中级和高级阶段有相同之处，又在成熟程度上存在着重大差别。

根据社会主义国家的实践经验和我国的具体情况，初级阶段的主要特点，是物质文明不发达。虽然在生产力发展速度方面已超过资本主义国家，但生产力发展水平还大大低于发达资本主义国家，四个现代化的目标尚未达到，社会主义社会的物质技术基础还不雄厚；社会主义全民所有制和劳动群众集体所有制是基本的经济形式，还

① 《沃兹涅辛斯基经济论文选》，人民出版社 1983 年版，第 50 页。

要在以公有制为主体的前提下发展多种经济成分，即在法律规定范围内允许少量的劳动者个体经济和中外合资企业、外国独资企业的存在，它们都是我国社会主义经济必要的有益的补充。这种经济形式和经营方式的多样性，是同水平较低而又多层次的生产力性质相适应的；剥削制度已消灭，按劳分配的原则已基本实现。在共同富裕的目标下鼓励一部分人先富起来，但这一分配原则还没有得到完全贯彻。与多种经济成分相适应的，在消费品的分配方面必然存在着多种形式；社会主义有计划的商品经济还相当落后，必须在重视发展社会主义商品经济的同时，重视和自觉运用价值规律以及市场机制的作用，通过商品经济的发展，促进生产力水平的提高；剥削阶级作为一个阶级已被消灭，阶级斗争已不是主要矛盾。但由于国内、国际因素的影响，阶级斗争还将在一定的范围内长期存在，还必须坚持人民民主专政；工人阶级和劳动人民掌握了国家政权，人民当家做主，享有管理国家、管理社会的权力，但社会主义的政治制度还不完善；以马克思主义为指导的社会主义精神文明正处于初期建设阶段。尽管无产阶级的思想体系已占统治地位，但资产阶级思想和封建主义影响还相当严重地存在。正是由于经济文化落后国家建设社会主义的特殊历史环境和中国的具体国情，才使它在经济、政治、文化、道德各方面，还不能在自身基础上得到充分发展，在具体制度和体制上不可避免地存在着许多弊端，社会主义制度的优越性还未充分发挥出来。因此，在这个阶段，必须特别强调，发展社会生产力是我们的根本任务，坚持四项基本原则是我们立国的根本，改革、开放、搞活是不可动摇的国策。无论对经济建设、民主建设还是对改革，都不宜提出过高、过急的要求。在社会主义初级阶段，我们的基本纲领和奋斗目标，是要把中国建设成为现代化的社会主义强国。具体目标是到本世纪末使工农业年总产值翻两番，人均收入达到800～1000美元。这就意味着中国摆脱了贫困，进入了小康社会。然后再经过30～50年的努力，即到21世纪50年代，使人均收入达到4000美元，中国就可以接近发达国家的水平。到那时，社会主义的初级阶段可望基本结束。这说明我国的现代化进程和社会主义的初级阶段都将是长期的,我们必须对经济落后国家建设社会主义的长期性、复杂性和艰巨性有一个充分的认识。

社会主义社会的中级阶段,是社会主义制度发展较完善较成熟的阶段。它的主要特点是物质文明较发达,我国四个现代化的任务已胜利完成,生产力发展到了一个新阶段,已接近和赶上发达资本主义国家的水平,社会主义有了相当强大的物质技术基础,社会产品比较丰富,人民生活有很大改善;社会主义两种公有制得到进一步巩固和发展,并且日益接近,多种经济形式和多种经营方式继续并存,在自愿互利的基础上,全民、集体、个体经济之间的合作经营和经济联合得到广泛发展,劳动者个体经济的合作经济同全民所有制和集体所有制的关系将更加密切;按劳分配原则得到进一步贯彻,平均主义和生活水平过分悬殊的现象大为减少;国民经济有计划按比例的发展进一步得到实现,社会主义商品生产和商品交换有了很大发展,工农之间、城乡之间、体力劳动和脑力劳动之间的差别在日益缩小;阶级斗争总的趋势是逐步走向缓和,但在更小的范围内依然存在,人民民主专政还需要坚持,只是它的镇压职能在缩小;社会主义民主的政治制度已比较完善,人民的直接民主在基层政权和基层社会生活中将得到充分实现,群众自治制度有了较大的发展;以马克思主义为指导的社会主义精神文明已发展到较高阶段。但剥削阶级和小资产阶级的思想影响还不同程度地存在着。

社会主义社会的高级阶段,相当于马克思在《哥达纲领批判》、列宁在《国家与革命》中所设想的典型的和完备形态意义上的社会主义,是直接向共产主义过渡的完全成熟了的社会主义。但因历史条件的限制和发展变化了的情况,这个阶段的特点与当年的设想将会有很大的不同。在这个阶段,由于生产力和科学技术的高度发展,生产社会化程度的大大提高,两种公有制已变成单一的社会主义全民所有制,劳动者个体经济和中外合资企业已不存在;国民经济现代化在更广阔的范围内向更高的目标前进,有高度发达的生产力和比资本主义更高的劳动生产率,在文化教育和科学技术等方面,都已大大超过发达资本主义国家的水平,物质产品大为丰富,能较充分地满足社会成员的物质文化生活需要,社会主义优越性将得到充分发挥;个人消费品仍然实行按劳分配,但按需分配的共产主义因素明显增长;在全社会范围内实现了国民经济的计划化,商品生产和商品交换有了高度发展并逐渐走向消亡,但只有到达共产主义社会才能完全消亡;基本上消灭了工农差别和城乡差别,但脑力劳动和体力劳动的差别仍然存在;只要国际上还存在着帝国主义,国内阶级斗争的因素就不可能彻底消灭。随着剥削阶级的消灭,国家的镇压职能基本消亡,但在组织经济文化建设和生产管理、保卫生产资料公有制和按劳分配、防御外敌入侵等方面,还将继续发挥其作用;作为社会主义伟大目标之一的高度民主不仅得以实现,而且已非常完善,国家大部分职能已被发展起来的人民群众自治制度所代替。国家已失去政治性质,真正无阶级的社会将在这个阶段基本确立;在马克思主义理论指导下,人们的思想觉悟和共产主义道德已达到很高的水平,社会主义精神文明建设发展到更高阶段,但还没有彻底消除旧社会的传统和痕迹。总之,在这个阶段,已为过渡到共产主义社会创造了各种条件。

社会主义还是个新生事物,它正处于不断发展变化之中,对社会主义发展阶段的认识,也必然要经历一个不断深化的过程。以上划分只是探索性的意见。究竟如何划分更符合实际,归根到底,还有待于实践的检验。

(原载《文史哲》1987 年第 4 期)

社会主义国家容易犯超越阶段错误原因探讨

综观社会主义国家的历史，从 1917 年十月革命胜利到现在七十余年中，各国工人阶级执政党在认识本国所处的社会发展阶段时，都是随着实践的发展而不断深化的。但其中有一个使人普遍关注又难以解决的问题，就是现有的社会主义国家为什么容易产生急于向共产主义过渡，犯超越阶段的错误，并给社会主义事业带来了严重后果，问题的根源在哪里，怎样克服和防止。这是历史和现实给当代社会主义者提出的一个重要课题。

一

社会主义制度建立后，工人阶级政党在对待社会主义的认识上，不时出现要求过高和急于向共产主义过渡的情况，是由来已久的。列宁逝世后，以斯大林为首的联共(布)领导苏联人民继续建设世界上第一个社会主义国家，并取得了不可磨灭的历史功绩。但由于没有经验和其他方面的原因，在对社会主义的认识和实际工作中，也发生过许多错误。1936 年，斯大林宣布苏联已基本建成社会主义并认为社会主义的发展就等于向共产主义过渡。1939 年，在十八大上又指出："我们正向共产主义前进。"①1952 年，十九大通过的党章仍然认为，现在，苏联共产党的主要任务是从社会主义过渡到共产主义。这里不难看出，斯大林对本国社会发展程度估计过高，不顾客观条件急于向共产主义过渡，犯了超越阶段的错误。不仅没有把确立社会

① 《斯大林选集》下卷，人民出版社 1979 年版，第 464 页。

主义制度和建成社会主义区别开来，而且也没把社会主义的自身发展阶段和向共产主义过渡区别开来。赫鲁晓夫执政后，继续坚持了苏联社会处于向共产主义过渡的观点，并随着经济形势的好转，他的头脑发热了。1959 年，在苏共二十一大首次宣布苏联已进入全面开展共产主义建设时期。1961 年，苏共二十二大又宣布："在二十年内(到 1980 年)基本上建成共产主义社会"，使主观主义超越阶段的思想发展到了登峰造极的地步。1984 年，勃列日涅夫上台后，批评赫鲁晓夫犯了"主观主义和唯意志论"的错误，1967 年，首次改称苏联已经建成发达社会主义社会。1982 年，安德罗波夫主持苏共中央工作后，认为勃列日涅夫的这一论断不切合实际。指出目前"正处在发达社会主义这一漫长历史阶段的起点"。1985 年，戈尔巴乔夫任苏共中央总书记，继承了"起点论"的观点，但又有些变化。他用"完善社会主义"取代了"完善发达社会主义"的提法。不久他又提出苏联今天的社会是"发展中的社会主义"的问题。看来，戈尔巴乔夫无论在理论上还是在实践上，都试图纠正在苏联长期占统治地位的超越阶段的思想。同时也表明苏共领导对苏联社会发展阶段的认识逐步深化，越来越接近于现实。

东欧社会主义国家在 20 世纪 60～70 年代，曾先后提出过建设发达社会主义的任务。1975 年，盖莱克在党的第七次代表大会上，宣布波兰已进入建设发达社会主义阶段。1986 年，党的十大又指出："波兰正处在资本主义向社会主义过渡时期的最后阶段。"匈牙利主管经济的中央书记豪沃希在党的十三大上指出："建设完善发达的社会主义社会需要一个很长的历史时期，各社会主义国家目前仍处在这一阶段的开始时期。"保共领导人日夫科夫在十三大也强调说，建设发达的社会主义阶段的时间将比原先预计的时间要更长。总之，东欧各国虽然对目前所处的社会发展阶段认识不完全一致，但都在不同程度上克服了过去那种脱离客观条件，超越阶段的错误倾向。普遍认识到社会主义的发展绝不是一个短暂的阶段。

以毛泽东同志为代表的中国共产党人，在领导人民进行社会主义革命和建设的过程中，取得了举世瞩目的伟大成就，同时也走过了一条崎岖不平的道路。对社会主义及其发展阶段的认识，也存在急躁冒进和急于过渡到共产主义的错误思想。在三大改造时期，曾出现要求过急，改变过快，急于过渡等错误倾向。1958 年，未经认真调查研究和试点，就轻率地发动了“大跃进”和农村人民公社化运动，使以高指标、瞎指挥、浮夸风和“共产风”为主要标志的“左”倾错误严重地泛滥起来。甚至党中央关于建立人民公社的决议也认为:“共产主义在我国的实现，已经不是什么遥远的事情了。”从 20 世纪 60 年代开始，又把过渡时期和社会主义社会混为一谈，把社会主义社会看作是一个向共产主义过渡的过程。长期以来，忽视发展生产力，不顾生产力的现实水平，热衷于搞“一大二公”和“穷过渡”，过早地消灭个体经济，忽视商品生产和价值规律，甚至否定按劳分配，要求把社会主义搞得纯而又纯。经济建设也往往离开我国国情，要求过高、过急，超越现实的可能性。其结果事与愿违，受到历史规律的惩罚，给社会主义事业带来了极其严重的损失。1978 年，党的十一届三中全会，是建国以来我党历史上具有深远意义的伟大转折。九年多来，全国各条战线都取得了巨大成就，成为我党历史上最好的时期。但是，这决不等于说我们对社会主义初级阶段及其发展规律的认识已经完全清楚，也不等于我们过高估计社会主义发展程度，脱离实际的错误倾向已得到彻底克服。事实上，这些年来，不论在经济建设还是在政治思想文化建设方面，都不同程度地提出了过高的目标和过急要求。如基建规模过大、乱上项目，对民主和精神文明建设以及改革、消费等要求过高，过急，未能很好地从我国社会主义初级阶段的实际出发，在前进中也产生过一些“左”的倾向。当然，在一定的条件下，右的错误倾向可能滋长，不能麻痹我们应当排除两种错误倾向的干扰，保证社会主义事业的健康发展。

二

从社会主义国家的实践看，为什么当代社会主义者最易犯急性病，不顾主客观条件急于向共产主义过渡呢？我们认为，这种超越阶段的思想之所以产生和滋长，其原因是多方面的。主要有：

第一，社会历史根源，迄今为止，所有社会主义国家都是在没有经过资本主义充分发展阶段的历史条件下走上社会主义道路的，是在经济文化比较落后的基础上建设社会主义的。超越阶段的思想，正是和社会主义代替资本主义走过的这种具体道路密切相关，与这些国家的落后性有不解之缘。例如，旧中国就是一个半殖民地半封建社会。农民占绝大多数，小生产者像汪洋大海，他们的思想和传统习惯势力，至今仍然发生作用。小生产者目光短浅，动摇不定，盲目性较大，要求不高，容易把低水平看成高水平。把自然经济当成社会主义经济，把平均主义当作社会主义，甚至当作共产主义。特别在取得较大成就的时候。最容易胜利冲昏头脑，幻想一步登天，犯急躁冒进的错误。这种思想反映到党内，就会给党的路线、方针、政策带来不良影响，容易产生超越阶段的思想。同时，在这些国家中，由于没有高度发达的生产力，生产的商品化、社会化、现代化水平低，无产阶级自身也相对薄弱。与发达资本主义国家相比，不仅工人阶级数量较少，而且大多数人缺少大生产训练，科学文化水平偏低，受小资产阶级影响更大更深。当然，这些国家的工人阶级也有自己的突出优点。但总的看来，小资产阶级根深蒂固的影响是不可忽视的。恩格斯在评价 19 世纪以前空想社会主义时曾指出，这种不成熟的理论，是和不成熟的资本主义生产状况，不成熟的阶级状况相适应的。“解决社会问题的办法还隐藏在不发达的经济关系中，所以只有从头脑中产生出来。”[①]如果说，空想社会主义理论，由于当时生产力水平低下和无产阶级不成熟而必然产生的话，那么，在 20 世纪 80 年代以前，在经济文化较落后的国家建设社会主义的实践中，由于生产力不发达，自然经济和半自然经济占相当比重，人们缺乏大生产观念，常常带着小生产和自然经济的观念看待社会主义，把一些空想成分掺

① 《马克思恩格斯选集》第 3 卷，人民出版社 1972 年版，第 409 页。

杂到科学社会主义之中,那就不足为怪了。况且,这些国家大都是在战争的特殊环境中诞生的。长期受发达资本主义国家包围,使它处于两种不同社会制度对立与和平竞赛之中。这就容易使人们把解决军事政治任务的经验运用于社会主义建设,过分强调阶级斗争和群众运动。为了早日摆脱贫穷落后,并在两种制度的竞争中取胜,就容易在赶超发达国家的过程中出现急躁冒进和急于求成。

第二,理论根源。在社会主义革命和建设的实践中,由于人们对马克思、恩格斯、列宁著作中某些设想和论点加以误解或教条化,并作为"理论根据",也是产生这个问题的重要原因之一。马克思主义创始人,在总结人类社会发展规律的基础上,从比较发达资本主义国家的实际情况出发,以革命同时胜利为依据,提出从资本主义到共产主义中间必然要有一个过渡时期,并对共产主义第一阶段作了科学的预见和设想。曾认为这个过渡阶段是比较短暂的。他们设想的社会主义社会,是在发达生产力的基础上实现了生产资料全社会占有,实行有计划地组织生产和按劳分配原则,排除商品货币关系,消灭了阶级和阶级差别,国家也将随之消亡的社会。这种成熟的和完备形态的社会主义,已达到了以直接向共产主义过渡的水平,根本不需要有一个特殊的漫长的社会主义建设阶段。他们在一定历史条件下对社会主义社会的设想,所阐明的一些基本原则至今仍然是正确的,但并不是为我们建设社会主义制定了具体标准。同时,由于没有实践经验,个别论断带有空想因素也是难免的。对此,如果人们不从实际出发,看不到现实中的社会主义与那时的条件已有很大差别,或对这种差别认识不足,把他们的设想教条化、绝对化,就很容易把马恩对社会主义社会的认识当作固定不变的模式,把今天的社会主义看成是和共产主义相当接近的一个历史阶梯。列宁根据俄国的具体条件,继承和发展了马克思、恩格斯的上述思想。但因缺乏实践经验,并考虑到当时的特殊历史环境,曾试图以战争时期实行的战时共产主义政策直接过渡到社会主义,无非利用市场、商品与货币。这种急于求成直接过渡的思想也反映在1919年所制订的党纲中。不久,他在总结经验教训时认识并纠正了这些错误，采取了新经济政策。列宁失误的根本原因固然在于当时还没有社会主义建设的实践，同时也与马、恩对未来社会的设想有一定关系。斯大林没有很好地从本国实际情况出发，一方面照搬马克思的某些理论；另一方面，对列宁的一些正确思想未能贯彻到底。他不仅过早结束新经济政策，用行政命令的办法掀起全盘集体化运动，强制性地改造小农，刮“共产风”，而且过早地宣布在苏联建成了社会主义，并立即开始向共产主义过渡，在时间上没给社会主义自身的发展留出一段距离。长期以来，对马克思主义的教条式理解和错误附加，导致了社会主义改造上的急于求纯，社会主义建设上的急于求成和社会发展阶段上的急于过渡。更为严重的是，这些急躁冒进超越阶段的错误思想和做法，在苏联和其他一些社会主义国家被当作正统的马克思主义观点和成功经验长期流行，也产生了很坏的影响。甚至出现了越是经济落后的国家，就越急于更快地过渡到共产主义的危险倾向。

第三，思想认识根源。人们在认识社会发展阶段时，脱离客观实际，脱离本国国情，从主观愿望出发，过高估计社会发展程度，企图超越历史发展的必经阶段而跳跃到客观发展进程的前头，就会在实践中不顾主客观条件，急于求成，提出现阶段无法实现的任务。从国际共产主义运动发生起，作为无产阶级的革命家和一切革命者，总是从良好的愿望出发，渴望尽快摆脱奴役和贫困，实现共产主义的美好理想，这是完全可以理解的。但愿望和现实，认识与实践，并不总是一致的。对待社会主义的认识，就像对待任何事物一样，也有一个不断深化的过程。由于历史的局限性，即是伟大的马克思、恩格斯，有时也难免把资本主义灭亡和社会主义的胜利估计得过于容易和简单。虽然生活在资本主义上升时期，也总希望在他们有生之年能看到无产阶级革命的胜利，列宁领导俄国人民首先取得革命胜利后，在经济相对落后的国家如何建设社会主义，仍然没有现成的经验可借鉴。1920 年他在《青年团的任务》中说：“现在已经五十岁左右的这一代人，是不能希望看到共产主义社会了，那时候他们都死了，至于现在十五岁的这一代人，就可以看到共产主义社会，也要亲身建设这个社会。”①尽管这里说的共产主义社会，主要指的是它的第一阶段，但现在看来他对共产主义社会建成的估计也过于乐观。后来，在社会主义建设的实践中，各国普遍存在的一个问题，就是忽视本国国情。即对没有经过资本主义的充分发展阶段，生产力起点低，商品经济不发达，是经济文化相当落后的国家这个基本事实估计不足，甚至根本不承认这种落后性。同时，在思想认识上长期存在着忽视生产力的决定作用，认为社会主义生产关系和上层建筑的变革可以不受生产力发展水平的制约而任意进行。不经过生产力的巨大发展，就可以建成社会主义，甚至可以越过社会主义阶段而进入共产主义。党的十三大报告明确指出：“在近代中国的具体历史条件下，不承认中国人民可以不经过资本主义充分发展阶段而走上社会主义道路，是革命发展问题上的机械论，是右倾错误的重要认识根源；以为不经过生产力的巨大发展就可以越过社会主义初级阶段，是革命发展问题上的空想论，是‘左’倾错误的重要认识根源。”正是在后一种错误思想的影响下，我国普遍产生了轻视发展生产力，企图超越社会主义的初级阶段，以为在生产社会化和商品化很低的情况下也能建成社会主义。经常离开生产力的水平和生产力标准，凭空变革生产关系，人为地拔高“公有化”程度，认为所有制越大越公越纯粹越是社会主义。轻视我国在经济、科技等方面同发达资本主义国家的差距，以为不管过去的基础如何都能在短期内赶上并超过它们。这就说明，人们在思想认识上，并没有真正理解在新的历史条件下，生产力标准就更加具有直接的决定意义的历史唯物主义观点，恰恰相反，不少人却存在着离开生产力抽象谈论社会主义的历史唯心主义观念。他们脱离本国国情，脱离客观实际，夸大主观意志和主观能动性，不顾主客条件，企图超越现实，必然在客观规律面前碰壁。此外，对经济文化观后国家建设社会主义的长期性、复杂性、艰巨性估计不足，对社会主义社会的

---

① 《列宁选集》第4卷，人民出版社1972年版，第359页。

认识，存在着理想化和纯粹化的传统观念，也是容易导致急躁冒进，易犯超越阶段错误的因素之一。

第四，旧的僵化经济政治体制的影响。斯大林在领导苏联人民长期进行社会主义实践的过程中，逐步形成了以高度中央集权和排斥市场机制为主要特征的经济政治管理体制。这种体制是苏联建国初期特定历史环境和“左”的超越阶段思想相结合的产物。它的产生和巩固，又为作出和推行超越阶段的冒进决策提供了重要条件。这种缺乏生机和活力的体制，在经济方面实行过分中央集权，国家作为生产资料全民所有制的代表，不仅掌握全国的主要经济命脉，而且成了经济管理的主体。经济运行基本以行政手段和政治动员来推动，忽视运用经济方法管理经济。国家主要通过指令性计划调节整个经济活动，忽视商品生产、价值规律和市场的作用。它通过自己的代表即有关国家机关任命企业领导人，按上级计划直接管理全部生产活动，企业没有自主权。政企职责不分，国家对企业统得过死，分配中的平均主义也十分严重。在这种体制下，既严重压抑了企业和广大职工的积极性和创造性，又容易产生违背客观经济规律的瞎指挥，提出急躁冒进的计划，企业和职工却无力抵制这种错误。在政治方面，苏联采取高度集权的形式治理国家，党政不分，以党代政，党组织独揽一切大权，领导干部由上级任命和罢免，选举基本上流于形式，实行事实上的干部终身制。机构臃肿，官僚主义、家长制和个人迷信严重。政治、经济和社会生活都缺乏民主，少数人说了算，法制也很不健全。下级只对上级负责，各级领导干部缺少群众监督。因此，上级容易作出脱离实际的冒进决策，而又容易得到下级的响应。在这种高度集权和个人专权的旧体制下，不仅一犯错误往往影响全局，而且即使被许多人发现也很难纠正。

上述高度集权的经济政治体制，是苏联一国建设社会主义特殊历史条件下的产物，它本身有许多弊端。但长期以来，却成为其他社会主义国家仿效的对象，被树为建设社会主义的固定样板。这种传统模式对其他社会主义国家的影响及其产生的后果都是十分严重的。

三

为了吸取历史的经验教训，使过去的错误不再重犯，笔者认为，主要应注意以下几点：

首先，坚持一切从实际出发，实事求是的原则，其中最根本的就是从本国的具体国情出发，重视对社会主义发展阶段的研究，及时对自己国家所处的发展阶段作出正确地判断。一切从实际出发，理论联系实际，实事求是，在实践中检验真理和发展真理，是我们党的思想路线。这条路线的核心就是一切从实际出发，实事求是。什么是一个国家的“实际”和“实事”呢？最大的实际莫过于深刻了解和准确把握本国的国情。并根据国情揭示出固有的而不是臆造的规律性。邓小平同志曾深刻指出：“八年来我们取得成功的主要原因就是立足于中国的实际和我们自身的努力。”“而以前若干年的失误就在于要求过高、过急，脱离了中国的实际。”①这里说的实际，最重要的也是指中国的国情。而当代中国最基本的国情，即指我们的社会主义是脱胎于半殖民地半封建社会，生产力水平远远落后于发达资本主义国家，我国正处于社会主义的初级阶段。党的十一届六中全会《关于建国以来党的若干历史问题的决议》第一次明确得出我们还处于社会主义初级阶段的光辉结论，党的十三大报告对这个问题又作了系统而全面地科学阐述。这一科学论断是我们党创造性地把马列主义普遍原理和中国具体国情相结合的必然产物，又是对我国基本国情的理论概括。它表明中国共产党人在认真总结经验的基础上，对本国所处的社会发展阶段及其规律认识的一次大飞跃。这一理论的提出，不仅为我们克服长期存在的“左”倾冒进错误提供了强大的思想武器，而且是对科学社会主义理论的重大发展，对其他社会主义国家克服超越阶段的错误倾向，也将产生深远的影响。实践证明，一切从本国实际出发，加强对社会主义发展阶段理论的研究，实事求是地估

---

① 摘自1987年1月21日《人民日报》。

计本国的社会发展程度，克服脱离实际、克服超越现实的主观随意性，是避免重犯超越阶段错误的根本措施之一。

其次，坚持生产力标准，始终把发展生产力作为社会主义社会的根本任务，破除离开生产力抽象谈论社会主义的历史唯心主义观念，划清科学社会主义同种种空想的界限。历史唯物主义认为，生产力是一切社会发展的最终决定力量。生产关系和上层建筑的状况必须适应生产力发展的要求，必须随着生产力发展的变化而变化。社会主义社会也是如此。它的产生和发展都必须以生产力的发展为前提。我们应当从这个基本观点出发，把高度发达的生产力作为社会主义社会的根本特征，把发展生产力作为社会主义的根本任务，把生产力发展水平看成是衡量社会主义发展程度的重要标志，把是否有利于发展生产力作为考虑一切问题的出发点和检验一切工作的根本标准。党的十三大明确指出，在这样的历史条件下，生产力标准就更加具有直接的决定意义，强调必须破除离开生产力来抽象谈论社会主义的历史唯心主义观念，这就从根本上划清了科学社会主义同空想的界限。因此，我们只有把发展生产力作为全部工作的中心，集中力量进行现代化建设，争取早日实现工业化和生产的商品化、社会化、现代化，不断提高对生产力标准的认识，克服其空想因素，才能从根本上摆脱贫穷落后，逐步改变滋生“左”倾冒进思想的社会历史条件。

第三，必须坚持社会主义经济和政治体制等方面的全面改革。改革是社会主义制度的自我完善，是社会主义社会发展的重要动力。它不仅要求更新不利于调动广大群众积极性的一切旧的、僵化观念，而且要改变一切不适合生产力发展的经济和政治、教育科技等方面的体制。回顾社会主义国家的发展史，在反对两种错误倾向的斗争中，“左”倾错误往往是主要危险。我们的国家也是这样。1987 年邓小平在谈到吸取历史经验，防止错误倾向时指出：“几十年的‘左’的思想纠正过来不容易，我们主要是反‘左’，‘左’已经形成了一种习惯势力。”[①]目前大多数社会主义国家所实行的高度集中的计划经济和过分集权的政治体制都是在这种“左”的冒进思想的支配和影响下形成巩固起来的。这种体制形成后，又成了党和国家领导人制定并执行“左”倾冒进政策的有利条件。二者相互影响，互为条件。因此，一方面我们应当认真学习关于社会主义初级阶段的理论，自觉贯彻党的基本路线，继续解放思想，对社会主义再认识，敢于从“左”的积习中解放出来；另一方面又要进行全面改革，建立充满生机和活力的社会主义经济体制，以及高度民主、法制完备、富有效率、充满活力的社会主义政治体制。在解决思想认识的基础上，解决领导制度、组织制度和工作制度方面的问题更重要。如果不坚决改革现行制度中的弊端，过去出现过的一些严重问题今后还有可能重新出现。

（原载《山东大学学报》1988 年第 3 期；《科学社会主义》1988 年第 4 期转载）

① 邓小平：《吸取历史经验，防止错误倾向》，1987 年 4 月。

对社会主义本质特征认识的重大进展

关于社会主义的本质特征问题，从1956年我国初步建立社会主义制度算起，已经谈论并实践了几十年，但是，究竟“什么叫社会主义，什么叫马克思主义？我们过去对这个问题的认识不是完全清醒的”[①]。直到党的十一届三中全会以后，对社会主义社会基本特征的研究才发生了历史性的转变，并取得了突破性进展，对这个问题的认识也逐渐明晰起来。认真总结这方面的理论成果，对增强社会主义信念，提高建设有中国特色社会主义和执行党的基本路线的自觉性，具有重要的理论意义和实践意义。

十多年来，我们党在改革和建设的实践中，对社会主义本质特征的认识，究竟有什么进展呢？根据我的初步体会，主要有以下几点：

第一，对社会主义社会的基本特征作了比较集中和全面地科学概括。马克思恩格斯运用唯物辩证法的发展观。认真考察了19世纪西欧主要资本主义国家的实际情况，在批判旧世界中发现了新世界，对未来共产主义社会的特征作了一些科学预见和设想。尽管直接论述共产主义第一阶段特征的材料很少，但从他们分析新旧社会本质不同以及共产主义两阶段的区别和联系中，可以领悟到关于社会主义社会的构想。概括起来大致是：生产资料归全社会占有，消灭了剥削制度，实行按劳分配原则；高度发展的生产力是社会主义的物质前提；计划经济，没有商品与货币；没有阶级和阶级差别，国家的政治职能也消失，社会意识形态的性质发生了根本变化，随着一切社会

① 邓小平：《建设有中国特色的社会主义》，1984年6月。

关系的改变,人的自身也在变化。这些设想所阐明的一些基本原则,至今仍然是正确的。但由于历史条件的限制,个别论断带有一定的空想因素实属难免。即是正确的原则也不能照抄照搬。更不可能对共产主义第一阶段的特征进行具体阐述。列宁根据俄国的实际情况和建国几年的经验,进一步发展了这一理论。他认为,生产资料公有制和按劳分配是社会主义社会的两个最根本特征;提出社会主义两种所有制的思想,肯定合作制经济也是社会主义性质。他认为在社会主义阶段还不能立即消灭商品和货币,强调社会主义要制造比资本主义更高的劳动生产率,并提出"共产主义就是苏维埃政权加全国电气化"的著名论断;阐明建设社会主义必须大力提高教育科学文化水平,加强共产主义思想,道德和纪律方面的教育。不过那时还没有明确提出社会主义精神文明的概念。列宁的这些光辉思想,虽然没有直接作为社会主义社会的特征提出来,更没有对社会主义的本质特征作出全面概括。但在缺乏实践经验的情况下,能作出这样的精辟论述已是难能可贵的了。随着社会主义由一国到多国的发展,人们对社会主义的再认识也不断扩展和深化:以党的十一届三中全会为转机,我们党在重新确立的马克思主义思想路线的指引下,以极大的理论勇气,终于从长期"左"倾思想和教条主义的束缚下解放出来,加强了对社会主义本质特征的研究和深刻反思。在党的十二大报告中,第一次对社会主义社会的基本特征作了集中而又全面地科学概括。其后在党的有关文件中,又作了进一步的补充与发挥。归纳起来,社会主义社会的基本特征是:生产资料公有制和剥削制度的消灭;按劳分配;国民经济有计划按比例地发展,实行有计划的商品经济;高度发达的生产力和比资本主义更高的劳动生产率;工人阶级和劳动人民的政权,建立社会主义的民主政权制度;以马克思主义为指导的社会主义精神文明。这六条是从经济、政治、思想文化诸方面揭示了社会主义社会的共同本质特征。它既突出了重点,指明了社会主义最基本的经济特征,又完整地把政治、思想文化标准也反映到社会主义社会的特征中,从而丰富和发展了马列主义关于社会主义社会特征的理论。特别是党的十二大报告，正式提出了社会主义精神文明是社会主义的重要特征，是社会主义制度优越性的重要表现的科学论断，在马克思主义发展史上还是第一次。同时，明确把发达的社会生产力和比资本主义更高的劳动生产率看作是社会主义最基本的特征之一，这对于恢复马克思主义关于社会主义社会的本质要求，破除社会主义国家长期忽视生产力特征的传统观念，以及对经济落后国家建设社会主义都具有重大的意义。党的十二届三中全会《关于经济体制改革的决定》又把有计划的商品经济作为社会主义经济的本质特征，从而突破了过去把计划经济和商品经济对立起来的传统观念，是对社会主义本质特征理论的新发展。党的十三大首次明确提出，社会主义民主政治也是社会主义重要特征的理论观点，这比十二大关于工人阶级和劳动人民政权的提法又向前迈进了一步。总之，对社会主义基本特征的上述概括，是根据生产力与生产关系，经济基础和上层建筑相统一的原理，认真考察当代社会主义的实际得出的科学结论。它既是区别于资本主义社会的主要标志，又在发展程度上反映出与共产主义社会的重大差别，这些重要理论观点，标志着我党对社会主义社会的认识达到了一个新阶段。

第二，把马克思主义普遍原理同我国的具体实际相结合，正确处理社会主义社会的基本特征和模式多样性的关系，创造性地提出了建设有中国特色的社会主义理论。社会主义社会是由本质的统一性和形式多样性相结合的统一体，即由社会主义社会的共性与具有各国特色的个性、普遍性与特殊性的统一。以邓小平同志为代表的中国共产党人，根据马列主义关于社会主义本质特征和社会主义建设道路多样性的理论，与中国的具体国情相结合，在党的十二大首次提出了“建设有中国特色的社会主义”的科学命题。过去毛泽东同志虽然对中国社会主义建设道路作过有益的探索，但从未明确提出过“中国特色”。这一崭新命题，反映了既有社会主义共性，又有中国民族特点的社会主义建设规律，是马克思主义基本原理同中国现代化建设相结合的产物。同时也打破了过去只强调社会主义建设的普遍规律而忽视各民族特点的传统观念。邓小平同志说:“把马克思主义的普遍真理同我国的具体实际结合起来,走自己的路,建设有中国特色的社会主义,这就是我们总结长期历史经验得出的基本结论。”这一结论标志着我们党从“走俄国人的路”到“走自己的路”是一次重大的飞跃,是党对社会主义再认识的巨大成果,也是建设有中国特色社会主义的指导思想。它表明我们在指导思想上完全摆脱了教条主义的束缚,从而使我国的社会主义建设从盲目的不清醒的状态进入了比较自觉的清醒的状态,并且进一步突破了在国际共运中长期流行的建设社会主义只有一种模式的僵化观念。从命题的提出,到 1987 年党的十三大的召开,我们党在探讨建设有中国特色的社会主义道路上,已取得了重大进展。它不仅解决了建设有中国特色的社会主义的首要问题,即社会主义初级阶段理论具有中国特色的社会主义整个基础的问题,而且还第一次全面地概括了建设有中国特色社会主义理论,并集中列举了十二个科学理论观点,使建设有中国特色的社会主义理论初步形成了一个完整体系。从而构成了建设有中国特色的社会主义理论的基本观点和轮廓。这个理论,初步回答了我国社会主义建设的阶段、任务、动力、条件、布局和国际环境等具体问题。规划了我们前进的科学轨道。建设有中国特色的社会主义理论,蕴含着极为丰富的内容,既包含我们的理论基础和指导原则,又包含奋斗目标和到达目标应走的道路等等。它是我们建设社会主义的伟大纲领,是马克思主义与我国实践相结合的第二次历史性大飞跃。这一理论的形成与发展,既是我们党把马列主义关于社会主义本质特征理论创造性地运用于当代中国的必然结果,又反映了党对我国社会主义建设客观规律的认识达到了一个新水平。

第三,正确处理社会主义社会的普遍性和我国社会主义初级阶段的特殊性的关系,创造性地阐述了我国社会主义初级阶段的基本特征。我们党认为,各国无产阶级政党不仅应把马克思主义普遍真理同本国的具体实际相结合,真正创造出具有民族特色的社会主义,把社会主义社会带有普遍意义的特征,与各国的特殊性结合起来,而且要把社会主义的基本特征与各国不同的发展阶段结合起来。因为,社会主义社会的共同本质特征,在各个国家以及不同的发展阶段,必然表现出不同的特点。党的十一届三中全会以后,我们党在马克思主义实事求是的思想路线指引下,一切从实际出发,在认真总结建国三十多年社会主义革命和建设经验教训的基础上,以马列关于未来社会发展阶段的理论为依据,逐步对社会主义发展阶段有了清醒的认识。1981 年,十一届六中全会通过的《关于建国以来党的若干历史问题的决议》,第一次明确提出了我国社会主义制度还处于初级阶段的科学论断。1982 年,党的十二大报告重申了这一观点并加以论证,指出"物质文明不发达"是这一阶段的最基本的特征。1986 年,党的十二届六中全会通过的《关于社会主义精神文明基本指导方针的决议》,把它提到更重要的地位并对这一科学结论又作了进一步的论证,《决议》不仅论证了社会主义初级阶段的经济特征,而且也指明了它的政治特征和思想道德特征。1987 年 10 月,党的十三大报告,第一次对社会主义初级阶段理论作了较为系统而完整的科学阐述。这一理论的提出,突破了社会主义国家长期不划分阶段或超越阶段的传统观念,发展了马列主义关于共产主义社会划分阶段的理论,同时也是我们党的社会主义建设理论趋向成熟的重要标志,并为探讨社会主义初级阶段的本质特征奠定了理论基础。党的十三大的重要贡献之一,就是进一步把社会主义社会的基本特征的共性和我国社会主义初级阶段的个性结合起来,揭示了我国社会主义初级阶段的基本特征。概括起来这些特征是:(1)我国已初步建立了以大机器工业为基础的一定规模的社会化的生产力,但从总体说来,生产力仍然落后,而且多层次,又很不平衡。(2)以生产力不发达的状况,决定了以社会主义公有制为主体的多种经济成分并存的格局,多种经济成分将要经历一个相当长的发展时期。(3)实行以按劳分配为主体的多种分配方式,并在共同富裕的目标下鼓励一部分人通过诚实劳动和合法经营先富起来。(4)建立在公有制基础上的有计划的商品经济很不发达,自然经济和半自然经济还占相当大比重。(5)人民民主专政的国家政权已得到巩固，但社会主义民主政治制度还很不健全很不完善。(6)剥削阶级作为阶级已经消灭，阶级斗争已不是主要矛盾，新的社会阶级结构是以全民所有制和集体所有制为基础的工人阶级、以家庭承包为特征的农民阶级及知识分子和个体劳动者等友好的阶级，阶层所组成。(7)以马克思主义为指导的社会主义意识形态占主导地位，社会主义精神文明已奠定初步基础，但社会意识形态是多样性的，封建主义残余、资本主义腐朽思想和小生产习惯势力在社会上还有广泛影响，它经常侵袭党和国家的肌体与干部队伍。以上是从生产力，生产关系、政治和思想文化等方面指明了它的主要特征，集中体现了我国社会主义初级阶段的质的规定性。这些特征说明，它是一种带有中国特色的不发达、不完善、不成熟的社会主义，具有明显的多样性和过渡性。同时也反映了我党对社会主义初级阶段的本质特征及其发展规律认识大大深化了，并给科学社会主义理论增添了新内容。

第四，党的十三大明确提出，科学社会主义理论在同各国实践和时代发展相结合的过程中，必然要抛弃前人囿于历史条件下仍然带有空想的个别论断，必然要破除对马克思主义的教条式理解和错误附加的理论观点，对正确认识和把握社会主义的本质特征具有重大的开拓意义。所谓“社会主义的本质特征”，是指那些对社会主义社会性质直接起作用的主要特点，也是区别于其他社会的基本标志。马克思主义认为，一个社会状态的性质，是由该社会占统治地位的生产关系的总和来确定的。因此，社会主义社会的性质，是由这个社会占统治地位的生产关系决定的。即建立在一定的社会化生产力基础上的生产资料社会主义公有制，在国民经济中是否占主体地位，是成为衡量某个社会是不是社会主义社会的根本标志。认识社会主义社会的本质特征，同识别任何一种社会形态一样，最根本的要看与生产力性质要求相适应的生产关系，这一条具有决定意义。但这并不是说，生产关系是社会形态的唯一特征。我们认为，反映社会主义本质属性的特征，主要是指生产资料的社会主义公有制，消灭了剥削制度，按劳分配、有计划的商品经济，社会主义民主，以马克思主义为指导的社会主义意识形态占主导地位等。至于公有制采取何种具体形式，以及在公有制为主体的前提下允许多种经济成分并存，在以按劳分配为主体的前提下实行多种分配方式，并不影响社会主义社会的性质。正像我国社会主义初级阶段所规定的特征那样，既符合社会主义的共同本质属性，遵循了它的基本原则，又反映出我国社会主义初级阶段的特殊性，是它的基本原则在我国现阶段的具体运用与体现。但是，长期以来人们对社会主义本质特征的认识往往出现失误，重要原因之一，就是对马列关于社会主义特征的理论给以教条式的理解和错误附加，把许多束缚生产力发展的、并不具有社会主义本质属性的东西，或只适用于某种特殊历史条件下的东西，被当作“社会主义原则”加以固守。把符合社会主义本质属性和有利于生产力发展的东西，被当作“资本主义复辟”加以反对。例如，认为公有化程度越高越纯越是社会主义，把以公有制为主体的前提下，发展多种经济成分当成资本主义；认为平均主义、“吃大锅饭”是社会主义原则，把主张以按劳分配为主体的多种分配方式，鼓励一部分人先富起来当成搞资本主义；认为排斥商品经济和价值规律的计划经济才是社会主义的本质属性，把发展商品生产，利用市场调节当作资本主义的东西；主张社会主义的根本任务是发展生产力被当作所谓“唯生产力论”、“复辟资本主义论”加以反对；认为社会主义是一个自我封闭的社会，闭关锁国是搞社会主义，对外开放是崇洋媚外引进资本主义制度，必须加以反对。实践证明，党的十三大强调在对社会主义再认识的过程中，必须抛弃空想因素，破除附加到马克思主义名下的错误观点，不仅有利于加深对当代社会主义发展规律的认识，而且对科学地探讨社会主义的本质特征和社会主义理论的发展是一个有力推动。

上述重要理论观点，是我们党对当代社会主义发展认真回顾、深刻反思的基础上，在改革和建设的实践中，对社会主义社会发展规律认识的伟大成果，也是对科学社会主义理论的丰富和发展。它既不是机械地理解和照搬经典作家的某些原理，也不是照抄外国的经验或模式,而是把马列主义关于社会主义社会本质特征的理论同中国具体实践和时代发展相结合的必然产物。建国近四十年来的历史证明,这些新的理论观点和由此作出的一系列重大决策,对于指导我国的社会主义建设和改革已经发挥了重要作用,给社会主义带来了生机与活力。当然,我们还必须清醒地看到,党对社会主义社会的普遍规律以及我国社会主义初级阶段的特殊规律的认识,仍然处于探索阶段。在许多方面还知之不多,知之不深,包括对社会主义本质特征的认识也是如此。它还要随着实践的发展使认识不断地得到拓展、充实和深化。何况,把科学的理论变成可行的,完善的方针政策,到付诸实践,还有相当大的距离,还要经过长期艰苦的努力。但理论上的突破,认识上每前进一步,毕竟都会给社会主义事业的蓬勃发展开辟广阔道路。

(原载《科学社会主义》1989 年第 2 期)

十一届三中全会以来我党对科学社会主义理论的丰富和发展

1978年12月,中国共产党召开了十一届三中全会,这是建国以来我党历史上具有深远意义的伟大转折。十多年来,我国的社会主义建设和改革事业有了迅速发展,并获得举世瞩目的巨大成就。察其原因固然是多方面的,但其中最重要的原因之一,就是我们党在认真总结国内外经验教训的基础上,从根本上冲破了长期存在的"左"倾错误的严重束缚,端正了党的指导思想,重新确立了马克思主义的思想路线、政治路线和组织路线,把马列主义基本原理同我国的具体国情相结合,在建设和改革的实践中,对社会主义社会的发展规律进行了大胆而又卓有成效的探索,丰富和发展了科学社会主义理论,认真研究和概括这些新的理论成果,对提高人们的马列主义水平,加深对社会主义再认识,提高建设有中国特色的社会主义的自觉性,具有重大的理论意义和实践意义。

我党对科学社会主义理论的贡献是多方面的,内容也极为丰富。本文仅就其最重要最突出的方面概述如下:

一、关于建设有中国特色的社会主义理论

建设有中国特色的社会主义理论的产生,是马克思主义与我国实践相结合的"第二次飞跃",是对科学社会主义最重大的贡献,主要表现在:

第一,提出关于"解放思想,实事求是,以实践作为检验真理的唯一标准"的科学观点,恢复并发展了党的思想路线,这是建设有中国

特色的社会主义的思想基础。党重新恢复实事求是的辩证唯物主义思想路线,并确定了“解放思想,开动脑筋,实事求是,团结一致向前看”的指导方针。这对于建设有中国特色的社会主义理论的形成与发展具有决定性的意义。

第二,阐明了关于建设社会主义必须根据本国国情,走自己的路的观点。突破了社会主义只有一种模式的僵化观念,找到了具有中国特色的社会主义现代化建设的正确道路,丰富和发展了马克思主义关于社会主义建设多样性的理论。经济落后国家特别是像中国这样的东方大国,如何建设社会主义,这是马克思主义发展史上的新课题。邓小平同志说:“把马克思主义的普遍真理同我国的具体实际结合起来。走自己的路,建设有中国特色的社会主义,这就是我们总结长期历史经验得出的基本结论。”[①]这一结论。不仅第一次明确提出了“建设有中国特色的社会主义”的科学命题,而且标志着我们党从“走俄国人的路”到“走自己的路”的重大飞跃,这也是建设有中国特色社会主义的指导思想。

第三,党的十三大第一次全面地概括了建设有中国特色的社会主义的理论,集中列举了十二个科学理论观点,使建设有中国特色的社会主义的理论初步形成了一个完整体系。它既解决了建设有中国特色的社会主义的首要问题,即社会主义初级阶段理论是有中国特色的社会主义的整个基础的问题,又系统提出了十二个科学观点,从而构成了建设有中国特色的社会主义理论的轮廓,初步回答了我国社会主义建设的阶段、任务、动力、条件、布局和国际环境等基本问题,设计了我们前进的科学轨道。有中国特色的社会主义,是马克思主义基本原理同中国现代化建设相结合的产物,是扎根于当代中国的科学社会主义。这一理论的形成,是继新民主主义革命论之后的第二次历史性大飞跃。它不仅开辟了社会主义建设的新阶段,而且也标志着党对我国社会主义建设规律的认识达到了一个新水平。

---

① 邓小平:《建设有中国特色的社会主义》,1984 年 6 月。

二、关于社会主义初级阶段的理论

社会主义初级阶段理论的提出,是我党对科学社会主义的又一重大突破。

第一,在科学社会主义发展史上首次提出社会主义初级阶段的理论,突破了社会主义国家长期不划分阶段或超越阶段的传统观念,发展了马列主义关于社会主义发展阶段的理论。马恩曾预见共产主义社会形态可分第一阶段和高级阶段。列宁根据俄国的实践经验,认为社会主义社会还需要划分阶段,并提出过建立社会主义“最初级形式”和“发达的社会主义”等概念,但根本不同于我们使用的社会主义初级阶段概念,更不可能用以解决像中国这样的落后国家建设社会主义的问题。斯大林教条主义地对待马恩关于共产主义社会发展阶段的设想,过早地宣布在苏联已建成社会主义,并急于向共产主义过渡,犯有超越阶段的错误。我党经过深刻的反思,以马克思主义理论勇气,科学地解决了这一重大课题,在社会主义发展史上无疑具有创新意义。

第二,社会主义初级阶段理论的提出,在我党历史上也是第一次,它表明中国共产党对本国所处的社会发展阶段、对社会主义社会发展规律的认识取得了突破性进展。毛泽东同志虽然提出我国从新民主主义社会向社会主义社会过渡的问题,曾设想社会主义可分为不发达和比较发达两个阶段,对社会主义发展阶段进行了有益的探索。但很快又被社会主义社会就是从资本主义过渡到共产主义大过渡的观点所代替。直到 1981 年《关于建国以来党的若干历史问题的决议》才第一次明确提出社会主义初级阶段的科学论断。其后在十二大报告和《关于社会主义精神文明建设指导方针的决议》中又作了进一步阐述。特别是十三大报告,把这一理论推进到一个新阶段。

第三,党的十三大第一次对社会主义初级阶段理论作了系统而完整的科学阐述,正确地阐明了我国目前的社会性质及其发展阶段,论证了社会主义初级阶段产生的历史必然性和长期性,深刻揭示了这个阶段的基本特征,完整地概述了社会主义初级阶段的基本路线,这都是对科学社会主义理论的新贡献。如果说,新民主主义理论的形成,标志着我们党领导的民主革命在理论上已经成熟,那么,社会主义初级阶段理论的初步形成,则标志着我们党的社会主义建设理论开始走向成熟。

三、关于社会主义社会本质特征的理论

党的十一届三中全会以来,我党对社会主义社会本质特征的认识大大深化了,在这方面也作出了重大贡献。

第一,对社会主义社会的基本特征作了比较集中和全面的科学概括。党的十二大报告是精辟论述这一问题的重要文献。其后在党的有关文件中,又作了进一步的补充与发挥,明确指出社会主义的基本特征是:生产资料公有制和剥削制度的消灭;按劳分配;国民经济有计划按比例的发展,实行有计划的商品经济;高度发达的生产力和比资本主义更高的劳动生产率;工人阶级和劳动人民掌握政权,建立社会主义的民主政治制度;以马克思主义为指导的社会主义精神文明。马、恩对共产主义第一阶段的特征作了一些科学预见和设想,列宁对此曾作过进一步探讨。但因历史条件的限制,都未能对这个问题作出全面概括。我们党在不断加深对社会主义认识的基础上,从经济、政治、思想文化诸方面揭示了社会主义社会的共同本质特征。特别明确把社会主义精神文明作为社会主义的重要特征提出来,这在科学社会主义发展史上还是第一次。

第二,正确处理社会主义社会的普遍性和我国社会主义初级阶段特殊性的关系,创造性地阐述了我国社会主义初级阶段的基本特征。党的十三大的重要贡献之一,就是把社会主义基本特征的共性和社会主义初级阶段的个性结合起来,揭示了我国社会主义初级阶段的基本特征。这些特征是:已具备了一定的物质基础,但生产力水平低而且很不平衡;在以公有制为主体的前提下多种所有制形式并存;存在以按劳分配为主体的多种分配方式并在共同富裕的目标下

鼓励一部分人通过诚实劳动和合法经营先富起来；建立在公有制基础上的有计划的商品经济很不发达，自然经济和半自然经济还占相当比重；人民民主专政的国家政权已得到巩固，但社会主义民主政治还很不健全，很不完善；剥削阶级作为阶级已经消灭，阶级斗争已不是主要矛盾；以马克思主义为指导的社会主义意识形态占主导地位，社会主义精神文明已奠定初步基础，但封建主义、资本主义的腐朽思想和小生产的习惯势力在社会上还有广泛影响。这些特征表明，我党对社会主义初级阶段的本质属性及其发展规律认识的深化，为科学社会主义理论宝库增添了新内容。

第三，明确提出要抛弃前人囿于历史条件而提出的带有空想因素的个别论断，破除对马克思主义的教条式理解，清除错误附加的理论观点，对科学地探讨和把握社会主义的本质属性具有重大的开拓意义。

四、关于社会主义社会的根本任务是发展社会生产力的理论

我们党突破了当代社会主义者长期忽视发展生产力，把变革生产关系、搞阶级斗争作为社会主义社会主要任务的传统观念，明确提出社会主义社会的根本任务是发展生产力，集中力量实现现代化的科学观点，对科学社会主义理论作出了新贡献。

第一，反复强调社会主义的根本任务是发展社会生产力，并提到党的政治路线的高度加以阐述，用以指导我国的社会主义建设，这在科学社会主义发展史上是一个创造。马克思主义创始人历来重视生产力在社会发展中的重大作用，但并未把这个观点凝练成一个简要的理论命题提出来。

第二，十三大提出了“社会主义社会的根本任务是发展生产力，集中力量实现现代化”这个科学命题，不仅一般地指出了社会主义社会的根本任务，而且着重阐明了经济落后国家在当代建设社会主义的根本任务以及实现这个任务的途径和战略目标，从而真正恢复并发展了马列思想中最重要最光辉的那一部分。

第三,把发达的社会生产力和比资本主义更高的劳动生产率,作为社会主义社会的基本特征明确提出来,这在社会主义发展史上还是首次。高度发达的生产力,本来是社会主义题中应有之义,但长期以来,却被人们所忽视,在论述社会主义特征的公式里,竟然没有这一条。邓小平同志多次强调,贫穷不是社会主义,“社会主义的优越性就是体现在它的生产力要比资本主义发展得更高一些、更快一些”①。

第四,提出在社会主义条件下,生产力标准更加具有直接的决定意义,强调必须破除离开生产力来抽象谈论社会主义的历史唯心主义观念,从根本上划清了科学社会主义同种种空想的界限。历史唯物主义从来认为,生产力是一切社会发展的最终决定力量,但明确提出“生产力标准”这个概念,并强调是否有利于发展生产力,应成为考虑一切问题的出发点和检验一切工作的根本标准,却是党的十三大的一个突出的理论贡献。

五、关于社会主义经济是有计划的商品经济的理论

马恩设想的社会主义社会是没有商品生产和货币交换的社会。列宁初步认识到社会主义还不能立即消灭商品生产和货币交换。斯大林晚年虽然肯定在生产资料全民所有制和集体所有制并存的条件下,还需要保留商品生产和货币,但却认为生产资料不是商品,社会主义经济只能是产品计划经济。这种忽视商品经济发展,实行指令性计划的产品经济的传统观念和模式,长期阻碍了社会主义国家生产力的发展。我党在深刻总结半个多世纪以来的国际经验和近四十年来国内经验的基础上,在1984年《中共中央关于经济体制改革的决定》中,明确提出了社会主义经济是公有制基础上有计划的商品经济的重要理论观点,这是中国共产党人对社会主义经济作出的科学概括,是对马克思主义理论的重大发展,也是我国经济体制改革的基

① 邓小平:《建设有中国特色的社会主义》,1984年6月。

本理论依据。正是在这一基本理论指导下，才使改革中的经济理论实现了一系列突破。例如，突破那种认为不经过商品经济的充分发展，也能建成社会主义的传统观念，提出关于商品经济是社会主义经济发展不可逾越的阶段的新观念；突破在所有制问题上急于求公、求成、求纯的旧观念，提出以公有制为主体发展多种经济成分和多种经营方式的新观念；突破把国家所有和国家机构直接经营企业混为一谈的传统观念，肯定了社会主义经济可以实行所有权同经营权相分离的新观念；突破计划与市场相互排斥的旧观念，提出社会主义有计划商品经济的体制应是计划与市场内在统一的体制，逐步建立"国家调节市场，市场引导企业"机制的新观念；突破在分配领域中单一的按劳分配方式和平均主义观念的束缚，提出以按劳分配为主体的多种分配方式同时并存的新观念，等等。总之，有计划商品经济理论的确立，既给社会主义经济理论注入了崭新内容，又为社会主义社会的经济带来了无限生机。

六、关于社会主义社会的改革和开放的理论

近几年来，我党对改革和开放的理论也有一些新认识和新的发展。第一，系统阐明了社会主义制度下改革的必然性和必要性，特别在我国社会主义初级阶段更具有迫切的意义，并提出在这个阶段，必须坚持全面改革的观点，这对我国的各项改革具有重要的理论意义和实践意义。第二，十三大明确提出改革是社会主义社会发展的重要动力的观点。在马列著作中虽然论述过社会主义社会应是经常变化和改革的社会，但把改革提到社会主义社会发展重要动力的高度，这在马克思主义发展史上述属首次。第三，把坚持改革开放作为总方针提出来，明确对外开放是实现社会主义现代化的必要条件的观点，是党的十一届三中全会以来党的路线的新发展，是对我国社会主义建设规律认识的深化。

七、关于社会主义民主政治的理论

党的十一届三中全会以来，我们党吸取了国际共产主义运动中的经验教训，在建设社会主义民主政治方面也有了新的进展。

第一，恢复人民民主专政的提法。这种恢复不是简单的改变名称，而是表明党对中国国情和社会发展阶段有了更深刻的认识。它是具有中国特色的无产阶级专政。无论在处理民主与专政、民主与集中、政权与党的关系上都有了新的进展。并提出党政分开、政企分开、简政放权的方针，对社会主义国家管理经济的职能作了新的科学概括。

第二，确立了社会主义民主建设在社会主义现代化建设总体布局中的战略地位，明确提出建设高度的社会主义民主是我们的根本目标和根本任务之一。这表明我们对社会主义民主的认识提到了一个新的高度。

第三，十三大首次提出关于社会主义民主政治是社会主义重要特征的科学理论观点。这是社会主义的本质要求，是物质文明和精神文明建设的基本保证。没有民主，就没有社会主义，就没有社会主义现代化。

第四，系统阐明了我国社会主义民主政治建设的许多重要理论问题，并制定出一系列正确方针和政策。特别是把发展社会主义民主和社会主义初级阶段及政治体制改革密切结合在一起，是马列主义关于社会主义民主政治建设理论所遇到的新课题。

八、关于社会主义精神文明的理论

在马列著作中，曾对社会主义社会必须加强思想道德、教育科学文化建设的问题，作过许多论述和探索，但并没明确提出社会主义精神文明这一科学概念，更不可能对社会主义精神文明建设形成一个完整的理论体系。我们党在马列主义关于社会主义文明观的指导下，认真总结社会主义实践经验的基础上，比较完整地阐述了社会主义精神文明建设的一系列重要思想,从而为科学社会主义的理论宝库增添了崭新内容。

第一,创造性地提出了“社会主义精神文明”的科学概念,阐明了社会主义物质文明和精神文明的辩证关系。

第二,党的十二大报告正式提出了“社会主义精神文明是社会主义的重要特征、是社会主义制度优越性的重要表现”的科学论断,并把精神文明建设看作是社会主义建设的一个战略方针。这一论断不仅深刻揭示了社会主义社会在思想文化领域的质的规定性,确立了精神文明建设的战略地位,而且在马克思主义发展史上具有创新意义,是我党对社会主义再认识的又一重要成果。

第三,阐述了社会主义初级阶段精神文明建设的主要内容和根本任务。它包括思想建设和文化建设两方面,二者相互渗透,相互促进。其根本任务是适应社会主义现代化建设的需要,培养有理想、有道德、有文化、有纪律的社会主义公民,提高整个中华民族的思想道德素质和科学文化素质。

第四,制定了社会主义精神文明建设的指导方针。即我们的精神文明建设,必须是推动社会主义现代化建设的精神文明建设,必须是促进全面改革和实行对外开放的精神文明建设,必须是坚持四项基本原则的精神文明建设。所有这些。都进一步发展了科学社会主义。

九、关于新时期爱国统一战线和“一国两制”构想的理论

党中央根据社会主义建设时期阶级关系和任务的变化,深入研究了我国统战工作面临的新情况、新问题,对新时期统一战线的性质、对象、任务,方针等一系列重大问题作了新的科学阐述,形成了具有中国特色的统一战线理论体系,丰富和发展了马克思主义的统一战线理论。

第一,明确提出统一战线是一门科学,并肯定在社会主义建设时期,它仍然是一大法宝,具有强大的生命力。

第二,科学地阐述了社会主义初级阶段爱国统一战线的性质,范围和任务。它已发展成为全体社会主义劳动者、拥护社会主义的爱国者和拥护祖国统一的爱国者包括港澳同胞、台湾同胞和海外侨胞在内的广泛的政治联盟。其根本任务是:坚持党的基本路线,团结全体劳动者和一切爱国者,调动一切积极因素,集中力量发展生产力,为统一祖国,振兴中华,建设有中国特色的社会主义这一宏伟目标服务。它的性质是社会主义的,并具有丰富的多样性和更大的广泛性。

第三,明确宣布知识分子是工人阶级的一部分,是社会主义的基本依靠力量,并把非党知识分子看作既是依靠力量,又是统战对象。正确地解决了知识分子的阶级属性问题,充分肯定知识分子的重要作用,把依靠对象和统战对象统一起来,发展了马克思主义关于工人阶级内部统战的理论。

第四,进一步发展了在中国共产党领导下的多党合作制度和政治协商制度,它不仅肯定各民主党派已成为各自所联系的一部分社会主义劳动者和一部分拥护社会主义的爱国者的政治联盟,都是中国共产党领导下为社会主义服务的政治力量,而且把"长期共存、互相监督,肝胆相照、荣辱与共"作为处理爱国统一战线内部关系的基本方针。强调完善共产党领导下的多党合作和协商制度,充分发挥民主党派和无党派爱国人士在国家政治生活中的作用。

"一国两制"构想是科学社会主义在当代中国的新发展,是马克思主义与我国实践相结合的创举。"一个国家,两种制度"的科学构想,是中国共产党和邓小平根据我国的历史和现实情况,总结国内外经验,提出和平解决香港、澳门和台湾问题,实现祖国统一的战略方针。这一科学构想,不仅为和平统一祖国奠定了理论基础,丰富了建设有中国特色的社会主义的内容,而且是对列宁和平共处思想的创造性运用与发展,是原则的坚定性和策略的灵活性相结合的典范,是对马克思主义国家学说和新时期爱国统一战线的重要发展。香港、澳门问题的解决,已经证明了它的强大生命力,并为解决国际争端提供了新的范例。

十、关于工人阶级执政党建设的理论

工人阶级执政党的建设，是关系到社会主义事业成败和国家兴衰的一个重大理论问题和实践问题。半个多世纪以来，国际共产主义运动中虽然积累了一些丰富经验，但也出现了许多挫折和失误。党的十一届三中全会以后，我们党在总结自身和其他社会主义国家执政党建设经验教训的基础上，大胆探索，勇于创新，对传统的理论有了突破性进展。

第一，重新恢复和发展了中国共产党的马克思主义思想路线、政治路线和组织路线。党的思想路线是一切从实际出发，理论联系实际，实事求是，通过实践检验真理发展真理。党的政治路线就是从新时期的总任务发展到十三大制定的社会主义初级阶段的基本路线。“一个中心，两个基本点”是它的主要内容。这条路线是党的十一届三中全会以来路线的概括，丰富和发展思想政治路线正确与否不仅直接关系到党的自身建设的好坏，而且关系到革命和建设的成败。

第二，在党的领导的科学含义，领导方式，党同政府和其他组织的关系，党的活动同宪法、法律的关系，民主与集中，党内斗争等方面，都已突破了一些传统的理论和观念，把毛泽东的建党学说大大向前推进了一步。

第三，提出了关于执政党的党风关系到党的生死存亡的科学观点。党中央多次强调执政党党风建设的重要性，把这个问题提高到执政党生死存亡的高度来认识，这在我们党的历史上，在马克思主义政党建设理论发展的历史上，都是第一次。

第四，阐明了在改革开放中加强执政党建设的新思想，努力探索，走出一条依靠改革和制度建设治党的新路子，党的十三大强调我们党面临着执政和改革开放的两大考验，并在新形势下规定了执政党建设的指导思想。即“新时期党的一切工作，都必须保证党的基本路线的贯彻执行。党的自身建设也必须进行改革，以适应改革开放的新形势”[①]。在重视思想建设的同时，特别强调制度建设，坚持从严治党的方针。最近，党中央又明确指出，保持党政机关廉洁是当前党的建设的一项极为重要的任务，并为实现这一任务制定了有关措施，对党员提出了更高更严的要求。

十多年来的实践证明，上述理论观点和重大决策，对于指导我国的社会主义建设和改革已经发挥了重要作用，给社会主义带来了生机与活力。同时，我们还必须清醒地看到，党对社会主义社会发展规律的认识，仍处于探索阶段，在实际工作中还存在着许多困难和问题。理论本身也要随着实践的发展而发展。何况，把科学的理论变成可行的、完善的方针政策，到付诸实践，还有相当大的距离，还需要经过长期的艰苦努力。

（原载《文史哲》1989 年第 4 期；1990 年 5 月《文科学报文摘》转载）

① 赵紫阳：《沿着有中国特色的社会主义道路前进》，民族出版社 1987 年版，第 50 页。

关于现阶段阶级斗争理论问题的几点思考*

马克思主义的阶级斗争学说，是科学社会主义的重要组成部分，正确认识和实践这一理论是社会主义事业取得胜利的重要保证。然而社会主义条件下的阶级斗争又是一个十分复杂的问题，不认真研究和掌握阶级斗争的规律，就容易犯“左”的或右的错误，甚至会导致社会主义成果的得而复失。我党关于阶级斗争的理论和基本方针是否还正确，在贯彻执行中存在什么问题，现阶段阶级斗争具有哪些新特点，这些都是我们需要进一步探讨和回答的重要课题。

一、党的十一届三中全会以来，我党提出的阶级斗争理论和方针是完全正确的，是对科学社会主义理论的丰富和发展

阶级斗争问题本来是马克思主义最根本的问题之一，但是过去在社会主义建设中一直没有解决好。社会主义社会究竟有没有阶级和阶级斗争，各社会主义国家至今仍然有不同的认识。马克思、恩格斯设想的社会主义社会，已经消灭了阶级和阶级差别，阶级斗争已不复存在。列宁由于历史条件的限制着重讲了过渡时期的阶级斗争，也没有详细论述社会主义社会的阶级斗争问题。毛泽东同志虽然对我国社会主义社会的阶级斗争问题作过有益的探索，但在晚年犯有阶级斗争扩大化的错误。三中全会以后，党中央根据马克思主义普遍原理和我国社会主义的初级阶段的实际，在认真总结国内外经验

* 此文为作者和硕士研究生董新兴合著。

教训的基础上，对新时期的阶级矛盾和阶级斗争问题进行了实事求是的分析，作出了一系列的重要结论，制定了我国现阶段阶级斗争问题的基本方针。十多年来，社会主义建设和改革开放所取得的巨大成就，不仅充分证明了它的正确性，而且给马克思主义阶级斗争理论的宝库增添了新的内容。这主要表现在：

(一)指出社会主义制度的建立，剥削阶级作为阶级消灭后，阶级斗争已不是社会的主要矛盾，社会主义社会存在的矛盾大多数不再具有阶级斗争的性质，“阶级斗争为纲”的方针是错误的。1956 年 9 月，我们党召开的第八次全国代表大会，就对我国社会的阶级关系和社会的主要矛盾变化作过正确的判断。可惜在以后的相当长的时间内，我们党偏离了上述正确论断，对我国阶级和阶级斗争状况作了唯心主义的估量和分析，提出所谓“无产阶级专政下继续革命”的理论，把阶级斗争扩大化，给我国的社会主义事业造成了严重损失。党的十一届三中全会果断地停止使用“以阶级斗争为纲”的口号，摒弃了所谓继续革命的理论，作出了把工作重点转移到社会主义现代化建设上来的战略决策。党的十一届六中全会和十二大报告反复指出：“在剥削阶级作为阶级消灭以后，我国社会存在的矛盾大多数不具有阶级斗争的性质，阶级斗争已经不再是我国社会的主要矛盾。”并进一步强调在社会主义社会，提出和实行“以阶级斗争为纲”的方针是错误的。因此，我们必须十分谨慎地区分和处理敌我矛盾和人民内部矛盾，防止重犯阶级斗争扩大化的错误。

(二)阐明了阶级斗争还将在我国社会的一定范围内长期存在，并且在某种条件下还有可能激化。为什么剥削阶级作为阶级消灭后，阶级斗争还会长期存在呢？这是因为，在国内，历史上的剥削制度和剥削阶级遗留下来的影响，不可能在短期内清除，祖国的统一大业还没有最后完成，即使“一国两制”的构想得到实现，在台、港、澳地区，还会长期保留着资本主义制度。同时，我国尚处在社会主义初级阶段，经济文化比较落后，社会主义制度还不够完善和成熟，还不可能完全防止某些社会成员发生腐化变质现象，不能完全杜绝反革命分子、严重刑事犯罪分子和严重经济犯罪分子的产生。海外还有蓄意对大陆社会主义制度进行破坏活动的政治势力和集团,国际势力正在并将长期对我国进行渗透、颠覆、和平演变活动,这些都是社会主义社会存在阶级斗争的重要根源。所谓"一定范围",就是说,阶级斗争已不是社会的主要矛盾,它在国家政治生活中已降到次要的、从属的地位。至于阶级斗争在某种条件下有可能激化的问题,实践已经证明了这一论断的正确性。

(三)指出社会主义社会的阶级斗争是一种特殊形态的阶级斗争。由于剥削阶级作为阶级已被消灭,这个社会的阶级斗争已不是完整的阶级对阶级的斗争,而是人民同极少数敌对分子之间的一种残余形态的阶级斗争。1979 年,邓小平同志就提出了这样一个科学命题。他指出:"同他们的斗争不同于过去历史上阶级对阶级的斗争(他们不可能形成一个公开的完整的阶级),但仍然是一种特殊形式的阶级斗争,或者说是历史上的阶级斗争在社会主义条件下的特殊形式的遗留。"[①]他之所以得出这样的结论,是因为不论就其对象和范围、规模和形式、地位和作用来看,都和历史上的阶级斗争有很大的不同。从而深刻揭示了社会主义阶级斗争的根本特点和规律。

(四)明确指出阶级斗争必须服务于经济建设这个中心,打击敌人要用法律武器和依照法律程序去处理,不搞群众运动。党的十一届六中全会《关于建国以来党的若干历史问题的决议》指出:"社会主义改造基本完成以后,我国所要解决的主要矛盾,是人民日益增长的物质文化需要同落后的社会生产之间的矛盾。"重申党和国家的重点必须转移到以经济建设为中心的社会主义现代化建设上来。其后党中央一再强调,社会主义社会的根本任务是发展社会生产力,必须集中力量进行现代化建设,并在这个基础上不断逐步改善人民的物质文化生活。因此,阶级斗争作为工具和手段,也就必须服从和服务于经济建设这个中心,必须有利于而不是干扰经济建设。由社会主义

① 《邓小平文选》第 2 卷,人民出版社 1983 年版,第 169 页。

社会阶级斗争的内容和特点所决定,阶级斗争不能搞疾风暴雨式的群众运动,而必须运用法律武器打击敌人。

(五)既反对阶级斗争扩大化的观点,又反对认为阶级斗争已经熄灭的观点。这个科学结论是我党在认真吸取社会主义国家出现阶级斗争扩大化以及否认阶级斗争存在的历史教训,严格遵照唯物辩证法的原则,实事求是地分析我国现阶段阶级和阶级斗争的情况提出来的。这就要求我们在处理阶级斗争问题时既要反对阶级斗争扩大化的"左"的错误,又要反对"阶级斗争熄灭论"的右的错误,有"左"反"主";有右反右,反左防右,反右防"左",切忌片面性,这才是马克思主义的科学态度。

上述重要理论观点,是我党把马克思主义阶级斗争学说创造性地运用于我国社会主义实际的必然结果,它突破了当代社会主义发展史上长期存在阶级斗争扩大化的"左"的传统观念,也不同于某些国家认为社会主义社会没有阶级斗争的看法,确立了科学地估量和正确处理符合我国实际的阶级斗争形势和理论的新观念。

二、我们在贯彻执行党的阶级斗争理论和方针过程中存在的主要问题

十多年来的历史表明,我们党所提出的阶级斗争理论和方针是正确的,并在实践中对促进社会主义建设事业的发展,保证安定团结的政治局面起了重要作用。但同时还必须清醒地看到在贯彻执行中确实存在许多问题。1989 年在北京发生的动乱和暴乱,是我国现阶段阶级斗争尖锐化的集中表现,在这场血与火的斗争中,虽然我们已经取得了伟大的胜利,但也暴露出在认识和处理阶级斗争问题上存在某些弱点和失误。主要表现在:

第一,对党的阶级斗争理论和方针在认识上存在着片面性。例如,在对待经济建设和阶级斗争这个问题上,我们党强调必须以经济建设为中心,阶级斗争已不是主要矛盾。但有些人却只提经济建设,忽视或根本不提阶级斗争,好像搞经济建设就不能提阶级斗争,谁提

阶级斗争就有以“阶级斗争为纲”之嫌。其实这是一个很大的误解，也是认识上的片面性。另外，在反“左”与反右的问题上也往往产生片面性、极端化和绝对化的倾向。由于建国以来前三十年我们不断反右，结果主要犯了“左”的错误。近十年来，主要反“左”，结果又忽视了右的倾向的滋长。有些人甚至对资产阶级自由化连“反对”二字都不敢用，这是另一种片面性。过去反右忘了防“左”，后来反“左”又忘了防右，从一个极端走到另一个极端，从而违背了马克思主义的辩证法，也是对我党阶级斗争理论理解片面性和绝对化的结果。实践证明，我党所阐明的阶级斗争理论和方针是一个完整的科学体系，必须正确理解，全面地贯彻执行。只有坚持辩证唯物论和历史唯物论的立场、观点和方法，时刻注意一种倾向掩盖另一种倾向，才能正确认识和处理我国的阶级斗争问题。

第二，对资产阶级自由化思潮的危害性和反对资产阶级自由化的长期性估计不足，对党中央关于反对资产阶级自由化的正确方针贯彻不力。邓小平同志曾明确指出：搞资产阶级自由化，就是走资本主义道路。它的核心是反对党的领导。近几年的历史进一步告诉人们，资产阶级自由化思潮作为崇拜资本主义制度，敌视社会主义的意识形态，它对美化资本主义，败坏社会主义的声誉，搞乱人的思想，污染人们的灵魂，削弱党的领导，制造社会动乱，颠覆社会主义共和国，都起了极大的作用。如果不及时采取坚决措施，加以防范和制止，一味迁就、退让，任其泛滥，就会发展成为严重的政治斗争，酿成全国动乱，甚至发生反革命暴乱，使数十年来亿万人民艰苦奋斗的伟大成果毁于一旦。可见，反对资产阶级自由化的斗争确实是直接关系到党和国家的前途与命运，关系到社会主义成败的大问题。由于国内和国际因素的影响，我国的阶级斗争将会长期存在，特别是我国经济文化发展在一个较长期内仍然落后于发达资本主义国家，社会主义优越性尚不能充分发挥的情况下，资产阶级自由化思想及其影响总会找到自己的市场，并且会十分顽固地表现出来。因此，反对资产阶级自由化的斗争将是长期的艰巨任务。但是，一个时期以来，一些同志对上述问题的认识很不清楚。把反对四项基本原则的言行看成是"学术之争",对资产阶级自由化思潮的泛滥,视而不见,听而不闻,因而在同资产阶级自由化这场严重的阶级斗争面前,旗帜不够鲜明,态度不够坚决,未能一以贯之,结果导致了资产阶级自由化思潮泛滥成灾,最后发展成动乱和暴乱。

第三,对国际资产阶级实行"和平演变"战略的危险性认识不足,放松了思想警惕。和平与发展是当今世界的两大主题,这一重要观点是我党对当代国际形势的基本估计,也是对时代特征的准确概括。但同时也指出,世界并不太平,还存在诸多矛盾,斗争和不稳定的因素依然存在。对这种复杂多变的国际形势,许多同志缺乏思想准备,他们在同西方发达资本主义国家交往中,只看到投资贷款,和平友谊,碰杯握手,看不到帝国主义的思想渗透、经济控制和政治颠覆,只看到和平与发展是主题,看不到争取和平与发展的斗争仍然带有国际阶级斗争的性质。误以为整个世界都充满了和平与友爱、使和平麻痹思想大为滋长、忘记了渗透与反渗透、颠覆与反颠覆、"和平演变"与反"和平演变"的国际范围的阶级斗争的长期性、严重性和艰巨性。特别是近几年来,西方发达国家中反共反社会主义势力,利用社会主义国家改革开放之机,加紧对他们展开了和平演变的全面攻势,以期达到不战而胜的目的。千方百计地支持、扶植社会主义国家的敌对势力、直至插手动乱,策划反革命暴乱。血的教训应该使我们从和平麻痹思想中猛醒过来。

第四,忽视了用阶级斗争的观点和阶级分析的方法来观察、处理国内外重大问题。阶级斗争的观点和阶级分析的方法是马克思主义的基本理论。无数的事实证明,不用这个立场、观点和方法去看问题,好多社会现象和问题就看不清楚。在我国剥削阶级消灭以后,阶级斗争的观点和阶级分析的方法仍然没有过时,因为国内、国际的阶级斗争还会长期存在,一些带有阶级斗争性质的社会矛盾还需要我们去处理。在这种情况下,阶级斗争的观点和阶级分析法尽管不像过去那样具有普遍意义,但是这一马克思主义的锐利思想武器绝对不能丢。令人遗憾的是，长期以来，由于资产阶级自由化的影响，有些人很少甚至根本不提阶级斗争的观点和阶级分析法了。阶级斗争观念和人民民主专政的观念淡漠了。有的只讲民主，讳言专政，似乎敌对势力不存在了，专政的对象没有了，有的把国际资产阶级的贸易投资、贷款，看成只是为了赚钱或者慷慨大方。把国际敌对势力的反动宣传，造谣惑众，挑拨离间，看成是传播真理，客观报导。把西方大国对我国内政的粗暴干涉，看成是主持正义，保护人权。总之，这些都是离开了马克思主义的阶级斗争观点和阶级分析方法的必然结果。因而就不可能认清资产阶级自由化反党反社会主义的实质，不能识破西方敌对势力和平演变的阴谋。

三、在改革开放的形势下，阶级斗争具有的新特点

党中央关于社会主义社会阶级斗争问题的一系列科学论断，不仅是我们认识当前国内外阶级斗争问题的指导思想，而且也是我们深入探讨现阶段阶级斗争新特点的理论基础。从我国现阶段阶级斗争的实际情况出发，我们认为，阶级斗争主要有下列新特点：

第一，现阶段的阶级斗争集中表现为资产阶级自由化和四项基本原则的对立和斗争。邓小平同志在谈到 1989 年的平暴斗争时指出："这次事件的性质，就是资产阶级自由化和四项基本原则的对立。"这个论断深刻揭露了国内外敌对势力制造这场风波的反动实质。这种对立，不仅是思想理论斗争，而且也是政治斗争。资产阶级自由化先是作为一种思潮，在意识形态里散布否定共产党的领导和社会主义制度，主张资本主义制度的种种观点。同它的斗争主要表现为意识形态领域的思想斗争。在我国，剥削阶级的政治统治早已被推翻，他们的经济基础早已被消灭，但资产阶级在思想文化领域还有相当大的势力，其影响还会长期存在，这是因为：(1)意识形态具有相对独立性和稳定性，剥削阶级思想不会随着它赖以成长起来的经济基础和某些上层建筑的消灭而消灭；(2)帝国主义和其他国际敌对势力，对社会主义国家采取"和平演变"的战略，妄图通过思想文化、

政治等各种渗透，改变社会主义颜色；(3)社会主义初级阶段还存在着资产阶级思想赖以生存和滋生的土壤；(4)在改革开放的条件下，意识形态领域的斗争更为明显和突出。意识形态阵地，无产阶级不去占领，资产阶级必然要去占领。但是，这种斗争并没有停留或仅仅局限于意识形态领域。随着斗争的发展在一定条件下，就会深入到政治领域，形成激烈的政治斗争。斗争的中心仍然是政权问题，即颠覆人民民主专政的国家政权或者改变这种政权性质。因此，对资产阶级自由化思潮决不可掉以轻心。

第二，阶级斗争表现得更加复杂，各种矛盾相互交织在一起，不易区分，较难处理。在我国社会的诸多矛盾中，有敌我矛盾，也有人民内部矛盾；有国内矛盾，也有国际矛盾；有阶级斗争在人民内部的反映，也有阶级斗争在党内的反映。错综复杂，阵线不很分明，增加了识别和处理阶级斗争问题的艰巨性。这次在北京发生的六月风波中就表现得十分突出。既有各种敌对分子对党和人民的猖狂进攻，又有受蒙蔽群众的过激言行，两类矛盾相互交叉，好人与坏人混杂在一起，一时难以分清，使我们许多应该采取的行动难以出手。同时，国际敌对势力的渗透与插手，国内外矛盾的交叉，增加了我国阶级斗争的复杂性。关于社会上的阶级斗争必然要反映到党内来的观点，近几年虽然被当作“左”的观点加以批判，但社会主义国家发生动乱的教训告诉我们，由于国内阶级斗争的极端复杂性，阶级斗争反映到党内来是不可避免的。这种反映主要表现为某些原则性思想分歧。包括要不要坚持四项基本原则，要不要反对资产阶级自由化；要不要在改革开放中坚持社会主义方向等等。由于我党处于执政地位，党外的资产阶级自由化分子，各种反社会主义分子和不法分子，为了求得庇护和支持，往往与党内腐化变质分子相勾结，以实现其罪恶目的。同时，国外敌对势力也千方百计在党内寻找其代理人。这无疑增加了阶级斗争的复杂性和艰巨性。至于阶级斗争在人民内部的反映，这种情况也确实存在。例如，在人民内部反对资产阶级自由化思潮和反对封建主义思想影响的斗争，在经济文化领域出现的贪污盗窃，投机倒把，行贿受贿，贩卖毒品和黄色书刊等社会现象，除极少数已走上与人民为敌的道路外，绝大部分还属于人民内部矛盾。因此，必须严格区分两类不同性质的矛盾，慎重加以处理。

第三，阶级斗争具有更大的隐蔽性和迷惑性，容易使人放松警惕。在社会主义日益巩固和强大，阶级力量对比发生了根本变化的条件下，国内敌对势力已无力与我们进行直接的，公开的对抗，他们不得不采用更隐蔽、更狡猾的手法从事各种阴谋破坏活动。搞资产阶级自由化的人，总是打着种种革命的旗号，把他们的阴谋隐藏起来。如打着改革的旗号，主张私有化，否定公有制；主张“多党制”，否定共产党的领导；主张“意识形态多元化”，否定马克思主义的指导作用；打着开放的幌子，企图引进西方社会制度，实行全盘西化。打着我们的旗帜，篡改我们的口号，是他们的惯用伎俩。此外，国内外敌对势力相互勾结，串通一气，利用我们工作中的失误和问题，利用社会主义遇到的困难和挫折，任意夸大，造谣惑众，挑拨矛盾，制造混乱，挑动一部分有善良愿望的学生和群众对党和政府不满。这也是他们常用的阴险手法。因此，我们必须充分认识现阶段阶级斗争的这一重要特点，及时揭露少数别有用心的人的阴谋，防止上当受骗。

第四，阶级斗争带有明显的国际因素。这主要指，大陆的敌对势力往往同海外国外的反动势力互相配合，国内的阶级斗争往往同国际范围内的斗争紧密相连，同和平演变与反和平演变的斗争结合一起。颠覆社会主义国家，消灭社会主义制度，始终是帝国主义势力的既定战略。只是随着国际形势的变化和社会主义的发展不断变化自己手法。从20世纪50年代后期开始，逐步把政策转向“和平演变”战略。用他们的话说，就是要“打一场没有硝烟的新的世界战争”。他们利用社会主义国家的暂时困难和改革开放的机会，借助发达的经济、科学技术和通讯设施，通过各种渠道和不同层次，进行渗透，施加影响，支持，收买所谓“持不同政见者”，大力培养对西方的盲目崇拜，推销资本主义的政治模式，经济模式、价值观念以及腐朽思想和生活方式，妄图利用潜移默化的方式使社会主义国家的党和政权发生蜕变。这次暴乱证明，国内敌对势力总是要向国外反动势力寻找支持和依靠，国外反动势力又从这里找到了对社会主义实行“和平演变”战略的依据。现代经济的国际性质所决定，国际联系和交往的加强，改革开放政策的实施，就不可避免地使国际因素对我国阶级斗争的影响大大加强了。某些社会主义国家的动乱和剧变，更加证明了和平演变与反和平演变已成为当今资本主义和社会主义两种制度斗争的重要形式。因此，考察阶级斗争，决不能仅仅局限于一国范围之内，而应联系国际大气候来研究，并保持高度的警惕，把挫败和平演变看作是巩固和发展社会主义的重要历史任务。

第五，阶级斗争在一定的条件下可能激化到暴力冲突的程度。党的十一届三中全会以来，我们党曾多次指出，阶级斗争在一定条件下有可能激化，但并未引起人们的足够重视，也没有认真研究阶级斗争究竟在什么条件下有可能激化，所谓“激化”是指某个领域或某个地区或全局范围内阶级斗争的尖锐化，表现为较大规模的对抗和冲突，甚至发生局部的政治动乱和暴乱，而不一定在全国范围内阶级斗争上升为主要矛盾。根据历史的和现实的经验教训，阶级斗争激化的条件，估计主要有下列情况，由于外敌大规模入侵，国内反动势力企图内外勾结乘机蠢动；执政党和国家在指导思想上发生严重失误而又不能及时纠正，致使矛盾性质转化，或被敌人利用；对国内资产阶级自由化思潮泛滥和国际敌对势力和平演变阴谋及各种颠覆活动丧失警惕，斗争不力，从而引起大规模的动乱或暴乱，1989 年我国发生的政治风波，就是阶级斗争激化的一种表现。究其原因主要是由资产阶级自由化泛滥、国内反共反社会主义敌对分子和势力的存在，以及国际反动势力插手造成的。同时也与党和政府的工作失误，腐败现象，脱离群众物价上涨、分配不公等社会问题的存在有关。因此，我们应当吸取教训，采取有力措施，最根本的是加强执政党的自身建设，确保各级领导核心由忠诚于马克思主义的人组成，保证路线方针政策的正确性,包括正确认识和处理社会主义初级阶段的矛盾和阶级斗争问题,努力消除使矛盾激化的各种因素,才能保证社会主义社会的稳定和繁荣。

(原载《科学社会主义》1990 年第 5 期;《科学社会主义研究》1991 年第 4 期转载)

科学社会主义面临的严峻挑战与当代马克思主义者的任务*

科学社会主义自问世以来，已有 140 多年的历史了，在这个过程中，它从学说到实践，从一国建设社会主义实践到多国建设社会主义实践，从单一模式向多种模式转变，不断向前发展，显示了强大的生命力。实践证明，从它诞生那天起，就遇到过各种挑战与挫折。但每次挑战，每个挫折都使它更加焕发青春，取得了一个又一个的伟大胜利。科学社会主义发展到今天。又面临着一场更加严峻的挑战。当前，世界正处于新旧格局交替的转折时期。苏联解体，东欧剧变。削弱了世界范围的社会主义力量，国际共产主义运动处于低潮，社会主义事业遇到了前所未有的重大挫折。而西方发达资本主义国家则处于相对稳定和发展的状态，并对社会主义国家推行和平演变战略，以期实现对社会主义“不战而胜”的目的。在社会主义争生存权和发展权的紧要历史关头，一切忠于社会主义的人们，应当研究怎样高举马克思主义旗帜。正确观察形势，及时总结经验教训，深入探讨社会主义的发展规律，明确任务，把握机遇，制定对策，自觉迎接挑战。不断把社会主义事业推向前进，就成为当代马克思主义者面临的一项极其紧迫而又十分艰巨的历史任务。

一

回顾共产主义运动史，马克思主义和科学社会主义都是在曲折

---

* 此文为作者和硕士研究生赵红合著。

中前进、在斗争中发展的。从20世纪70年代开始,社会主义的发展进入了一个有较大反复和严重挫折的时期,科学社会主理论和实践都面临着一系列的严峻挑战。这些挑战主要是:

第一,现代资本主义的挑战。第二次世界大战结束到现在,西方资本主义国家进入一个相对稳定的发展时期,并出现了许多新情况、新变化。主要表现在:(1)科学技术和社会生产力有很大发展。从20世纪50年代开始,发达资本主义国家首先掀起了一场新的科技革命。由于这些国家原来工业水平较高。又为战后一度出现的严重危机所迫,很快就进入了以电子计算机和原子能的发明和使用为主要标志的科技革命潮流。而社会主义国家由于经济文化落后,科技水平基础差,又受旧体制的影响,对科技革命长期不重视,结果使资本主义国家成了新科技革命的主要受益者。这次新技术革命是引起战后资本主义经济迅速发展的决定性因素。发达资本主义国家在20世纪50～70年代都经过一个高速发展时期。如日本经济发展速度曾高达37.9%,国民收入递长率超过10%。20世纪70年代后增长速度虽有下降,但基本上仍然保持了增长势头。欧共体1991年经济增长率仍为1.4%。因此,无论是从生产力水平还是人均收入都普遍高于社会主义国家。值得注意的是,目前,国际竞争日趋激烈。发展中国家正在分化,特别是亚太地区。一些新兴工业国家和地区正在崛起。继东亚"四小龙"后,马来西亚、泰国等一些亚太地区国家都在加速发展自己的经济。1991年"四小龙"经济平均增长率为7.7%,泰国为7.4%,马来西亚为8.5%,都高于我国的7.1%。(2)资本主义生产关系进行局部调整,实行一系列改良措施,国家垄断资本主义又有了新发展。国家所有和国家与私人共有的垄断企业在全部企业中所占的比重提高了;国家与私人垄断企业密切结合加强了应付危机和困难的能力;国家对经济的宏观调节经常化和强化了。同时,垄断资产阶级的统治方法也有了新变化。他们普遍推行以"高工资、高消费、高福利"为标志的福利主义政策;实行所谓"工人参加管理",鼓励"工人持股"等改良措施,剥削手段更加隐蔽,故意制造“劳资合作”的假象。(3)劳动群众的生活条件有了较大改善,阶级矛盾比较缓和,社会制度相对稳定。国内阶级结构也具有新的特点,无产阶级在资本主长期处于相对和平稳定时期,革命意识普遍淡化。(4)西方资本主义国家在处理同社会主义国家关系的战略和方式上发生了重大变化。在社会主义体系形成并不断壮大、和平与发展成为世界主题的形势下,发达资本主义国家加强同社会主义国家的对话,从以武力为主向以“和平演变”为主的战略转变。他们运用政治的、经济的、文化的手段。依仗其经济和科学技术等方面的优势,利用社会主义国家的暂时困难和改革开放之机,发动攻势使社会主义“和平演变”到资本主义。上述情况表明,战后资本主义国家出现的新变化。尽管没有改变其最终必然灭亡的命运,但其经济实力和综合国力都进一步增强了。经过几百年发展并至今仍有一定自我调节能力的世界资本主义体系,和尚处在初始阶段的社会主义相比,在许多方面具有很大的竞争力、影响力和优势。因此,我们说科学社会主义面临着现代资本主义的挑战。确实是一个极其严峻的现实。

第二,民主社会主义的挑战。民主社会主义是当代发达资本主义国家的社会民主党、社会党两党思想体系的总称。它既是一种思潮,又是一支重要的社会政治力量。自 1951 年社会党国际成立以来,民主社会主义有了很大发展。到 1986 年共有成员党 82 个,党员 2000 多万,选民 1.2 亿人,其中 28 个已先后参政或执政,从世界范围看,社会党不如共产党的力量大。但局部地区,特别是从西欧看,力量远远超过共产党,并不断向发展中国家扩展。

现代民主社会主义和第二国际有历史的渊源关系,实质上是第二国际机会主义的社会民主主义思潮的表现形式。尽管各国社会党对民主社会主义的解释有所不同,在不同国家、不同时期执行的政策有所不同。但就其思想体系和基本理论观点看,它同马克思主义的科学社会主义是有根本区别的。这些区别是:(1)指导思想和理论基础不同。它主张思想多元化,否定马克思主义的指导地位,宣称“马克思主义过时了”。强调在欧洲“民主社会主义植根于基督伦理思想，人道主义和古典哲学”。(2)奋斗目标不同。它自称政治上要建立“民主、自由、人道、公正的社会主义社会”，完全抛开阶级关系、阶级斗争。把抽象的理论原则看成是社会主义的基础，反对科学社会主义以共产主义为最终奋斗目标，声称“社会主义同共产主义没有共同之处”。(3)通向新社会的道路不同。它主张在资产阶级议会制民主国家的范围内通过合法的，渐进的改良来实行社会主义，反对马克思主义关于阶级斗争。无产阶级革命和打碎旧国家机器，建立无产阶级专政的理论。(4)要建立的社会政治制度不同。它主张用超阶级的民主、政治多元化、多党制、议会民主。三权分立来取代无产阶级专政的国家政治制度。攻击无产阶级专政是“独裁统治”和“极权主义”。(5)在经济上，它鼓吹混合经济，实行私有化和完全的市场经济，反对社会主义生产资料公有制的主体地位，认为马克思的“剥夺剥夺者”的思想已不再适用。(6)在组织上主张以社会民主党取代共产党。民主社会主义用超阶级的“全民党”否定党的工人阶级先锋队性质。反对以马克思主义作为指导思想和民主集中制原则。

由此可见，民主社会主义和科学社会主义是尖锐对立的。它绝不是什么值得探索的新的“社会主义模式”，而是一种反马克思主义的社会改良主义思潮；不是“社会主义＋民主”，而是“民主—社会主义”。由于它披着“民主的”和“社会主义的”外衣，用争取自由、平等、人权、正义和人道主义的口号装扮起来，鼓吹“第三条道路”是争取社会进步的“最佳选择”。因此，对广大群众有很大的欺骗性和迷惑力。更为严重的是，这种思潮和势力已在一些社会主义国家和共产党内部发展泛滥起来，成为帝国主义实施“和平演变”战略的重要工具。这种情况无疑是对科学社会主义的严重挑战。

第三，新科技革命的挑战。全世界从 20 世纪 50 年代以来，兴起了一场以微电子技术为中心，包括新能源技术、新材料技术、航天技术、海洋工程技术、生物工程技术等领域的新科技革命。即第三次科技革命。在当代，科学技术在经济增长中的作用越来越大。20 世纪初科技在经济增长中的比重只占 20％左右，到 80 年代，一些发达国家已占60%～80%。就是说,当今发达国家经济增长中,约3/4是靠科学技术来实现的。目前人类社会正面临着新科技革命全方位和加速大发展的新时期。据科学家们预测,到本世纪末下世纪初,科学技术在许多领域。特别是信息、生物工程和新材料三大技术方面。将出现新的重大突破,现有产业将陆续用高科技加以改造,科学技术的进一步发展,势必促使生产力以更快的速度向前发展,促使人类生产、生活、思维等各个领域产生难以预料的变化。新技术革命这种迅猛发展的趋势,对任何国家都是一种挑战,在这场竞赛中成绩如何,对各国的发展、地位和命运将产生极大地影响。科技的发展已成为今后世界范围内国力竞争的重心所在。为此,世界各国为争取战略主动,正在打一场面向21世纪的"科技仗、技术贸易仗"。都纷纷制订雄心勃勃的以开发新技术为中心的发展战略和长期计划。特别重视高科技发展规划。如西欧的"尤里卡计划",日本的"技术立国"政策,韩国的"国家长远发展构想",拉丁美洲"发展先进技术战略计划"等等。因此,在当今世界兴起的这场新科技革命面前,对经济、科技比较落后的社会主义国家来说,更是一个严峻的挑战。

第四,社会主义国家内部提出的挑战。随着社会主义在多国的存在和发展,特别考虑到改革开放以来的经验教训,在国内外错综复杂的新形势下,社会主义国家自身发展也遇到了严峻的挑战。首先,社会主义国家内部反共反社会主义敌对分子和势力的存在,资产阶级自由化思潮的滋长,构成了对社会主义的严重威胁。当然,在社会主义社会剥削阶级作为阶级消灭后。阶级斗争已不再是社会的主要矛盾。但由于国内外诸多原因,阶级斗争还将在一定范围内长期存在,在一定条件下还可能激化,甚至暂时可能成为社会的主要矛盾。过去搞阶级斗争扩大化显然是十分错误的,现在不承认阶级斗争的客观存在也是极其危险的。当前阶级斗争的中心仍然是国家政权问题。其次,社会主义国家存在着单一的传统模式与多国社会主义实践的矛盾,并且正处于新旧体制相互转换的困难时期。在这个相互交叉,错综复杂的过程中,由于执政党缺乏经验及指导思想和工作上的失误，出现了许多严重困难的问题。如经济建设急于求成。通货膨胀，分配不公、经济犯罪、腐败现象、忽视民主法制建设，对人民内部矛盾处理不当，引起群众不满等等。而国内外敌对势力又利用这些困难和问题。乘改革开放之机。极力宣扬资产阶级的腐朽思想和生活方式，企图把社会主义的改革开放引入歧途。最后，工人阶级执政党内部存在着“左”的和右的错误思想影响，右倾机会主义思潮在一些共产党内部抬头和泛滥，腐败分子的出现及腐败因素的滋长，对社会主义国家的巩固和发展造成了新的危险。我党历来非常重视反对错误思想倾向的问题，并主张有“左”反“左”，有右反右，实事求是，具体分析。一方面，由于现代资本主义长期处于相对稳定的发展时期，国际形势冷战趋向缓和，帝国主义战略发生重大变化。一些国家共产党领导集团在敌对势力压力和诱惑下，步步妥协退让，经不起资产阶级思潮的侵袭和腐蚀。又由于社会主义在前进中遇到了种种困难和严重挫折，在国际共产主义运动处于低潮的条件下，右倾机会主义思潮明显增长。这种思潮最大的错误就是抹杀国内国际阶级斗争，否定无产阶级专政和社会主义制度。在这种错误思想指导下，有些共产党不仅制定了背离马克思主义的路线、方针和政策。而且导致了党和国家性质的蜕变，造成社会动乱、民族分裂、社会主义阵地的丧失。当然，各国情况不同，应当独立判断、具体分析。最近，邓小平同志针对中国的实际情况，深刻指出：“现在，有右的东西影响我们，也有‘左’的东西影响我们，但根深蒂固的还是‘左’的东西。”“中国要警惕右，但主要是防止‘左’。”并且强调“右可以葬送社会主义，‘左’也可以葬送社会主义”。同时，社会主义国家的共产党由于处于执政地位，脱离群众的危险增大了。在改革开放和发展商品经济的条件下，由于多种因素的影响，党的腐败现象有所滋长。如果不坚决克服或任其蔓延，党就有走向自我毁灭的危险，从而使几十年来社会主义建设的伟大成果毁于一旦。这些惨痛的历史教训应该引以为戒。

二

挑战与困难既是一种压力，也是一种动力。面对当前复杂的形势，我们不仅需要保持清醒的头脑，正确认识来自各方面的挑战。而且更需要研究科学对策，满怀信心地迎接挑战。去夺取社会主义事业的新胜利。这是当代马克思主义者肩负的历史重任。

第一，认真学习和掌握马克思主义。提高全党和全国人民的理论水平，是迎接各种挑战的强大思想武器。

国际共产主义历史证明，马克思主义永远是工人阶级和劳动群众进行革命和建设的行动指南，是放之四海而皆准的普遍真理。一百余年来，无产阶级革命和民族解放运动的发展，以及它所带来的世界进步，都是同马克思主义的指导或影响分不开的。在今天，马克思主义并没有过时，它仍然是当今时代精神的精华，是变革旧世界建立新世界的强大思想武器。因此，我们必须十分重视马克思主义在无产阶级解放斗争中，特别是在社会主义社会中的地位和作用，它是人们坚定社会主义、共产主义信念的理论基础，是探索社会主义发展规律，指导社会主义建设和改革开放取得胜利的根本保证。目前，世界社会主义运动遭到重大挫折，加强马克思主义理论学习和研究，重点学好科学社会主义，更具有特别的重要性、紧迫性和深远的战略意义。社会主义的低潮，同时也是社会主义高潮到来之前的酝酿和准备时期。此间，各国无产阶级政党更需要以马克思主义理论为指导，对当前面临的许多重大理论和实践问题，进行深入探讨。如关于现时代和当今世界历史发展的大趋势问题；关于世界社会主义事业遭受严重挫折的教训问题；关于社会主义社会的本质特征及其发展规律问题；关于社会主义社会的根本任务是发展社会生产力及两个文明建设关系的问题；关于马克思主义普遍原理同各国具体实践相结合，建设有本国特色的社会主义问题；关于改革开放与社会主义的关系问题；关于现代资本主义出现的新变化及其发展规律问题；关于社会主义和资本主义的关系问题；关于马克思主义政党及工人阶级执政党自身建设的理论与实践问题;关于同各种错误思潮作斗争的问题等等。这些都需要科学社会主义理论工作者,从国际国内变化的实际出发,运用马克思主义的立场、观点和方法,在认真调查研究的基础上,给予科学的分析与回答。我国人民面对各种挑战和国内的繁重任务,更加需要努力学习和掌握马列主义、毛泽东思想的基本理论和建设有中国特色社会主义的理论、路线、方针和政策。最近,邓小平同志根据当前国内外形势,在认真总结社会主义建设经验的基础上,在我国社会主义发展的关键时期,站在时代的高度,就建设有中国特色社会主义理论的一系列重大问题,发表了极为重要的谈话,从而进一步丰富和发展了由他倡导的关于建设有中国特色的社会主义理论、路线、方针和原则。深入学习,全面贯彻落实谈话精神,不仅对当前我国改革开放和社会主义现代化建设具有十分重要的指导作用,而且对迎接各种挑战,促进世界社会主义运动的发展,具有重大而深远的意义。

第二,把发展社会生产力作为社会主义的根本任务,坚持以经济建设为中心,集中力量搞好现代化建设,大大增强经济实力和综合国力,是迎接各种挑战,增强社会主义凝聚力和吸引力的最根本的物质基础。

马克思主义最注重发展生产力,尤其在无产阶级夺取政权和社会主义制度建立以后更是如此。这不仅因为生产力是社会发展最根本,最伟大的动力,社会主义革命的目的就是解放生产力和发展生产力,不断提高人民的物质文化生活水平,而且因为社会主义社会的根本任务就是发展社会生产力。只有高度发达的生产力,才是巩固和发展社会主义制度,最终战胜资本主义。充分显示社会主义优越性的最根本的物质力量,特别是社会主义国家和发达资本主义国家在经济上还有较大差距,我们周边国家和地区经济发展较快的情况下,(1990、1991 和 1992 年,韩国经济增长率分别为 8.7%、7.5%和 6.8%;新加坡为 8.3%、5.9%和 6.5%;印尼为 7%、7%和 6.6%),更需要坚定不移地坚持以经济建设为中心,专心致志地实现现代化,抓住有利时机,加快经济发展速度。正如邓小平同志所说:“抓住时机,发展自己。关键是发展经济。”只有这样,才能使国家富强、人民幸福、社会安定,在各种激烈的竞争中,以强大的经济实力和雄厚的物质基础来增强社会主义社会的信仰度和凝聚力。为了加速我国的现代化建设,并力争使国民经济在扎扎实实、讲求效益。稳步协调发展的基础上,隔几年上一个台阶,必须依靠科技和教育。为此,要高度重视科学技术在生产发展和社会进步中的地位和作用,牢固树立科学技术是生产力,而且是第一生产力的马克思主义的基本观点。当今世界,科学技术正飞速发展并向现实生产力迅速转化,愈益成为现代生产力中最活跃的因素和最主要推动力量。我们面对的是一个充满矛盾和激烈竞争的世界。国际间的竞争,是综合国力的竞争,说到底是科技的竞争,人才的竞争,也是高科技的竞争,在科学技术上落后,就会被动挨打。对这个问题我们必须有足够的认识。要增强紧迫感、危机感,真正把“科学技术是第一生产力”落到实处,把“科技兴国”作为一项基本国策,并积极推动建立高新技术和高新技术产业的发展,尊重知识,尊重人才,自觉地把经济建设转到依靠科技进步和提高劳动者素质的轨道上来。

第三,只有搞好社会主义国家的改革开放。解放和发展生产力,才能不断完善和发展社会主义制度,使社会主义充满生机和活力,使其优越性得到充分发挥。

改革在社会主义国家已成为一种不可逆转的历史潮流。社会主义制度基本确立后,还要从根本上改变束缚生产力发展的经济体制,建立起充满生机与活力的社会主义经济体制,促进生产力的发展,因此说改革也是解放生产力。改革是社会主义制度的自我完善和发展,它是社会主义发展的重要动力。实践证明,改革是解放和发展生产力的必由之路。对外开放是实现社会主义现代化建设的必要条件。社会主义要赢得对资本主义的优势,就必须大胆吸收和借鉴人类社会创造的一切文明成果,吸收和借鉴当今世界各国。包括资本主义发达国家在内的一切反映现代社会化生产规律的先进经营方式、管理方法。我国的经验证明，在改革开放中必须坚持社会主义方向，同时也要抓住有利时机，加快改革开放步伐，集中力量把经济建设搞上去。最近邓小平同志基于对国外形势和社会主义发展规律的科学分析。提出了关于“革命是解放生产力，改革也是解放生产力”的观点；关于“改革开放胆子要大一些，看准了的，就大胆地试、大胆地干”。加快改革开放步伐的观点；关于判断姓“资”姓“社”应“主要看是否有利于发展社会主义社会的生产力，是否有利于增强社会主义国家的综合国力，是否有利于提高人民的生活水平”的观点；关于“计划多一点还是市场多一点，不是社会主义与资本主义的本质区别”“计划和市场都是经济手段”的观点；关于社会主义的本质“是解放生产力，发展生产力，消灭剥削，消除两极分化。最终达到共同富裕”的观点。这些重要理论观点，不仅加深了人们对社会主义本质的理解和对改革开放在社会主义建设中重要作用的认识，而且对于全面贯彻执行党的“一个中心，两个基本点”的基本路线，进一步解放思想，加快改革开放，促进国民经济的迅速发展，具有极其重大的意义。我们应当按照符合我国实际的这些马克思主义的观点。正确处理改革开放与社会主义的关系，逐步建立完善适应生产力发展，充满生机与活力的社会主义新体制。

第四，坚持马克思主义普遍原理同各国具体实践相结合的原则，努力探索走建设有本国特色的社会主义道路，是当代马克思主义者面临的重大课题。

马克思主义普遍原理同各国具体实践相结合，是马克思主义科学世界观的本质要求和基本原则之一。只有把二者结合起来，才能充分发挥先进理论的巨大作用并显示出无限的生命力。同时，马克思主义只有通过实践来检验、修正、补充，通过总结新鲜经验而不断发展。科学社会主义是行动中的马克思主义。它具有更鲜明的实践性。只有在建设社会主义共同规律和基本原则的指导下。根据本国国情和民族特点去探索自己的道路。掌握适合本国国情的社会主义特殊规律，才能达到最终目的。纵观中国共产党七十多年的历史，就是马克思主义与中国实际相结合的探求史。在这个结合过程中，创立和丰富了毛泽东思想。并且产生了两次历史性飞跃引导我们取得了民主革命、社会主义革命和建设的伟大胜利。特别是第二次飞跃产生了建设有中国特色的社会主义理论。找到了一条建设中国特色的社会主义道路。它是我党在新的历史条件下继承和发展毛泽东思想的卓越贡献，是建成富强、民主、文明的社会主义现代化国家的根本保证。当代社会主义运动的曲折历程表明，马克思主义的生命力就在于与各国具体实践相结合。任何国家社会主义革命与建设的成功和失败，前进与倒退，都取决于这个结合的好坏。因此，社会主义已由一国发展到多国的条件下，摆在各国马克思主义者的最大任务，就是在坚持马克思主义普遍原理和加深对本国国情认识的基础上。积极探索如何建设具有本国特色的社会主义。只有既坚持社会主义的本质特征和基本原则。又从本国国情出发，创造性地把二者结合起来，走自己的路，才能把本国的事情办好。

第五，加强共产党的自身建设。并使党真正成为领导全国人民进行社会主义建设事业的坚强核心，这是迎接各种挑战。指引我们沿着科学社会主义轨道胜利前进的关键和最可靠的保证。

坚持无产阶级先锋队即共产党的领导，是实现无产阶级历史使命的根本保证。革命时期是这样，建设时期也是这样。社会主义制度的建立、巩固和发展，都必须依靠共产党的领导来实现。这种领导地位是无产阶级革命运动和社会主义社会发展的客观要求，是党的性质和任务决定的。要加强党的自身建设，就必须始终保持工人阶级先锋队性质，必须坚持以马克思主义为指导思想，坚持全心全意为人民服务的根本宗旨，坚持民主集中制的组织原则和密切联系群众，批评与自我批评等优良作风。加强党的建设，对工人阶级执政党来说，更具有特别重大的意义。苏联、东欧国家剧变的教训说明，社会主义国家发生演变的主要危险，是在其内部，而执政党的演变则是发生和平演变的最主要危险。正如邓小平同志所说："中国要出问题，还是出在中国共产党内部。"这句话真正抓住了问题的要害。为此，我们必须坚持和改善党的领导,不断加强党的思想、政治、组织和作风建设。必须坚持马克思主义的思想路线、政治路线和组织路线。特别是要把思想建设放在首位。对全党尤其是高中级干部加强马克思主义基本理论和坚定共产主义信念的教育。我们党制定的"一个中心,两个基本点"的基本路线,是建设有中国特色社会主义理论与实践的精髓。只要坚持党的基本路线一百年不动摇,中国就大有希望。同时还要加强廉政建设。坚决反对腐败现象,切实纠正党内不正之风。始终保持党同人民群众的血肉联系。正确的政治路线要靠正确的组织路线来保证。因此,还必须加强组织建设,确保党和国家的领导权真正掌握在马克思主义者手里。只有这样,才能提高党的威信。增强党的战斗力,使党真正成为全国人民的坚强领导核心。

目前,社会主义在世界上遇到了各种严峻的挑战,我国的社会主义事业也正处于关键的发展时期。挑战与机遇同在。困难与希望并存。只要坚持以马克思主义的立场、观点和方法研究新情况,解决新问题。认清形势,坚定信念,善于吸取经验教训,更好地把科学社会主义理论创造性地运用于当代中国,坚定不移地走建设有中国特色的社会主义道路,坚定不移地贯彻执行党的基本路线,就一定能够战胜一切困难,开创社会主义建设的新局面,科学社会主义理论也必然会有新的更大发展,这是现时代的大趋势。

(原载《党校学报》1992 年第 3 期)

对社会主义社会本质、特征的再认识

社会主义社会的本质、特征理论，是科学社会主义极其重要的组成部分。当代社会主义正反两方面的经验表明，只有正确把握社会主义社会的共同本质和特征，正确看待社会主义制度的优越性，才能解决对社会主义最根本的和总体的认识问题，才能在社会主义一般发展规律的指导下，进一步研究适合本国国情的特殊发展规律。因此，坚持和发展马克思主义关于社会主义本质、特征的理论，对保证我国沿着科学社会主义轨道前进，具有十分重要的意义。

一、马克思、恩格斯关于社会主义社会的预见和设想

当今世界，否定马克思主义的社会主义学说成为一种思潮。有人认为，马克思的社会主义学说是“乌托邦”；有人则用教条主义的态度生搬硬套，或把“经典社会主义”和“现实社会主义”对立起来。这些观点和做法不仅没有科学根据，而且也必然给社会主义事业带来损失。因此，认真研究和正确对待马克思、恩格斯关于共产主义第一阶段的论述，仍然是一个具有现实意义的重要问题。

马克思、恩格斯对未来新社会的预见和设想，是科学社会主义理论的重要内容。1843 年 11 月，恩格斯在《大陆上社会改革运动的进展》一文中，首次使用“共产主义制度”一词；其后，恩格斯在《爱北斐特的演说》和马克思、恩格斯在《德意志意识形态》一书中，都明确提出了“共产主义社会”的科学概念；19 世纪 70 年代之前，他们一直把代替资本主义的未来新社会，称为“共产主义社会”或“自由人联合体”；70 年代以后，开始用“社会主义社会”或“社会主义制度”的提

法，但察其内容，一般仍把“社会主义社会”与“共产主义社会”当作同义语使用；只是到了1875年，马克思在《哥达纲领批判》这部名著中，才第一次明确地把共产主义社会划分为第一阶段和高级阶段，分析了两者的联系和区别，并对共产主义第一阶段的特征作了比较集中的描述。应当指出，在马克思、恩格斯的著作中论述较多的是共产主义社会形态的一般特征，而对它的第一阶段，即社会主义社会特征的论述则较少。概括起来，主要有下列几点：

第一，高度发达的社会生产力是新社会的物质前提。科学社会主义创始人认为，未来新社会是比资本主义更高的社会形态。它是在资本主义发展起来的社会化大生产基础上建立起来的。他们早在《德意志意识形态》一书中就指出，实现共产主义必须以生产力的巨大增长和高度发展为前提，并告诫：“如果没有这种发展，那就只会有贫穷的普遍化；而在极端贫困的情况下，就必须重新开始争取必需品的斗争，也就是说，全部陈腐的东西又要死灰复燃。”[①]这里不仅把高度发达的生产力当作社会主义社会的本质要求和根本前提，而且把生产力的充分发展视为铲除旧社会遗留下来的全部陈腐东西的物质基础。

第二，生产资料归全社会直接占有。马克思在《1844年经济学哲学手稿》中已提出“共产主义是私有财产即人的自我异化的积极的扬弃”的重要观点[②]；认识到共产主义是作为对以私有制为基础的资本主义所有制的否定。《共产党宣言》明确指出：“共产党人可以用一句话把自己的理论概括起来：消灭私有制。”马克思、恩格斯在《哥达纲领批判》和《反杜林论》等著作中，都把废除私有制、实行单一的社会所有制看作是共产主义第一阶段的基本特征。生产资料归全社会占有后，不存在任何集团或私人的占有形式，劳动者与生产资料直接结合，不需要通过中介环节。

第三，个人消费品实行按劳分配原则。马克思在《政治经济学批

① 《马克思恩格斯选集》第1卷，人民出版社1972年版，第39页。

② 《马克思恩格斯全集》第42卷，人民出版社1979年版，第120页。

判》手稿中,对按劳分配思想作了最初表述。1867年出版的《资本论》第一卷,对社会主义社会的按劳分配问题进行了详细探讨。不久,《哥达纲领批判》问世。随着共产主义两个发展阶段理论的形成,马克思对共产主义第一阶段的分配原理又作了比较完整的阐述,标志着马克思主义按劳分配理论的确立。他说:"每一个生产者,在作了各项扣除之后,从社会方面正好领回他所给予社会的一切……他以一种形式给予社会的劳动量,又以另一种形式全部领回来。"[①]实际上,这就是按"等量劳动领取等量产品"的原则分配,并设想以"劳动券"或"证书"等作为按劳分配的形式。尽管这种设想是在产品经济条件下实现的,但从总体上还是科学地揭示了共产主义第一阶段的分配规律。

第四,根据社会需要有计划地调节生产。恩格斯明确指出在一个生产资料社会占有的社会里,"社会生产内部的无政府状态将为有计划的自觉的组织所代替"[②]。马克思、恩格斯当时认为,只有建立在高度发达的生产力基础上的生产资料社会占有制,解决了资本主义基本矛盾之后,才能为这一理论提供必要的前提条件和基础。同时,按照全社会和每个成员的需要对生产进行有计划的调节,也是社会化大生产的客观要求。

第五,没有商品生产和货币交换。马克思说:"在一个集体的、以共同占有生产资料为基础的社会里,生产者并不交换自己的产品;耗费在产品生产上的劳动,在这里也不表现为这些产品的价值……"[③]恩格斯也指出:"一旦社会占有了生产资料,商品生产就将被消除。"[④]这一特征和社会主义社会的其他特征有着不可分割的联系。

第六,消灭了阶级和阶级差别,国家已失去其政治性质。马克

① 《马克思恩格斯选集》第3卷,人民出版社1972年版,第10～11页。

② 《马克思恩格斯选集》第3卷,人民出版社1972年版,第323页。

③ 《马克思恩格斯选集》第3卷,人民出版社1972年版,第10页。

④ 《马克思恩格斯选集》第3卷,人民出版社1972年版,第323页。

思、恩格斯设想的社会主义社会是一个无阶级对立和阶级差别的社会。那时“消灭了一切阶级差别和阶级对立,也消灭了作为国家的国家”[①]。随着生产力的高度发展和阶级的消灭,国家将失去其政治性质,逐步自行消亡。

第七,人将获得自由而全面的发展。在生产力高度发展的基础上,实现人的自由而全面的发展,这是人类所追求的根本目标,也是社会主义社会的本质要求。马克思认为,未来新社会是“在保证社会劳动生产力极高度发展的同时又保证人类最全面的发展的这样一种经济形态”[②]。这同《共产党宣言》中所说的“代替那存在着阶级和阶级对立的资产阶级旧社会的,将是这样一个联合体,在那里,每个人的自由发展是一切人的自由发展的条件”的思想完全一致。因为,人是社会发展的主体,社会主义社会应是全面协调发展的社会。那时,不仅有高度发达的生产力,而且要造就具有高度科学文化和道德品质的共产主义一代新人。

马克思、恩格斯对未来新社会的预见和设想始终坚持严肃的科学态度。他们根据辩证唯物主义和历史唯物主义原理,在深入研究人类社会发展规律,特别是资本主义社会发展规律的基础上,在批判旧社会中,发现新世界。马克思说:“新思潮的优点就恰恰在于我们不想教条式地预料未来,而只是希望在批判旧世界中发现新世界。”[③]恩格斯指出:“我们对未来非资本主义社会区别于现代社会的特征的看法,是从历史事实和发展过程中得出的确切结论;脱离这些事实和过程,就没有任何理论价值和实际价值。”[④]由此看来,这些设想,是从客观事实出发,而不是从抽象的观念出发;是为我们认识社会主义社会奠定科学基础,而不是对未来新社会的具体规定。他们

① 《马克思恩格斯选集》第3卷,人民出版社1972年版,第438页。
② 《马克思恩格斯全集》第19卷,人民出版社1960年版,第130页。
③ 《马克思恩格斯全集》第1卷,人民出版社1956年版,第416页。
④ 《马克思恩格斯全集》第36卷,人民出版社1975年版,第419~420页。

历来反对任何空想，反对把自己的理论看成固定不变的教条。我们必须以科学的态度来对待。既要看到他们的设想所阐明的一些基本原理，至今仍然是正确的，并指导无产阶级和劳动人民取得了一系列胜利，又要看到它是属于一定历史条件下的认识成果，应在实践中不断得到补充和发展，而不能用教条主义态度照抄照搬。

怎样认识马克思、恩格斯科学预见的社会主义与现实社会主义形成的巨大反差？对此，应作实事求是的客观分析。

(1)两种社会主义所赖以建立的物质基础不同。马克思、恩格斯的设想是以较发达资本主义条件下社会化大生产和商品经济的充分发展为前提的；现实社会主义都是在生产力不发达，商品经济发展很不充分的条件下建立的。

(2)革命进程不同。他们设想的社会主义革命，将首先在一些主要发达资本主义国家同时胜利，现实社会主义国家则是在一国或少数国家先于发达资本主义国家走上社会主义道路，两者历史起点不同。

(3)所处的发展阶段不同。前者是在资本主义发展成熟走向衰亡的条件下实现的，是一种成熟的发达的社会主义，在各方面都高于资本主义。后者则在资本主义尚不发达，甚至在半殖民地半封建社会的基础上建立起来的。是一种不成熟不发达的社会主义。

(4)所处的国际环境不同。照马克思看来，社会主义革命是世界性的革命。这种革命首先在一些主要发达资本主义国家成功，即在它的心脏地区取得胜利，外部已不存在资本主义国家的威胁。现实社会主义则与此不同。它不是在心脏而是在四肢末梢，而且在许多方面社会主义仍处于劣势的国际大背景下。因此，马克思、恩格斯预想的社会主义和现实社会主义之间应是继承、坚持和发展的关系，决不能把两者对立起来。既不可借口两者不同，否定马克思的社会主义学说，也不可利用两者的反差否定现实社会主义存在的合理性。

二、在实践中不断深化对社会主义社会的本质、特征的认识

十月革命前，列宁对社会主义社会的看法和马克思、恩格斯的看法基本上是一致的。十月革命后，他把实践的作用和意义放到了突出地位，特别强调从实际出发来研究社会主义问题。他强调：现在一切都在于实践，现在已经到了这样一个历史关头，理论在变为实践，理论由实践赋予活力，由实践来修正，由实践来检验。列宁正是在新的历史条件下，从俄国的具体实际出发，在总结七年建设社会主义实践经验的基础上，进一步丰富和发展了马克思、恩格斯关于社会主义社会的理论。列宁曾两次谈到社会主义的实质问题，但从总体上说，他同马克思、恩格斯一样，是通过论述社会主义的特征来揭示社会主义本质的。第一，更加明确指出，生产资料公有制和按劳分配是社会主义社会的两个重要特征。他说："人类从资本主义只能直接过渡到社会主义，即过渡到生产资料公有制和按劳分配。"[①]第二，从俄国经济不发达的实际情况出发，提出了社会主义两种所有制的思想，这是对马克思、恩格斯预想的一个重大突破。他认为，在生产资料公有制的条件下，"文明的合作社工作者的制度就是社会主义制度"[②]，单是合作制的发展就等于社会主义的发展。第三，提出"共产主义就是苏维埃政权加全国电气化"的著名公式，强调社会主义要创造出比资本主义更高的劳动生产率。这段话不仅把高度发达的生产力看作是社会主义的本质要求，而且把工人阶级和劳动人民政权及其民主制度也当作社会主义社会的重要特征和根本保证。第四，阐明建设社会主义必须大力提高教育科学文化水平，加强共产主义思想、道德和纪律方面的教育。他深刻指出："在一个文盲的国家内是不能建成共产主义社会的。"[③]在谈到文化革命的意义时指出："只要实现了这个文

① 《列宁选集》第 3 卷，人民出版社 1972 年版，第 62 页。

② 《列宁选集》第 4 卷，人民出版社 1972 年版，第 684 页。

③ 《列宁选集》第 4 卷，人民出版社 1972 年版，第 357 页。

化革命,我们的国家就能成为完全的社会主义国家了。”[①]这里讲的“文化革命”是广义的,它包括物质和精神文化两方面,两者不可偏废。同时,列宁还把培养、造就共产主义一代新人看作是建设社会主义的一项根本任务。

斯大林在领导苏联人民进行社会主义建设的过程中,尽管犯过一些严重错误,但对社会主义社会的认识仍然作出了自己的贡献。第一,他提出两种公有制在国民经济中占优势,消灭剥削阶级和剥削制度,是进入社会主义时期和基本上实现社会主义重要标志的新看法。第二,首次明确指出,社会主义社会存在着全民所有制和集体所有制两种公有形式,因此,必须保存商品生产和利用价值规律。第三,从当时苏联国内外实际情况出发,认为过渡时期结束,无产阶级专政仍需要坚持,社会主义国家还不能消亡。

第二次世界大战后,各社会主义国家的工人阶级执政党根据本国情况和其他社会主义国家的经验教训,对这个问题又进行了新的研究与概括,走过了坎坷不平的道路,并付出了巨大的代价。例如,以毛泽东为代表的中国共产党人在领导中国人民进行社会主义革命和建设的实践中,对社会主义本质与特征的认识,虽然在逐步深化,但未能冲破“左”倾思想的束缚。直到党的十一届三中全会,以邓小平为代表的中国共产党人才在重新确立的马克思主义思想路线的指引下,以极大的理论勇气,加强了对这个问题的研究和深刻反思,并取得了突破性进展。1982 年党的十二大报告,第一次对社会主义社会的基本特征作了比较系统全面的科学概括。比如,生产资料公有制和剥削制度的消灭,按劳分配,工人阶级和劳动人民的政权,高度发达的生产力和比资本主义更高的劳动生产率是社会主义社会的本质要求和最终结果,社会主义精神文明等等。当时的提法虽然也受到历史条件的限制,但毕竟从经济、政治、思想文化诸方面揭示了社会主义社会的基本特征。其中,明确把社会主义精神文明作为社会

① 《列宁选集》第 4 卷,人民出版社 1960 年版,第 687～688 页。

主义的重要特征，这在马克思主义发展史上还是首次。同时，把生产力问题突出出来，对破除长期忽视生产力特征的传统观念。以及对经济落后国家建设社会主义都具有特别重大的意义。1992年初，邓小平视察南方谈话，在他多次从不同的角度论述社会主义本质的基础上，深入研究当代社会主义实践经验教训之后，从更高的层次上对社会主义本质作了最新的科学概括。即"社会主义的本质，是解放生产力，发展生产力，消灭剥削、消除两极分化，最终达到共同富裕"[①]。这一概括，是对马列主义关于社会主义本质理论的一个重要突破，是对科学社会主义的新发展。第一，是从新的角度对社会主义本质作出的全面的科学概括。它包括两个基本方面，即社会主义的根本任务是解放生产力、发展生产力；社会主义的根本目标是消灭剥削、消除两极分化。最终达到共同富裕。二者不可分割，互为条件，互为前提。其核心内容是发展生产力和共同富裕。既体现了生产力与生产关系的统一，又体现了根本任务与根本目标的统一。特别把解放和发展生产力提到社会主义本质的高度并列为首位，是对马克思主义的坚持和发展，从而破除了长期忽视和脱离生产力来谈论社会主义本质和特征的传统观念。第二，从最根本、最实质的深层上回答了"什么是社会主义"以及"如何建设社会主义"，这些社会主义建设实践中必须解决的重大问题，标志着我党对社会主义认识发展的新阶段。要建设社会主义，必须首先搞清什么是社会主义，即社会主义的本质是什么。邓小平和党的十四大报告关于社会主义本质的论断，就是对这个问题的科学回答。解决"什么是社会主义"的认识问题，是解决"如何建设社会主义"的前提。建设有中国特色社会主义的理论和党的十一届三中全会以来的路线、方针和政策，都贯穿着邓小平关于社会主义本质的思想。它是建设有中国特色社会主义的理论基础。第三，把社会主义本质和特征作了适当区分，也是对社会主义认识的进一步深化。过去，我们在回答什么是社会主义的时候，往往以

---

① 《邓小平文选》第3卷，人民出版社1993年版，第373页。

社会主义的“本质特征”来揭示它的规定性，没有把二者看作是相互联系而又有所区别的范畴。

三、正确认识社会主义社会的本质、特征

科学地认识社会主义的本质，是坚持社会主义和搞好社会主义建设的首要前提。但是长期以来，对这个问题的认识并不是完全清醒的，而且往往把二者混为一谈，或直接用特征代替本质，导致对社会主义本质认识的偏颇。辩证唯物主义认为，本质是事物的根本性质，是事物内在质的规定性。特征则是一事物区别于他事物的显著特点和标志，是事物本质在各方面的具体体现。社会主义的本质就是社会主义本身所固有的质的规定性。社会主义的特征是反映社会主义本质的显著特点和区别于其他社会形态的重要标志。它们之间既有联系又有区别。社会主义的本质是社会主义特征的根据，本质决定特征，并通过特征表现出自己的存在。社会主义的特征，则反映社会主义的本质。二者的区别在于；社会主义的本质是对社会主义性质的最高层次的理论概括。社会主义的特征。则是从不同侧面体现社会主义的本质。因此，反映社会主义本质的诸特征是外在的、显露的、具体的；而社会主义的本质则是内在的、隐蔽的、深刻的，只有通过抽象思维才能把握。可见，社会主义本质作为社会主义社会内在的质的规定性，既反映了社会主义社会仍要遵循人类社会发展规律的一般属性，又反映社会主义社会区别于其他社会的特殊属性，因而，为从根本上划清社会主义与资本主义及其他非社会主义的界限提供了依据和标准。

正确认识社会主义社会的特征，是马克思主义关于社会主义基本理论的重要内容。它不仅能帮助人们揭示社会主义社会的质的规定性，进一步回答什么是社会主义社会，而且对弄清我国现阶段的社会性质，以及社会主义同资本主义社会的根本区别，坚持社会主义方向，具有重要的理论意义和实践意义。

然而，在当代社会主义实践中，人们对社会主义特征的看法并不

一致。为了科学地确定社会主义社会的基本特征。应注意解决下列问题。

第一，要从实际出发，坚持理论和实践相结合的原则，用发展的观点和创造的观点，对待革命导师关于社会主义特征的论述。这里既需要深刻领会马列主义经典作家关于社会主义本质、特征论述的基本精神，又不能把它当作固定不变的社会主义模式和绝对标准；更需要从当代社会主义的实际出发，认真研究现实社会主义社会的发展规律，不断总结经验，根据新的实践得出新的结论。

第二，把握判定社会主义社会性质的主要依据，是正确认识社会主义社会基本特征的关键所在。马克思主义认为，一个社会形态的性质，是由该社会占统治地位的生产关系的总和来确定的。马克思说："生产关系总合起来就构成为所谓社会关系，构成为所谓社会，并且是构成为一个处于一定历史发展阶段上的社会，具有独特的特征的社会。"①由于生产资料所有制是生产关系的基础，因此，建立在社会化大生产基础上的生产资料公有制，在整个社会中占主导地位和优势，就成为社会主义社会的根本标志。

第三，坚持生产力与生产关系，经济基础与上层建筑有机统一的原则，来考察社会主义社会的特征。因为，任何一种社会形态，都是生产力与生产关系，经济基础与上层建筑的统一体，否则这个社会是不完全的。社会主义社会也不例外。

第四，正确理解社会主义本质、特征的关系以及基本特征的含义，是弄清社会主义社会基本特征的必要条件之一。社会主义社会的特征由社会主义的本质所决定，本质又寓于特征之中，通过特征反映出来。因此，特征不能离开本质，而且必须反映社会主义本质要求并为其服务。社会主义社会的基本特征，是指反映社会主义本质的最根本、最主要的特点，也是它区别于其他社会的基本标志，集中体现了社会主义的本质要求和质的规定性。这些特征所反映的是对社

① 《马克思恩格斯选集》第1卷，人民出版社1972年版，第363页。

会主义社会性质直接起作用的共同的本质的东西，而不是那些非本质的、偶然的、特殊的东西。

由于社会主义制度建立不久，经验积累不够，社会主义发展仍在初级阶段，要想准确地揭示它的基本特征，并不是件容易的事。根据科学社会主义理论和当代社会主义实践经验，对社会主义社会的基本特征可作如下概括：

第一，实行生产资料公有制，消灭剥削制度。建立在社会化大生产基础上的生产资料公有制，取代资本主义私有制，是社会主义社会一个最重要最基本的特征，是同资本主义制度具有决定意义的区别。因为，生产资料公有制，是社会主义生产关系的基础，社会制度的性质是由占统治地位的生产关系决定的。恩格斯强调："它同现存制度的具有决定意义的差别当然在于，在实行全部生产资料公有制(先是单个国家实行)的基础上组织生产。"[①]长期以来，社会主义国家普遍存在的一个严重教训，就是把社会主义社会看成是纯粹公有制的社会。而且认为，公有制的规模和程度越大越公越好，脱离了生产力发展水平和人民群众的觉悟程度，严重地束缚了生产力的发展。实践证明，无论自然界或社会中，"纯粹的"东西都是没有，也不可能有的。在经济文化落后的国家建设社会主义更是如此。社会主义公有制的实现形式不仅具有多样性，而且应该坚持以生产资料社会主义公有制为主体，并允许和鼓励其他经济成分的适当发展。在我国社会主义初级阶段，由于生产力不发达又很不平衡，坚持这种所有制结构取得了明显效果。既解放和发展了生产力，又促进了社会主义事业的蓬勃发展，不会影响我国现阶段的社会性质。当然，在不同的国家和不同的发展阶段，所有制结构及其具体形式也会有所不同。但决不能动摇公有制经济的主体地位。

第二，在消费品分配方面，实行按劳分配原则。按劳分配是指每个劳动者按劳动的数量和质量分配个人消费品的原则与制度。它是

① 《马克思恩格斯全集》第37卷，人民出版社1971年版，第443页。

社会主义生产关系的一个重要方面，是社会主义社会的基本特征之一。它的实现，是对建立在私有制基础上人剥削人分配制度的根本否定，既反映出与资本主义社会的本质区别，又是不同于共产主义社会的一个重要标志。按劳分配要求，每个有劳动能力的公民，都应尽自己的能力为社会工作，按其劳动的数量与质量计算报酬，分配消费品，多劳多得，少劳少得，不劳动者不得食。实践证明，与公有制一样，对按劳分配也不能简单化理解。它的实现及其完善程度必然受到社会经济文化发展的制约。在社会主义初级阶段，由于生产力发展水平不高和以公有制为主体的多种经济成分的存在，所以要实行以按劳分配为主体其他分配形式为补充的分配制度。其中，包括某些非按劳分配因素和某种程度的按资分配因素。根据社会经济发展规律和社会主义本质要求，在实行按劳分配的过程中，要允许和鼓励一部分人、部分地区通过诚实劳动和合法经营先富起来，其目的是为了达到共同富裕。既要反对平均主义、吃"大锅饭"，又要避免过分悬殊和两极分化。切实注意解决分配不公的问题。当前，在我国社会主义初级阶段，在社会主义市场经济条件下，如何坚持以按劳分配为主体和处理好与其他分配形式的关系，是需要认真探讨的重大课题。

第三，高度发达的生产力和比资本主义更高的劳动生产率，是社会主义社会的本质要求和最终结果。唯物史观认为，物质资料的生产是人类社会赖以存在的前提和基础，生产力是一切社会发展的最终决定力量。虽然，我们认为判断一个社会性质，主要看生产关系，但并不是说，只把生产关系作为划分不同社会制度的标准，忽视生产力对确定一个社会性质的重要作用。马克思指出："手推磨产生的是封建主为首的社会，蒸汽磨产生的是工业资本家为首的社会。"①列宁也说过，蒸汽时代是资产阶级时代，电的时代是社会主义的时代。问题很清楚，按照马克思主义的观点，高度发达的生产力和比资本主义更高的劳动生产率，对于社会主义具有物质前提和基础的意义。

① 《马克思恩格斯选集》第1卷，人民出版社1972年版，第108页。

生产力发展状况，也是判断一个社会性质的重要标志。社会主义是资本主义发展的必然结果，社会主义社会是比资本主义更高更先进的社会制度，它的社会生产力应该高于资本主义条件下的生产力，这是题中应有之义。尽管在社会主义初级阶段，这一特征还不能完全实现，但却是将来必须要达到的。它作为社会主义发展的必然要求和最终结果提出来，对原来经济文化落后国家建设社会主义具有特别重大的意义。因此，为了更好地巩固和发展社会主义，必须毫不动摇地坚持以经济建设为中心。一切有利于生产力发展的东西，都是社会主义所要求的，或者是社会主义所允许的；一切不利于生产力发展的东西，都是违背科学社会主义的。

第四，工人阶级和劳动人民掌握政权，建立社会主义民主的政治制度。社会主义不仅要建立和完善自己的经济制度。而且应建立和完善与之相适应的政治制度。工人阶级和劳动人民的政权，就是无产阶级领导的人民当家做主的国家政权，亦即在当今世界上存在的无产阶级专政或人民民主专政的国家政权。国家政权问题是上层建筑的核心部分，仍然是社会主义社会的根本问题。当代社会主义运动的实践证明，巩固工人阶级和劳动人民的政权问题并没有真正解决，搞得不好，政权仍然有丢失的可能。社会主义社会的政治制度最本质的特征，就是人民当家做主。无产阶级领导并团结广大人民群众推翻资产阶级统治，用无产阶级专政或人民民主专政取而代之，在人民内部实行民主，对极少数敌对势力实行专政。这就意味着从根本上建立了人民当家做主的无产阶级民主制。没有民主，就没有社会主义；没有社会主义民主的社会，也绝不是社会主义社会。因此，我们党的十三大首次明确提出社会主义民主政治也是社会主义重要特征的理论观点。这比党的十二大关于工人阶级和劳动人民政权的提法又向前迈进了一步。

第五，以马克思主义为指导的社会主义意识形态占主导地位，建设社会主义精神文明。这是社会主义社会在思想文化和社会精神生活方面的重要特征。任何一个社会形态都是一定的经济、政治和思想文化的统一体。社会主义社会作为人类社会发展史上先进的社会形态,当然也不会例外。社会主义社会的先进性,不仅表现在能够创造高度发达的生产力,使社会成员享有丰足的物质生活,而且也要享有丰富高尚的精神生活。在继承和发展人类所创造的一切优秀文化成果的基础上,建设高度的社会主义精神文明。物质文明建设和精神文明建设互为条件、相互促进、协调发展是社会主义的本质要求。马克思主义作为工人阶级的科学世界观和全人类精神文明的伟大成果,是社会主义意识形态的最重要的组成部分。因此,社会主义社会必须确立马克思主义在意识形态领域的指导地位。社会主义精神文明建设坚持以马克思主义为指导,是社会主义本质的重要表现,也是社会主义发展的客观需要。

以上从经济、政治、思想文化方面概述了社会主义社会的基本特征。它们之间相互联系不可分割,构成了社会主义社会是一个全面协调发展的社会。它集中体现了社会主义社会的质的规定性,具有普遍真理的性质。这既是区别于资本主义社会的主要标志,也反映出与共产主义社会的不同。只要基本上具备这五个特征,就可以称为社会主义社会。作为实体形态的社会主义是一个多层次的体系,是由本质.特征、体制(模式)构成的一个有机统一体。这三个层次,从不同的角度来回答什么是社会主义以及怎样建设社会主义的问题。尽管社会主义本质、特征的实现需要一个相当长的历史过程。而且在不同的国家和不同的发展阶段其实现形式与程度会有所不同,人们对社会主义本质、特征的认识也有一个不断扩展和逐步深化的过程,但是,我们仍然认为,坚持和发展这些本质、特征,并且创造性地运用于本国实际,就是坚持和发展科学社会主义,就是坚持了社会主义方向,并能使社会主义制度的优越性从根本上得到发挥。否定这些本质、特征就是否定了社会主义。

(原载赵明义主编《科学社会主义》[新版本],山东大学出版社1996年5月版)

怎样认识社会主义制度的优越性

一、社会主义制度从本质上优越于资本主义制度

社会主义制度究竟有没有优越性和生命力，这是科学社会主义研究中的一个重大理论问题和实践问题。目前，在社会主义运动处于低潮和社会主义初级阶段的大背景下，要想很好地回答这个问题，既有较大的难度，又是不能回避的热点。正确认识优越性，是坚定社会主义信念的思想基础，也直接关系到社会主义的前途与命运。我们思考和研究这个问题时，一定要从实际出发，既要讲社会主义取得的伟大成就，又要承认遇到的困难和存在的差距；既讲社会主义的发展，又讲社会主义发展中的曲折。特别应着重从世界观和方法论的角度解决更深层的问题。因为，即使属于历史事实，也有人视而不见，或得出不同的结论。社会主义优越性的基本含义，是指社会主义社会的基本制度比以往任何社会制度远为先进的本性，它表现在社会的经济、政治和精神生活等各个领域。根据上述精神，怎样才能科学地看待这个问题呢？我们认为，应从以下几个方面思考问题。

第一，从人类社会发展规律和历史发展的必然趋势上看社会主义的优越性。这里首先要从理论上，用马克思主义关于人类社会历史发展客观规律的知识武装头脑。认清社会主义经历一个长期发展过程后，必然代替资本主义，这是社会历史发展不可逆转的总趋势。但道路是曲折的，坚信新生事物一定优胜于旧事物，并能最终取而代之。社会主义作为一种新生事物，虽然在其开始阶段较弱小，但却比逐步走向衰落的资本主义旧事物有更大的生命力，更有发展前途。

社会发展史证明，任何一种新生的社会制度，在其成长壮大的过程中都要经历曲折和反复，才能取得最后的胜利。封建社会代替奴隶社会，资本主义社会代替封建社会都是如此，社会主义代替资本主义社会更不会例外。这是新生事物成长的规律，也符合人类社会发展的规律。

第二，从评价社会制度是否优越的根本标准看社会主义的优越性。按照科学社会主义观点衡量一种社会制度是否优越的根本标准，并不在于现有生产力水平和人民生活水平的高低，而是看在这种社会制度下，生产力能否得到更快的发展。因此，看一个社会的生产关系是否先进，社会制度是否优越，最根本的就是要看它是否更有利于解放和发展生产力，使广大人民群众更快地走向共同富裕。邓小平强调指出，社会主义制度优越性的根本表现，就是能够允许社会生产力以旧社会所没有的速度迅速发展，使人民不断增长的物质文化生活需要能够逐步得到满足。又说："社会主义的优越性归根到底要体现在它的生产力比资本主义发展得更快一些，更高一些。"[①]现在我国生产力还比较落后，人民生活水平不高，与发达资本主义国家相比尚有较大差距，这是历史事实。但是，决不能由此得出社会主义不如资本主义的结论。因为经济、文化、生活水平方面的差距，同社会制度的优劣，并不完全是一回事。一个国家的经济文化和生活状况，是由多种因素造成的。社会制度只是一种因素。此外，还受环境、人口、资源、历史、文化等各种条件的制约。例如，中国一百多年经济文化落后，主要是由新中国成立前帝国主义、封建主义和官僚资本主义长期剥削、压迫的结果。新中国是刚刚从半殖民地半封建社会经济十分落后的基础上建立起来的，其他社会主义国家也大都起步晚，基础差。如果把它归罪于社会主义制度，那是很不公平的。我们应当历史地全面地看待我国生产力落后于发达资本主义国家的原因。

第三，从社会主义的本质、特征和根本制度来看它的优越性。社

① 《邓小平文选》第3卷，人民出版社1993年版，第63页。

会主义社会的优越性,是由社会主义的本质和特征决定的,同时,这些本质、特征又是社会主义制度优越性的根本内容和集中表现。邓小平关于社会主义本质的科学论断,就是从更深的层次上揭示了社会主义制度优越性的。社会主义根本制度是指规定社会主义的总准则和总方向的基本的经济、政治制度。它集中反映社会主义社会的本质、特征并贯穿社会主义社会的始终,具有相对稳定性。具体制度是指运用根本制度的原则制定的各项带有操作性的制度,它是根本制度的具体体现和表现形式,并服务于根本制度。它的制定受历史的发展和许多主客观条件的限制,因而不可能在很短的时间内尽善尽美。我们说的社会主义优越性,就是指体现本质和基本特征的社会主义根本制度或基本制度的优越性。它主要表现在,以公有制为主体的社会主义经济制度比以私有制为基础的资本主义剥削制度好;以按劳分配为主体、消除两极分化走共同富裕之路比按资分配走两极分化之路的分配制度好;工人阶级和劳动人民掌握政权,实行人民当家做主的民主政治制度比少数剥削阶级掌握政权的资产阶级专政制度好;以马克思主义为指导的社会主义意识形态比以利己主义为核心的资产阶级意识形态好;实行民族平等和民族团结比实行民族歧视和民族压迫的资产阶级民主制度好;坚持独立自主的和平外交政策和原则比资本帝国主义国家搞对外侵略,实行霸权主义和强权政治好。当然,我们说社会主义根本制度是好的,而不是说现行的一切具体制度和体制没有任何弊端。

第四,从可能性和现实性的角度研究社会主义优越性。辩证唯物主义认为,社会主义制度的建立,仅仅是为其优越性的发挥提供了一种客观可能性。这种可能性不管人们认识和利用的程度如何,它都客观存在,并贯穿于社会主义社会的经济、政治、思想文化诸方面。但是,社会主义优越性的实现绝不是自发的。它在实践中能否真正发挥出来,能否由可能变成现实,还需要通过人们的主观能动性的发挥和几代人的艰苦奋斗、辛勤劳动。也就是说,社会主义优越性的发挥是一个长期过程。它体现在历史规律与主观能动性、必然与偶然、可能与现实的辩证统一之中。按照事物发展的规律，一个事物有无优越性，取决于它的本质。但一个事物的优越性能否发挥出来，则取决于该事物本身的完善程度和其他客观条件。社会主义社会同样如此。它的优越性固然由它的本质及其特征所决定，但这种优越性能否得到充分发挥，就取决于这个制度本身的完善程度和人们对社会主义制度发展规律的认识、掌握、运用的情况。在这里，人的主观因素起着非常重要的作用。其中，领导的科学决策和人民群众的积极参与、主动性和首创精神的充分发挥是一个极其重要的因素。由此看来，社会主义有没有优越性，和有优越性能否能得到充分发挥，二者虽联系紧密，但这毕竟是两个问题，不能混为一谈。

第五，要用科学的比较方法研究社会主义优越性。社会主义优越性是与资本主义制度相比较而言的。比较的方法是研究社会主义优越性最常用的方法，但比较要有正确的比较观，把握其科学性。否则，即使用比较的方法也难以得出正确的结论。为此，应注意下列几点：

(1)要在可比性的基础上进行比较。可比性大致有：共同对象的比较——两种经济基础和上层建筑在本质及其特征上比；共同指标的比较——如经济发展速度等；国情大体相当的不同类型国家的比较——如中国和印度。不可比因素有：起跑线不同，不能直接比。如几十年的中国社会主义初级阶段与经过300多年历史演进的发达资本主义阶段之间的当前结果无法比较。不能离开历史谈现实，离开国情论长短。发展经济的道路与手段不同，不能比较。西方国家的暴富，主要采用残酷的剥削和掠夺手段并在一定程度上是以东方的落后为奠基石的。如近百年，外国侵略者在中国通过1100多个不平等条约掠去战争赔款和其他款项达白银1000亿两。其中，8个条约勒索赔款19.53亿两白银，相当于清政府1901年收入的16倍。日本仅通过《马关条约》勒索的赔款就达2.3亿两白银，相当于当时日本财政四年半的收入。社会主义国家发展经济主要通过自力更生、增产节约、艰苦奋斗的道路来积累资金，这也是同资本主义国家不可比的重要方面。

(2)要进行全面比较,避免片面性,既要同发达资本主义国家比,也要同不发达资本主义国家比。全世界有180多个国家和地区,发达国家只不过二十几个,大多数是不发达国家,有些甚至非常贫穷落后。因此,我们不能把资本主义国家统统归于发达资本主义国家。即使在同发达资本主义国家比较时,也要从生产力与生产关系、经济基础与上层建筑来全面比较。我们承认在许多方面落后,但不等于一切都落后。

(3)要在历史发展的动态中比,不能用静止的观点看问题,就是用发展的眼光把两种社会制度放在一个动态的过程中比较,既要了解过去,弄清现状,也要预测未来。要把新旧社会形态放到历史的长河中比,不能只看一时一地。现在,发达国家在生产和物质生活方面比社会主义国家处于优势,说到底这是个时间差的问题。只要经济发展速度较快,社会主义国家总有一天定会赶上和超过它们。

(4)要纵向比较和横向比较相结合。纵向比较,指同一个国家在不同时期内的具体形态及发展状况的比较。如新旧中国比较、新中国路线方针正确时期同犯严重错误时期比较,从中认识社会主义优越性及其经验教训。横向比较,就是通过对社会主义和资本主义两种制度的比较研究,深刻探求社会主义制度的优越性及其存在的差距,正确处理社会主义与资本主义的关系,以便更好地发挥自己的优势,充分利用资本主义的先进成果发展社会主义。

此外,还要正确认识理想中的社会主义同现实中的社会主义之间的差距,不能把二者相提并论。我们说社会主义优越,是指由社会主义基本制度所决定的社会现状的本质和主流是好的,并不是说现实中社会主义社会的一切现象都是好的。要正确看待社会主义发展中的曲折和失误,不能据此否定社会主义制度的优越性。

二、社会主义制度在实践中已初步显示了优越性和强大的生命力

社会主义优越性问题，既需要理论上的论证，也需要实践上的证明。对社会主义制度诞生七十多年的历史究竟怎么看？是对人类社会作出了巨大的贡献，还是带来了巨大的灾难；是人类社会的重大进步，还是严重的倒退，需要作进一步的回答。我们认为，20世纪的历史实践证明，科学社会主义学说的基本理论是正确的。根据这些基本理论建立和发展起来的社会主义制度在几十年的实践中，尽管遇到过各种困难与挫折，但毕竟站住了脚跟并得到了发展，对人类进步与世界和平做出了不可磨灭的贡献，初步显示了它的先进性和强大生命力。这些贡献主要包括：

第一，在一些国家基本上消灭了阶级压迫和阶级剥削，建立了以公有制为主体的和人民当家做主的社会主义经济政治制度。1917年，俄国十月革命的胜利，建立了世界上第一个社会主义国家，使科学社会主义由理论变为现实，不管后来发生了什么变化，但在世界历史上终究是开辟了人类历史的新纪元，开辟了人类由资本主义向社会主义逐步过渡的新时代。从此，打破了帝国主义一统天下的世界格局，并推动了世界社会主义和民族解放运动的蓬勃发展。这个基本事实是任何人无法否认的。第二次世界大战后，社会主义革命在一系列国家取得胜利。共产党执政的社会主义国家曾一度扩展到15国，占世界总人口近1/3。特别是社会主义制度在中国这样一个东方大国的确立，无疑是给帝国主义在东方的战线打开了一个很大的缺口，进一步促进了帝国主义殖民体系的瓦解。中国革命的成功，是十月革命胜利后人类历史上最伟大的事件并给当代社会主义运动和人类的进步事业，已经并将继续产生积极而深远的影响。

第二，社会主义制度的建立，解放了社会生产力，推动了社会经济的迅速发展。如苏联，从1928年开始实行五年计划，到1938年，制造业产量增加了7.5倍以上，达到欧洲第1位，世界第2位。到

1940年,只用了十几年的时间就基本上实现了工业化,走完了主要资本主义用50～100年走过的路程。十月革命的俄国,工业总产值只有美国的6.9%;到20世纪80年代,苏联的工业总产值相当于美国的80%以上,经济实力已居世界第2位,在科学技术的许多部门曾处于世界领先地位。其他社会主义国家的国民经济也得到了较快的发展。此间,中国的经济建设取得了举世瞩目的成就。从1953～1989年,工农业总产值平均每年增长9%。其中,工业总产值平均每年增长11.7%,农业平均每年增长3.6%。有些重要工农业产品产量已跃居世界前列。目前,我国的综合国力已由新中国成立前的居世界第13位,变为第6位。同时,以占全球7%的耕地养活占世界22%的人口,基本上解决了12亿人口的温饱问题。人口平均寿命从1949年的34岁提高到现在的70岁左右。我国的科学技术也取得重大进展。从总体上看,我们的科技水平还落后于发达资本主义国家,但在某些领域已达到或接近世界先进水平。如正负电子对撞机、重离子加速器、同步辐射试验室等大型科研项目的建成使用、"银河"巨型计算机的研制成功等。成为世界上仅有的几个建成完整的核科技工业体系的国家之一,也是世界上第三个掌握卫星回收技术及第四个掌握"一箭多星"技术的国家。从横向比较看,1953～1980年,美国和英国的工业年平均增长速度分别为3%和2.2%,而我国是11.1%。同期,美、英的农业生产增长速度分别为1.7%和2.4%,而我国是3.5%。1981～1986年,美、日、英、法四国国内生产总值平均每年增长率分别为3%、3.7%、2%、1.6%,而我国是9.8%。1978～1993年,国民生产总值以年均9.3%以上的速度增长,已成为亚太地区乃至全球经济增长最快的地区。

第三,社会主义国家的兴起,支持并促进了亚、非、拉民族解放运动的发展。由于社会主义国家在新中国成立前,一般都受到帝国主义的侵略和欺侮,同亚、非、拉殖民地半殖民地人民有共同遭遇,社会主义革命和建设的胜利,对这些国家也是一个极大的鼓舞,使他们看到了胜利的前景和希望,增强了斗争信心。同时,在社会主义国家的支持和声援下,世界民族解放运动的风暴首先在亚洲大规模兴起,出现了一系列民族独立国家。特别是第二次世界大战后,有一百多个殖民地、半殖民地国家获得了独立,第三世界国家也成为当今世界不可忽视的重大政治力量。

第四,社会主义国家是人类文明与进步的支持者和保卫者,是反对法西斯主义的坚强堡垒与维护世界和平的伟大力量。20 世纪发生的两次世界大战,都是帝国主义重新瓜分殖民地和划分势力范围而引起的。在帝国主义肌体上长出的法西斯毒瘤,更是对世界和平和人类进步事业的最大威胁。法西斯主义是垄断资产阶级公开实行专制独裁和恐怖统治的专政形式和政治思潮。由德、意、日法西斯发动的第二次世界大战,极大地威胁着人类和文明。在大战中,苏联人民为打败法西斯作出了最大的贡献,付出了最大的牺牲。美国总统罗斯福承认:俄国军队所消灭的敌军士兵的数量,比同盟国中其他 25 个国家所消灭的敌军总数还多。战后,在美国发动的侵朝、侵越战争中,中国人民同朝鲜人民、越南人民一道,粉碎了帝国主义的侵略,为维护亚洲和世界和平做出了巨大的贡献和牺牲。近半个世纪以来,所以没有发生新的世界大战,和平与发展所以成为当今世界的主题,决定的因素就是社会主义国家的存在和在它们支持下的第三世界力量的兴起。

(原载赵明义主编《科学社会主义》[新版本],山东大学出版社 1996 年版)

怎样看待社会主义发展的曲折*

社会主义制度在20世纪的产生和发展,对人类进步和世界和平作出了巨大的贡献,初步显示了它的优越性和强大生命力。但在取得一系列历史性胜利的同时,也始终伴随着挫折和失误,走过了曲折坎坷的道路。特别是近期某些社会主义国家发生剧变和动乱,使社会主义遇到了新的严峻挑战。国际敌对势力对此兴高采烈,认为这是社会主义的"大失败"。国内极少数人也跟着叫嚷:"社会主义的尝试及其失败"是20世纪的一大遗产。在内有困难、外有压力的情况下,一些同志对社会主义的信念产生了疑虑和悲观情绪,有人提出"社会主义的红旗到底能打多久?"面对这样一个直接关系到社会主义前途和命运的大问题,究竟如何看待社会主义的曲折,就成为每个社会主义者和爱国者必须思考和回答的问题。

江泽民同志指出:"新生的社会主义制度在其发展过程中会有迂回和曲折,但是历史已经证明并将继续证明社会主义制度具有强大的历史活力和蓬勃生机,仅仅看见某些漩涡和逆流而看不到历史长河的奔腾,只能说明观察者的政治短视。"最近,在庆祝中国共产党成立七十周年大会上又强调"当前世界社会主义事业遇到严重挫折,但是,这只是历史长河中的暂时现象"。这两段话高度概括了我党对待社会主义曲折的观点和方法,也为我们正确认识这个问题指明了方向。

第一,社会主义发展中的曲折,是在取得巨大的历史性胜利过程

---

* 此文为作者与硕士研究生杨斌兵合著。

中的曲折。

社会主义是思想、运动和制度的统一。从 1848 年马克思、恩格斯发表《共产党宣言》,创立科学社会主义以来,社会主义已从学说到实践,从一国建设社会主义的实践到多国建设社会主义的实践,从单一模式到多种模式,不断向前发展。一个多世纪以前,曾在欧洲徘徊的一个幽灵,今天已传播到整个世界。以共产主义为己任的无产阶级政党,最初由一个流亡的小组织发展到全球二百多个,党员八千多万。当时科学社会主义只是作为一种学说而存在,如今社会主义已经变成活生生的现实,成为磅礴于全世界的伟大力量和不可阻挡的历史潮流。这就是最好的证明。

在经济发展中,社会主义制度初步显示了巨大的优越性,创造了一系列世界经济发展史上的奇迹,保持了最高的经济增长速度。苏联在 1926 到 1938 年的 12 年间,制造生产量增加了 7.5 倍半以上,其发展速度之快是令人震惊的。一位西方学者最近对此评论说:当时苏联"制造业产量与国民收入的增长之快——即使人们采用更为小心的估计——在工业化的历史上的确是没有先例的。"没有苏联 20 世纪 30 年代的大发展。很难想象,苏军能在第二次世界大战中取得反对德国法西斯的决定性胜利。十月革命前的俄国,工业总产值只有美国的 6.9%,到 80 年代苏联工业总产值相当于美国的 80%以上,占世界工业总产值的 1/5,仅次于美国,居世界第 2 位,成为和美国直接抗衡的超级大国。人口总数占世界不到 1/3 的原来经济基础大多数都比较落后的社会主义国家,工业总产值已占世界工业总产值的 2/5,国民收入占世界国民收入总额的 1/3。

我国经济发展的起点很低,但是我们依靠社会主义制度,用四十年时间,将一个一穷二白的半殖民地、半封建国家,变成了一个初步繁荣昌盛的国家。从 1953～1989 年,工农业总产值增长为 23.3 倍,平均每年增长 9%;其中工业总产值增长为 58.8 倍,平均每年增长

11.7%;农业总产值增长为2.8倍,平均每年增长3.6%。[1] 这种发展速度在世界上也是少有的。特别十一届三中全会以后,我国的国民经济获得了更快的发展。1990年同1980年相比,十年国民生产总值增长1.36倍,平均每年增长9%。工业总产值增长2.3倍,平均每年增长12.6%。农业总产值增长84.6%,平均每年增长6.3%。[2] 有些重要工农业产品产量已跃居世界前列。钢和发电量分别由1949年占世界的第26位和25位上升到第4位,原煤由第9位上升到第1位,石油由第27位上升到第5位。粮食、棉花、肉蛋、水泥、布等均居世界首位。我国的综合国力已由新中国成立前的居世界第13位,变为现在的第6位。1980年还是第8位。

从横向比较看,1953～1980年,美国和英国的工业年平均增长速度分别为3.7%和2.2%,而我国是11.1%。在同一时期,美、英的农业生产年增长速度分别为1.7%和2.4%,而我国是3.5%。1981～1986年,美、日、英、法四国国内生产总值平均每年增长率分别是3%、3.7%、2%、1.6%,而我国是9.8%。[3]

这些事实表明,社会主义制度的优越性和强大生命力主要在于这些年中一直保持着比西方资本主义国家更高的发展速度,因而有希望赶上和超过之。中国的社会主义超过了绝大多数发展中国家的资本主义,至少创造了比绝大多数资本主义国家高得多的经济发展速度。因此世界社会主义面临的曲折,中国社会主义遇到的困难,都只是前进中的曲折和困难,胜利和成功是基本的,曲折和困难是暂时的,社会主义是成功而绝不是什么失败。

第二,任何一种新生的社会制度,在其成长壮大的过程中都要经历曲折和反复,才能取得最后的胜利,这既是新生事物成长的规律,也符合人类社会发展的一般规律。

---

① 转引自《关于社会主义若干问题学习纲要》。

② 转引自《关于国民经济和社会发展十年规划和第八个五年计划纲要的报告》。

③ 转引自《人民日报》1990年第12、14期。

辩证唯物主义认为:新生事物是不可战胜的。因为它是在历史发展过程中进步的必然向前发展的具有远大前途的东西。但由于任何事物的发展,总是经历由小到大,由不完善到比较完善的发展过程,因此,新生事物在其成长过程中总是要遇到衰亡着的旧事物的抵抗,任何新事物的成长,都要经历一个曲折的过程。在一定时期内,新事物可能遭到暂时的挫折和失败,但是不管它如何受挫折、遭失败,最后的胜利总是属于它的。任何一种新生的社会制度代替旧的社会制度,也都要经历一系列的曲折和反复,在曲折中逐步成长和壮大起来,并最终战胜旧制度,奴隶社会、封建社会、资本主义社会都是在曲折中发展起来的。

资本主义制度代替封建主义制度前后经历了几百年的复杂斗争。英国资产阶级革命,从 1640 年算起,经过近半个世纪的斗争,前后经历了两次内战后的资产阶级共和国时期,斯图亚特王朝 28 年的复辟时期,直到 1689 年英国议会通过了《权利法案》等几次反复,才确立了君主立宪制的资产阶级专政。法国大革命始于 1789 年,它是一次最彻底的资产阶级革命,但同样经过了长期的复杂斗争,才确立了自己的政治统治。法国资产阶级先后 7 次同反法同盟进行较量,中间出现过两次波旁王朝复辟,前后经过 4 次资产阶级革命和震惊世界的巴黎公社起义,直到 1875 年成立法兰西第三共和国,才使资产阶级的共和制稳定下来,至此达 86 年之久。

被恩格斯称之为“第一个资本主义民族”的意大利和进行过资产阶级反封建制度“第一次大决战”的德国,早在 14～15 世纪就产生了资本主义萌芽,但直到 19 世纪 70 年代才经过相当曲折的历程取代封建制度,跨入近代资本主义文明国家的行列。就整个资本主义制度来说,从建立到成熟大体经历了二三百年时间。如果从资本主义生产关系在封建社会内萌芽到这种生产关系在世界上占统治地位则经历了五六百年的时间。历史表明:一种新的社会制度的诞生和巩固,往往是要以上百年以至几百年来计算的。在这个过程中,磨难和挫折是不可避免的。资本主义代替封建主义的历史尚且如此,社会主义代替资本主义的历史更是如此。既然资产阶级革命还存在着复辟与反复辟的长期斗争,那么,消灭剥削制度和剥削阶级的社会主义革命存在着复辟与反复辟,颠覆与反颠覆的斗争,就更不奇怪了。正如列宁所说,“把世界历史设想成一帆风顺的向前发展,不会有时向后作巨大的跳跃,那是不辩证的,不科学的,在理论上是不正确的”①。如果有什么理由根据社会主义国家在实践中遇到了挫折和局部失败就断言社会主义失败能成立的话,岂不等于说资本主义制度早在几百年前,即在其初期就已经失败了吗?这种看法显然是荒谬的。

第三,社会主义代替资本主义,是一场更深刻更伟大的革命,它要消灭一切剥削制度,建立社会主义公有制,较之过去的一种剥削制度代替另一种剥削制度的革命来,斗争更复杂、更尖锐、更长期,任务更艰巨。

社会主义革命不是一种剥削制度代替另一种剥削制度,而是为了适应社会化大生产要求,建立以生产资料公有制为标志的崭新社会,必然要遭到资产阶级和一切剥削阶级残余势力的拼命抵抗,他们以十倍的疯狂,百倍增长的仇恨来和无产阶级决一死战。斗争的性质决定了新生的社会主义必然要经过一个更加艰难和曲折的历程。当年苏维埃政权一诞生,就面临军事、经济和意识形态方面的严重威胁和挑战。从 1918 年 3 月～1920 年的三年里,美、英、法、日、德等 14 国和国内反革命势力相勾结,进行武装干涉和反革命叛乱,妄图把新生的苏维埃政权扼杀在摇篮中。经济严重困难,突出地表现在粮食紧张,原料和燃料的匮乏上。意识形态领域面临考茨基和孟什维克对无产阶级专政和苏维埃政权的恶毒攻击。在极端困难和恶劣的环境中,列宁和布尔什维克党领导俄国人民,凭着对社会主义的坚定信念和大无畏的彻底革命精神,经过艰苦斗争,奇迹般地战胜了困难,保卫并巩固了新生的苏维埃政权。

---

① 《列宁选集》第 2 卷,人民出版社 1972 年版,第 851 页。

社会主义在同资本主义长期并存的对立中,面对的资产阶级不是像已经发展了几千年的封建主义正在走向穷途末路,而是具有相当活力和发展余地,经济上占据着很大优势的资本主义。虽然社会主义的胜利最终是必然的,但需要经过颠覆反颠覆,扼杀反扼杀,演变反演变的长期斗争才能实现,资本主义的实力决定了这场斗争的长期性、艰巨性、曲折性,有时甚至会出现像1990年东欧一些社会主义国家政局剧变这样巨大的历史性曲折。

现实社会主义国家都是原来经济文化基础比较落后的国家,由于它的起点低,因而比发达国家建设社会主义要艰难得多。它们既要完成民主革命遗留的任务,又要找到和采取适应生产力发展要求的各种过渡形式,大力发展商品经济,实现工业化和现代化,提高全民的思想道德和科学文化水平,这就可能遇到更多的困难和曲折。

社会主义是前无古人的事业,没有现成的经验可资借鉴。因此,只能经过反复实践,从总结自己的经验教训中摸索前进。列宁曾把社会主义革命和建设社会主义新社会比喻为“攀登一座崎岖险阻、未经勘察、人迹未到的高山”①。有时要迂回前进,有时要向后转折,有时还要放弃已经选定的方向而试着向各种不同的方向走。这个比喻既形象又深刻,有力地证明了在前进道路上挫折和失误是难以避免的。苏联经历过试图在一个小农国家里按国家法令直接过渡到共产主义的失误,才逐步找到了新经济政策的正确道路。我国社会主义建设四十多年,经历了1958年的“大跃进”,三年困难时期和十年“文革”的巨大灾难,才逐步找到建设有中国特色的社会主义的正确道路。近期社会主义国家遇到的挫折和困难进一步证明,新生事物的成长绝不是一帆风顺的。但社会主义代替资本主义毕竟是现代世界历史的大趋势,是任何力量无法阻挡的。

第四,要看历史发展的大趋势,不要为暂时的困难和挫折所动摇。

---

① 《列宁选集》第4卷,人民出版社1972年版,第225页。

无产阶级战胜资产阶级、社会主义代替资本主义是资本主义社会基本矛盾发展的必然要求。尽管战后资本主义国家的科学技术和生产力获得了较大的发展，工人和劳动人民的生活也有所改善，但私有制的基础没有变，资本主义必然灭亡和社会主义必然胜利的客观规律没有变。

一部国际共运史，就是一部社会主义革命高潮、低潮、胜利、曲折交替发展的历史，但高潮和胜利始终是主旋律。在困难和挫折面前，要看到光明，要看到胜利的前景。要顶得住逆流，经得起考验，决不能悲观失望。我们要用辩证法的观点看待问题。挫折和失误是坏事，是我们应该尽力避免的，但也有好的方面，既给我们带来了压力，又促使我们在吸取经验教训的基础上，研究新情况，解决新问题，为革命高潮的到来作准备。可以说没有陈独秀右倾投降主义路线的严重危害，就没有我党对中国革命武装斗争重要性的深刻认识；没有我国近四十余年社会主义建设的实践经验及其教训，就不能更好地把马克思主义的普遍原理与中国现代化建设的具体实践相结合，走自己的路，建设有中国特色的社会主义。

在曲折面前我们应该学习和发扬列宁和布尔什维克党的革命坚定性和乐观主义精神。一次大战爆发后，第二国际大多数社会民主党背叛了无产阶级革命，公开站到本国帝国主义政府一边，充当了帝国主义侵略和战争的帮凶，使国际共产主义运动出现了空前大分裂的痛心局面。在一些人看来好像共产主义运动已经没有什么指望了。在这种严峻局势下，以列宁为首的俄国布尔什维克不怕孤立。高举马克思主义旗帜，认真总结经验教训，团结各国的左派，在同社会沙文主义的坚决斗争中维护了各国无产阶级和劳动群众的利益，提出了“变帝国主义战争为国内战争”“使本国政府在战争中失败”的正确方针，推动了各国无产阶级革命的发展，并取得了十月革命的胜利。1919 年，以列宁为代表的第三国际成立时，曾对前 72 年共产主义运动作了深刻总结和概述：“共产主义在七十多年的发展中，经历了迂回曲折的道路；除了成功之外，也有过严酷的失败。但运动基本上是循着《共产党宣言》的道路前进的。”我们认为用这段话来概括此后七十多年的社会主义历程和中国四十多年所走过的社会主义道路也是十分恰当的。

社会主义的曲折性有它的诸多原因,应作具体分析。既有客观因素,又有主观因素。人类社会的发展本来就是曲折的,不是直线的,是发展的前进性和曲折性的统一。社会主义革命的性质和任务以及社会主义在整个人类社会发展史上的地位,决定了它的长期性和曲折性。有些曲折是国内外敌对势力的破坏造成的,有些是我们自己的失误造成的。但这一切并非来源于社会主义根本制度,也不能说明科学社会主义理论没有生命力,更不能得出否定社会主义根本制度的任何结论。恰恰相反,有些挫折和失误,正是违背科学社会主义根本原理,偏离社会主义方向的必然结果。由此可见,问题不在于社会主义有没有曲折性,关键在于怎样正确地认识和对待这种曲折性。我们既要坚信社会主义必然胜利和它固有的优越性;又要充分认识社会主义发展中的长期性和曲折性,既要看到这种曲折性是一种客观存在,应当有足够的思想准备;又要及时吸取经验教训,尽量避免大的曲折并把这种曲折所造成的损失减少到最低限度。既要肯定社会主义革命和建设的巨大成就;又要承认有困难、有缺陷、有失误,并且有决心和信心去克服它、战胜它,这才是马克思主义的科学态度。目前,我国的社会主义事业正处于关键的发展时期,挑战与机遇同在,困难与希望并存。只要我们认清形势,坚定社会主义信念,善于总结经验教训。坚持党的基本路线,坚持四项基本原则和改革开放的总方针,进一步加强执政党的自身建设,把马克思主义基本原理同我国的具体国情更好地结合起来。走建设有中国特色的社会主义道路,就一定能够战胜一切困难,迎来社会主义更加光辉灿烂的明天。

（原载《山东大学学报》1991 年第 3 期）

建设有中国特色社会主义的科学依据

有中国特色的社会主义，就是符合中国实际具有本民族特点的社会主义。这一理论的提出绝不是偶然的，而是有充分根据的。

一、马克思主义普遍原理同各国具体实际相结合，是建设有中国特色社会主义的基本指导原则和重要理论基础

马克思、恩格斯一向认为，他们的学说不是教条，而是行动的指南。恩格斯早就讲过，《共产党宣言》的基本原理的实际运用，“随时随地都要以当时的历史条件为转移”①。马克思主义是无产阶级的世界观，是关于社会主义和共产主义社会发展规律的科学理论。但它又是以客观实际为依据，以实践经验为基础的。马克思主义是发展的学说，随着实践的发展而发展，并由实践不断地赋予活力。因此，只有以马克思主义基本原理作为理论基础，在社会主义建设共同规律的指导下，与各国的具体实践相结合，才能进一步探讨适合本国国情的社会主义建设的特殊规律。

中国共产党从成立第一天起，就主张把马克思主义普遍真理与中国具体实际相结合，并作为我党一贯坚持的指导思想和原则。党的十一届三中全会以后，我们党重新恢复了实事求是的辩证唯物主义思想路线，使马克思主义在同当代中国具体实际相结合的道路上又大踏步地前进了，找到了具有中国特色的社会主义道路。

---

① 《马克思恩格斯选集》第1卷，人民出版社1972年版，第228页。

二、建设有中国特色的社会主义，符合唯物辩证法关于矛盾的普遍性和特殊性相统一的原理

列宁认为，在任何命题中，都包含个别与一般的辩证法，“个别一定与一般相联系而存在。一般只能在个别中存在，只能通过个别而存在”[①]。毛泽东进一步指出：“矛盾的普遍性和特殊性的关系，就是矛盾的共性和个性的关系。”[②]并且创造性运用普遍性和特殊性，共性与个性相统一的原理，把马克思主义的普遍真理同中国革命的具体实践结合起来，从而引导中国革命取得了胜利。建设有中国特色的社会主义，就是坚持社会主义和坚持中国特色的有机统一。马克思主义关于社会主义的一般原理具有普遍意义，建设有中国特色的社会主义，当然要首先坚持一般原理。但是，各国建设社会主义的具体条件是千差万别的。只有把社会主义的一般原理同本国的具体国情结合起来，才能形成具有各国特点的现实社会主义。共性寓于个性之中，有中国特色的社会主义，就是充分体现了共性与个性，普遍性与特殊性相统一的辩证关系。在这里，个性不是对共性的否定，而是对共性的具体化和发展。

三、建设有中国特色的社会主义。符合马克思主义关于社会主义特点形式多样性的理论

马克思、恩格斯根据当时的历史条件，只对社会主义提出了一些科学预见与设想，并没有也不可能对各个国家如何建设社会主义作出现成的答案。而且强调：“要想使所有国家的运动都采取统一的形式是荒谬的。”[③]列宁在十月革命前进一步指出：“在人类从今天的帝国主义走向明天的社会主义革命的道路上，同样表现出这种多样性。一切民族都将走到社会主义，这是不可避免的，但是一切民族的走法

---

① 《列宁选集》第2卷，人民出版社1972年版，第713页。

② 《毛泽东选集》第1卷，人民出版社1991年版，第320页。

③ 《马克思恩格斯全集》第38卷，人民出版社1972年版，第519页。

却不完全一样，在民主的这种或那种形式上，在无产阶级专政的这种或那种类型上，每个民族都会有自己的特点。”[①]十月革命后他还预言：“在东方那些人口无比众多，社会情况无比复杂的国家里，今后的革命无疑比俄国的革命带有更多的特色。”[②]这不仅阐述了社会主义革命和建设的具体道路应有民族特点和多样性的重要思想，而且还最早明确地提出了社会主义的“特色”问题。这些论断，对指导经济文化落后的国家探索如何建设社会主义的道路，具有特别重要的意义。但是，由于历史条件的限制，列宁没有也不可能为后人制定适合各国情况的社会主义革命和建设的具体方案。至于每个国家革命和建设的具体道路，速度和方法到底是怎样的，那只能由各国的无产阶级政党根据本国的具体情况通过实践去探索。

四、建设有中国特色的社会主义，既是总结我国革命和建设的长期历史经验得出的基本结论，又是在新的历史条件下由我国的具体国情决定的

我们党在探索如何把马克思主义普遍真理与中国实际相结合，如何从本国国情出发，走自己的路来进行革命与建设，经历了长期的复杂过程，付出过沉重的代价。在民主革命时期，我党曾一度把马克思主义教条化，外国经验神圣化，试图照搬苏联的经验，结果没有成功。建国几十年来社会主义革命和建设的实践也证明，什么时候马克思主义普遍性真理同中国实际相结合得好，革命和建设就顺利发展，什么时候结合得不好，违背这一原则，革命与建设就要受挫折，给社会主义事业带来严重损失。回顾过去，我们的经验教训有许多，而最根本的是这一条。在这个问题上我们的主要失误有以下几点：第一，在社会主义改造基本完成后，还以“以阶级斗争为纲”代替以经济建设为中心任务。第二，在经济建设方面急于求成，急躁冒进，夸大

① 《列宁全集》第28卷，人民出版社1990年版，第63页。

② 《列宁选集》第4卷，人民出版社1972年版，第692页。

主观意志的作用，无视经济发展的客观规律。第三，在生产关系变革方面急于求成，盲目求纯，离开生产力发展水平，急于向高级阶段过渡。第四，把商品经济同社会主义对立起来，企图越过商品经济的充分发展阶段，在产品经济的基础上建成社会主义。第五，实行类似苏联模式的经济体制，以及权力过分集中的政治体制，严重束缚了生产力和社会主义商品经济的发展。这些"左"的错误，虽然在不同的时期具体表现形式和发展程度不同，但总的说来，都以主观同客观相分裂，理论和实践相脱离为特征的。最根本的就是脱离了中国国情，违背了马克思主义基本原理同中国的具体实践相结合的原则。

那么，我国的国情是怎样的呢？概括起来主要是：(1)我国有比较优越的社会主义制度，但尚处于社会主义初级阶段，还不够成熟和完善。(2)国民经济和科学文化有较大发展，但底子薄，贫穷落后的面貌并未根本改变。(3)人口众多，10 多亿人口，有 8 亿多农民，劳动力充足，但消费大，社会经济负担重，教育任务特别重。(4)国家大，耕地少，自然资源较丰富，但人均占有量少，开发利用差。(5)由于受历史因素和自然条件的制约，经济文化发展不平衡性突出。我们应该用全面的发展的观点看待国情，既要看到有利的一面，也要看到不利的一面，要从现实国情出发，又要考虑它的发展变化。只有正确认识国情，才能更好地从中国国情出发走自己的路，这是建设有中国特色社会主义的最基本的客观依据。

(原载杨尊明等主编《科学社会主义在中国的发展》，天津人民出版社 1992 年版)

建设有中国特色社会主义理论的重大意义

第一，建设有中国特色社会主义理论，是对马列主义、毛泽东思想在新的历史条件下的继承和发展，它标志着科学社会主义发展到了一个新阶段。

马克思主义是发展的科学。自其问世一百多年来，曾有过几次理论飞跃。列宁根据新的历史条件和俄国实际，将马克思主义推进到新的列宁主义阶段；以毛泽东为代表的中国共产党人把马列主义同我国革命实践相结合，形成了毛泽东思想；我党十一届三中全会以后，以邓小平为代表的中国共产党人又将马列主义、毛泽东思想同当代中国改革开放和现代化建设的实际结合。创立了建设有中国特色的社会主义理论。它既坚持了马克思主义的基本原理，又具有鲜明特点，是马克思主义基本原理同当代中国实际和时代特点相结合的产物和最新成果，是马克思主义发展史上所实现的又一次重大历史性飞跃。这个理论第一次比较系统地初步回答了中国这样的经济文化比较落后的国家如何建设社会主义、如何巩固和发展社会主义的一系列基本问题。初步解决了当代社会主义面临的最大课题，标志着科学社会主义理论发展到了一个崭新阶段。

第二，建设有中国特色社会主义理论是制定党的基本路线和各项方针政策的重要理论依据。

理论是反映事物发展客观规律的科学体系，基本路线和方针、政策是以理论为指导而制定的具体行动方向和准则，属于战略与策略范畴。建设有中国特色社会主义理论，深刻总结了我国社会主义建设的历史经验教训，精辟阐明了关于社会主义发展道路和我国所处的发展阶段及基本国情，社会主义根本任务和社会主义本质，社会主义市场经济理论，论证了我国现代化建设的各种内部和外部条件，为新时期党的基本路线和方针政策的制定奠定了科学的理论基础。正是在这一理论的指导下，形成了"一个中心，两个基本点"的社会主义初级阶段基本路线。同这条路线相适应，还形成了包括经济、政治、科技、教育、文化、军事、外交等一整套适合我国国情的方针政策。

第三，建设有中国特色社会主义理论是指引我们实现新的历史任务的强大思想武器，是巩固和发展社会主义的伟大纲领。

一个国家一个民族，要发展，要振兴，总要有一种意识形态作为维系国家、民族统一和团结的精神支柱。自马列主义传入中国并与我国实际相结合产生毛泽东思想之后，马列主义、毛泽东思想就成为振兴中华民族使国家走向繁荣富强的精神支柱，是全党全国人民增强团结的思想基础。邓小平建设有中国特色社会主义理论，是毛泽东思想的继承和发展。它产生于我国社会主义建设和改革开放的伟大实践，同时又给这一伟大实践以理论指导和巨大的推动作用。改革开放十多年来，我们之所以能够取得现代化建设的重大胜利，根本原因就在于以建设有中国特色社会主义理论和党的基本路线为指导。1992 年初，邓小平南行谈话和党的十四大标志着我国现代化建设和改革开放进入了一个新的历史发展阶段。实践证明，建设有中国特色社会主义理论，就是我们这个民族在这个时代凝练而成的精神财富，是激励全党和全国人民为实现社会主义现代化不懈奋斗的力量源泉。在我们这样一个 12 亿人口的大国，一个 5000 多万党员的大党，所从事的又是这样一个伟大改革和建设事业，如果没有一个统一的科学思想，没有一条贯通全局和各方面工作的正确路线，要想取得胜利和成功是绝对不可能的。因此，我们必须用建设有中国特色社会主义理论武装全党，并使其成为全党全国人民进行跨世纪现代化长征的精神支柱和伟大旗帜。

第四，建设有中国特色社会主义理论是战胜国内外资产阶级思潮和一切错误倾向的锐利武器。

建设有中国特色社会主义理论既坚持了马克思主义基本原理和社会主义的本质、特征，又反映时代发展的基本特点和中国社会主义建设的特殊规律，是被实践证明了具有强大生命力和战斗力的当代中国的马克思主义。因此，它必然受到国内外敌对势力的歪曲和攻击。我们只有运用马克思主义基本原理，以建设有中国特色社会主义理论为武器，坚持不懈地同国内外资产阶级思潮作斗争，同时排除一切“左”的和右的错误倾向的干扰，才能保证我国社会主义建设事业的健康发展。在防止和反对错误倾向的问题上，要警惕“右”，但主要是防止“左”。要清醒地认识到，“右”可以葬送社会主义，“左”也可以葬送社会主义。

第五，建设有中国特色社会主义理论对当代社会主义运动和人类的进步事业具有深远的国际意义。

社会主义从来就不存在一个固定的各国普遍适用的模式。社会主义国家要从本国的具体国情出发，建设有本国特色的社会主义。建设有中国特色社会主义理论正是在这个认识的基础上，产生和发展起来的。这个理论，既具有中国特色，又带有一定的普遍意义。因为，任何一种正确的认识都反映了事物发展的内在规律，有一定的普遍性。作为社会主义的普遍性和中国社会主义特殊性相统一的建设有中国特色社会主义理论，必将对促进当代社会主义事业的发展和人类的进步产生积极而深远的影响。20世纪的社会主义实践，并没有像科学社会主义创始人所预见的那样，社会主义革命首先在发达资本主义国家同时发生和同时胜利，而是经济、文化比较落后的国家率先走上了社会主义道路。当代社会主义实践证明，无产阶级领导人民夺取政权是能够成功的。关于如何建设社会主义，也取得了巨大成就和宝贵经验，但总的来说还需要很好地探索，这个问题并没有真正解决。目前，国际共产主义运动正处于低潮。东欧剧变后，中国的社会主义的事业仍能显示出强大的生命力，继续向前推进。这充分说明，建设有中国特色的社会主义理论，对在和平与发展已成为当代主题的条件下，如何巩固和发展社会主义。解决具有划时代意义的重大历史课题，是行之有效的。它对探索经济文化比较落后的国家如何建设社会主义，巩固和发展社会主义具有极其重大的意义。

（原载赵明义主编《科学社会主义》，山东大学出版社 1996 年版）

建设有中国特色社会主义理论的形成及其主要内容*

一、建设有中国特色社会主义理论的形成和发展

建设有中国特色社会主义理论的产生并不是偶然的，而是有深刻的时代背景、理论依据和实践根据的。它是马列主义基本原理与当代中国实际和时代特征相结合的产物，是总结我国革命和建设长期历史经验得出的基本结论，也是在总结当代社会主义胜利和挫折的经验教训并借鉴其他国家社会主义兴衰成败历史经验的基础上逐步形成和发展起来的。

任何一种科学理论体系和学说的产生，都是和产生它的时代或社会历史条件相联系着的。当今世界仍处于从资本主义向社会主义过渡的大时代，但是20世纪70年代后期以来，和平与发展已成为当今世界的主题。在这种时代背景下，社会主义将与资本主义长期共处、和平竞争。因此，探索适合本国国情的建设社会主义的具体道路和形式，在发展经济和综合国力竞争中赢得与资本主义相比较的优势，是时代发展的客观要求。建设有中国特色社会主义的理论就是和平与发展成为时代主题条件下的产物。

从理论依据看，马克思主义普遍原理同各国具体实践相结合，是马克思主义者必须遵循的基本原则，也是建设有中国特色社会主义的根本指导原则。马克思主义关于社会主义本质特征的统一性和社

---

* 此文为作者与硕士研究生赵红合著。

会主义模式多样性的论述，是建设有中国特色社会主义的重要理论基础。唯物辩证法关于矛盾的普遍性和特殊性相统一的原理，是建设有中国特色社会主义的哲学基础。

从实践上讲，建设有中国特色社会主义理论，是当代社会主义实践发展的必然结果，是对我国改革开放和现代化建设实践经验的科学总结。20 世纪是社会主义的兴起和大发展的实践时期，苏联在社会主义建设过程中形成了“斯大林模式”，并为其他社会主义国家所仿效。随着国际环境变化和各国经济的发展，这种单一的社会主义传统体制脱离各国国情和实践发展的弊端日益明显地暴露出来。从 50 年代开始，社会主义国家都在不同程度上重新探索有自己特色的发展道路。中国共产党历来坚持独立自主地进行革命和建设。建国后，我党从实际出发对适合我国国情的社会主义建设道路做了积极的探索，尤其是党的十一届三中全会后，开始了改革开放和现代化建设的伟大实践，在这个过程中找到了建设有中国特色社会主义的道路。建设有中国特色社会主义的理论就是在新的历史时期，邓小平同志对我国改革开放和社会主义现代化建设丰富经验的理论总结。

尽管目前学术界对建设有中国特色社会主义理论的形成过程及其发展阶段有不同意见，但就它的形成和发展，经过了长期探索、曲折发展，来之不易，则取得了共识。自 20 世纪 50 年代以来，我们党就开始对适合中国国情的社会主义现代化道路进行艰巨的探索。由于受各种历史条件的限制，不久，这一理论在探索中夭折。直到具有深远意义的伟大历史转折——党的十一届三中全会，才真正开始了对建设有中国特色社会主义理论的全面探索。因此，考察这一理论的形成过程，从严格科学意义上讲，就应该从这里算起。正如江泽民同志在学习《邓小平文选》第三卷报告会上的讲话中指出：“改革开放十五年来，我们党在理论上取得的最大收获，就是在马克思主义基本原理与中国实际相结合的第二次历史性飞跃中，创立了建设有中国特色社会主义的理论。”基于上述认识，这一理论的形成，大致经历了三个阶段：

第一阶段，从1978年党的十一届三中全会到1982年党的十二大之前，是这一理论的酝酿和准备阶段。

党的十一届三中全会的召开，标志着我党重新确立了马克思主义的思想路线，同时也是改革开放和集中力量进行社会主义现代化建设的开始。因而是这个理论形成和发展的起点。1979年，邓小平提出了从中国特点出发，走中国式现代化道路的观点，已比较接近"建设有中国特色的社会主义"的提法。1981年，党的十一届六中全会通过的《关于建国以来党的若干历史问题的决议》，把十一届三中全会以来确定的适合我国情况的社会主义现代化建设道路概括为十个要点。这是探索中国式现代化道路和重新认识社会主义的时期，也是建设有中国特色社会主义理论的酝酿阶段。

第二阶段，从1982年中国共产党的十二大到1992年党的十四大召开之前，是这一理论的提出和形成阶段。

邓小平在党的十二大正式明确提出"建设有中国特色的社会主义"这个科学命题。十二大报告较系统地阐述了建设有中国特色社会主义理论的主要内容。1984年党的十二届三中全会《关于经济体制改革的决定》，首次提出了社会主义经济是公有制基础上有计划的商品经济的论断，是对科学社会主义理论的重大突破。1986年，党的十二届六中全会《关于社会主义精神文明建设指导方针的决议》，明确提出了社会主义现代化建设的总体布局，进一步充实了建设有中国特色社会主义理论的内容。1987年，党的十三大系统阐述了我国社会主义初级阶段理论，制定了党的基本路线，第一次对建设有中国特色社会主义理论进行了比较全面系统的概括，并集中归纳为12个科学理论观点，初步回答了我国社会主义建设的阶段、任务、动力、条件、布局和国际环境等基本问题，构成了建设有中国特色社会主义理论的基本轮廓，标志着这一理论体系的基本形成。党的十三大之后，我党又从不同角度对建设有中国特色社会主义理论进行了几次新的概括。1990年，党的十三届七中全会通过的《中共中央关于制定国民经济和社会发展十年规划和"八五"计划的建议》，从基本理论和基本实践相结合的角度，把这一理论概括为十二条原则。1991年，江泽民《在庆祝中国共产党70周年大会上的讲话》中，又从经济、政治、文化三个方面进行了全面阐述，进一步勾画出有中国特色社会主义的总体框架和基本内容。

第三阶段，从邓小平南行谈话和1992年10月党的十四大起，是这一理论的发展和完善阶段。

1992年初，邓小平视察南方发表了重要谈话，进一步总结了十一届三中全会以来党的基本实践和基本经验，鲜明地回答了一系列建设有中国特色社会主义的重大理论问题和实践问题。如改革也是解放生产力，计划和市场都是经济手段，社会主义的本质是解放和发展生产力，消除两极分化，最终达到共同富裕，等等；都是对科学社会主义的新发展。谈话不仅标志着邓小平同志的思想升华到了一个新的高度，而且也体现了党对建设有中国特色社会主义理论的认识上了一个新台阶，并为党的十四大定了基调。党的十四大报告就是在以往概括的基础上，充分体现邓小平谈话精神，着重从更高的层次，更准确的方位上对建设有中国特色社会主义理论作了新的科学概括。把主要内容归纳为九个方面，集中反映了马克思主义同中国实际相结合的最新成果。使这一理论更加成熟、更加系统，形成了一套比较完整的理论体系，并标志着建设有中国特色社会主义理论发展到了一个新阶段。

二、建设有中国特色社会主义理论的主要内容

建设有中国特色社会主义理论的主要内容是在实践中不断丰富和发展的。党中央对此曾作过多次概括和阐述，党的十四大报告就是在这个基础上，对建设有中国特色社会主义理论作了至今最全面最系统的新概括。主要内容归纳为发展道路、发展阶段、根本任务，发展动力、外部条件，政治保证、战略步骤、领导力量和依靠力量、祖国统一等九个方面，从而把党对建设有中国特色社会主义规律的认识提高到一个新的高度，形成了一个科学理论体系。这九条有内在

的不可分割的联系，缺一不可，但在建设有中国特色社会主义的实践过程中，其地位、作用和层次有所不同。

第一，关于社会主义的发展道路问题。这个问题的核心是强调走自己的路，建设有中国特色的社会主义。其中包含四个要点：(1)以马克思主义为指导，但又不把书本当教条。这里的关键问题是善于把马克思主义的基本原理同各国的具体实际相结合，创造性地探索适合本国国情的社会主义建设道路。江泽民在庆祝党成立70周年的讲话中指出："在七十年的斗争中，我们党积累了极其丰富的经验，归结到一点，就是把马克思主义的基本原理同中国革命和建设的具体实际相结合，走自己的道路。"建设有中国特色社会主义理论的每一项内容，都是这个"结合"的产物。(2)借鉴外国经验，又不照搬外国模式。凡是有利于解放和发展生产力的，不论是社会主义国家的经验还是资本主义国家的优秀成果，都要认真学习、吸收和借鉴。但不要生搬硬套。(3)以实践作为检验真理的唯一标准，尊重群众的首创精神。人民群众的实践和伟大创造是建设有中国特色社会主义理论的源泉和检验标准。(4)解放思想、实事求是。这是我们党的思想路线，是建设有中国特色社会主义理论的思想基础。它既体现建设有中国特色的社会主义必须遵循的世界观和方法论原则，又体现了理论逻辑和历史逻辑的统一。

第二，关于社会主义发展阶段问题。正确认识我国社会所处的历史阶段，是建设有中国特色社会主义的首要问题。我们党在总结国内外社会主义发展阶段问题的经验教训，科学认识我国国情的基础上，提出了我国社会主义初级阶段理论。首先，从质的规定上肯定了我国现阶段的社会性质是社会主义。其次，从量的规定上申明我国的社会主义发展程度还处于不发达、不成熟的初级阶段。再次，从时间上指出这个阶段作为中国在生产力落后、商品经济不发达条件下建设社会主义必然要经历的特定阶段，至少需要上百年时间。这一理论从质和量的规定及发展的长期性上对社会主义初级阶段进行了界定，为我国社会发展定下了准确的历史方位，也为我们党制定和执行正确的路线方针政策，提供了最根本的依据。正是在这个基础上我们党形成了“一个中心，两个基本点”的基本路线，并根据这个阶段的长期性，确定党的基本路线的长期性。社会主义初级阶段，是马克思主义经典著作中从未提出过的一个崭新概念。这一理论的形成，突破了社会主义国家长期不划分阶段或超越阶段的传统观念，大大丰富和发展了马克思主义关于社会主义发展阶段的理论。它表明以邓小平为代表的中国共产党人对本国所处的发展阶段和社会主义发展规律的认识取得了突破性进展。党的十四大重申这一科学论断。并强调它的长期性具有重要意义。因此，我们必须以这个基本国情为依据，既要坚持社会主义而又不能超越阶段。发展阶段问题是建设有中国特色社会主义理论的立论前提和基本依据。

第三，关于社会主义的根本任务问题。这一条是建设有中国特色社会主义理论体系的核心问题。它涉及什么叫社会主义和怎样搞社会主义的根本问题，其内容有三个方面：(1)社会主义的本质是解放生产力，发展生产力，消灭剥削，消除两极分化，最终达到共同富裕。这一论断，是邓小平和我党从更高层次上对社会主义本质作出的新的科学概括，是对科学社会主义理论的重大发展。它包括社会主义的根本任务和根本目的两个基本方面。二者互为条件、互为前提。既体现了生产力与生产关系的统一，又体现了社会主义目标与手段的统一。正确认识社会主义本质具有重大的意义。它不仅从根本上回答了“什么是社会主义”以及“如何建设社会主义”这一社会主义建设实践中必须解决的最大的问题，而且把它同社会主义的根本任务直接联系起来，抓住解放和发展生产力来界定社会主义本质，是对马克思主义的坚持和发展。(2)现阶段我国社会的主要矛盾是人民日益增长的物质文化需要同落后的社会生产力之间的矛盾，必须把发展生产力摆在首要位置，以经济建设为中心。社会主义的根本任务是解放和发展生产力，这是由现阶段我国社会的主要矛盾决定的，同时也是社会主义本质的内在要求与规定。因此，如何搞社会主义，首先就要以发展生产力为中心来认识社会主义。只有高度发达的社会生产力，社会主义才会有雄厚的物质基础，才能使国家富强、人民幸福。(3)提出“三个有利于”是判断各方面工作是非得失的标准。这实质上是讲生产力标准问题。党的十四大报告在邓小平论述的基础上进一步把它作为“判断各方面工作的是非得失”的标准，这就更加突出地表明集中力量发展生产力，搞好经济建设是建设有中国特色社会主义的中心内容。一切工作都要服从并服务于这个中心。这一科学论断在新的条件下，继承和发展了马克思主义关于生产力标准的理论。

第四，关于社会主义的发展动力问题。建设有中国特色社会主义的动力机制，是由社会主义社会基本矛盾运动规律决定的。党的十三大明确提出了改革是社会主义社会发展的重要动力的观点。在马列著作中虽然论述过社会主义社会应是经常变化和改革的社会，但把改革提到社会主义发展动力的高度，这在马克思主义发展史上还属首次。党的十四大根据邓小平南方谈话精神，在认真总结改革经验的基础上，对社会主义的发展动力问题又进一步作了科学阐述，提出了社会主义发展动力的新理论。(1)强调改革也是一场革命，也是解放生产力，是中国现代化的必由之路。这是关于改革性质和意义的一个重要命题。革命是解放生产力，这个思想最早是由马克思提出来的，毛泽东同志也有论述。但在社会主义制度建立后，是否还存在解放生产力的问题，却是长期以来没有解决的重大理论问题。邓小平同志明确指出：“社会主义基本制度确立以后，还要从根本上改变束缚生产力发展的经济体制，建立起充满生机和活力的社会主义经济体制，促进生产力的发展，这是改革，所以改革也是解放生产力。”[①]这段精辟论述，不仅回答了在社会主义社会里仍然存在着继续解放生产力的问题，而且也提出了改革是社会主义条件下解放生产力的根本途径和手段。社会主义社会的改革，是社会主义制度的自我完善和发展，其目的是为了从根本上改变束缚生产力发展的旧

---

① 《邓小平文选》第3卷，人民出版社1993年版，第370页。

体制，进一步解放生产力。从这个意义上说，改革也是一场深刻的革命，是解决社会主义社会矛盾的根本途径和动力。(2)提出社会主义市场经济理论并把建立和完善社会主义市场体制作为经济体制改革的目标，是对马克思主义政治经济学的重大贡献。邓小平南方谈话，对市场与计划的关系问题作了精辟论述，明确指出："计划经济不等于社会主义，资本主义也有计划；市场经济不等于资本主义，社会主义也有市场。""计划多一点还是市场多一点，不是社会主义与资本主义的本质区别。"①这就从根本上否定了把市场和计划作为区分社会主义和资本主义本质属性的传统观念，并为确立社会主义市场经济新体制奠定了坚实的理论基础。党的十四大关于"社会主义市场经济"的新提法和经济体制改革目标的确立，都是在这个基础上的丰富和发展。最近公布的《中共中央关于建立社会主义市场经济体制若干问题的决定》，不仅是对党的十四大提出的经济体制改革目标和原则的具体化、系统化，而且科学地描绘出社会主义市场经济体制的基本框架和宏伟蓝图。它是指引我们迈向新世纪的行动纲领，是在十四大基础上对社会主义传统理论的重大突破。(3)指出政治体制改革的目标，是以完善人民代表大会制、共产党领导的多党合作和政治协商制度为主要内容，这是对马克思主义关于社会主义民主理论和社会主义政党制度的新发展。(4)提出以"有理想、有道德、有文化、有纪律"为目标，建设社会主义精神文明的重要观点。表明我党不仅把建设社会主义精神文明看作是社会主义的重要特征，是实现社会主义现代化的战略目标之一，而且也是推动社会主义全面协调发展的强大精神动力。总之，从经济体制、政治体制到精神文明建设等全方位的改革，阐明了社会主义发展的综合动力系统。

第五，关于社会主义建设的外部条件问题。社会主义国家的国际环境和国际条件，是无产阶级政党制定战略和策略的重要依据。首先，我们党根据二战以来国际形势发展的新特点，及时地对变化中

① 《邓小平文选》第3卷，人民出版社1993年版，第373页。

的世界格局进行了正确分析和理论概括。邓小平最早作出了和平与发展是当代世界两大主题的科学论断,并一贯坚持独立自主的和平外交政策。这是我国对外关系的根本出发点,也是为我国现代化建设争取有利国际环境的一个极其重要的条件。其次,强调实行对外开放是改革和建设所必不可少的,应当吸收和利用世界各国包括资本主义发达国家所创造的一切先进文明成果来发展社会主义。这些都是对马克思主义的继承和发展。正像改革为促进生产力发展和社会主义现代化的实现提供了内在根据一样,对外开放则提供了必要的外部条件。对外开放是我国必须长期坚持的基本国策,既是世界经济发展的客观要求和我们现代化建设的迫切需要,也是社会主义制度的本质体现。再次,党的十四大特别强调吸收和利用世界各国的一切先进成果来发展社会主义,即大胆利用资本主义为发展社会主义服务。这对于进一步扩大对外开放和加快我国经济发展具有特别重大的意义,也是对社会主义在认识上和实践上的一个重大飞跃。

第六,关于社会主义建设的政治保证问题。搞改革开放和现代化建设都需要有政治保证。四项基本原则作为立国之本,是改革开放和现代化建设健康发展的根本前提和可靠保证。它不仅决定着我国改革开放的性质和方向,而且决定着社会主义的长治久安。同时,改革开放又是强国之路。因此,我们党明确提出了坚持四项基本原则同坚持改革开放的总方针相互结合,缺一不可的观点。当然,四项基本原则作为社会主义建设的政治保证,还必须从改革开放和现代化建设获得新的时代内容,要用发展的观点看待四项基本原则。实践证明,我们党提出既坚持四项基本原则又坚持改革开放,并能正确处理二者关系的理论和做法,这在当代社会主义发展史上也是一个创举。

第七,关于社会主义建设的战略步骤问题。党的十四大报告重申,党已确定的我国现代化建设三步走的战略目标:第一步,实现国民生产总值比1980年翻一番,解决人民温饱问题;第二步,到20世纪末使国民生产总值再翻一番,达到小康水平;第三步,到21世纪中叶人均国民生产总值达到中等发达国家水平，基本实现现代化。这个战略目标充分显示了中华民族的雄心壮志。为确保战略目标的实现，(1)要抓住时机，加快改革开放和现代化建设的步伐，争取出现若干个发展速度比较快、效益比较好的阶段，每隔几年上一个台阶。这是对国际形势和国内经济增长趋势进行客观分析和科学预测的结果。(2)强调贫穷不是社会主义，同步富裕又是不可能的，必须允许和鼓励一部分地区、一部分人先富起来，以带动越来越多的地区和人们逐步达到共同富裕。这既是社会经济发展规律和社会主义本质的客观要求，也是由我国的具体国情决定的。把经济发展战略纳入建设有中国特色的社会主义理论体系，标志着我们党关于我国现代化建设战略思想的成熟，和对社会主义经济发展规律认识的进一步深化。

第八，关于社会主义的领导力量和依靠力量问题。首先，建设有中国特色社会主义必须坚持作为工人阶级先锋队的共产党的领导核心地位。无产阶级政党是无产阶级革命事业和社会主义建设事业的组织者和领导者。七十多年来，中国共产党团结和带领全国人民，战胜各种艰难险阻，从根本上改变了中国人民的地位、中国历史的方向和中国社会的全貌。党的十一届三中全会以来，又领导人民全面开创了改革开放和现代化建设的新局面。实践证明，中国共产党不仅能够领导革命和社会主义现代化建设取得历史性胜利，而且越是改革开放、发展经济，建立社会主义市场经济体制，越要加强党的领导，抓好党的建设。党的领导和党的建设是社会主义事业取得成功的根本保证。任何怀疑、削弱、否定党的执政地位和领导作用的观点与做法都是错误的和十分有害的。为此，必须坚持用建设有中国特色的社会主义理论武装全党，不断改善和加强党的领导，加强自身建设，进一步提高党的执政水平和领导水平，特别要加强党风建设，加强党同人民群众的血肉联系，加强廉政建设，反对腐败，努力把党建设成为领导社会主义现代化建设的更加坚强的领导核心。其次，必须紧紧依靠广大群众，依靠各族人民的大团结，这是改革开放和现代化建设的力量源泉和胜利之本。所以,必须依靠广大工人、农民,知识分子,必须依靠各族人民的大团结,必须依靠全体社会主义劳动者、拥护社会主义的爱国者和拥护祖国统一的爱国者的最广泛的统一战线。而党领导的人民军队是社会主义祖国的保卫者和建设社会主义的重要力量。

第九,关于按“一国两制”的创造性构想完成祖国统一的问题。实现祖国统一是整个中华民族的根本利益和共同愿望。以邓小平为代表的中国共产党人根据我国的历史和现实情况,总结国内外经验,提出用“一个国家,两种制度”实现祖国和平统一大业的科学构想。即在一个中国的前提下,国家的主体坚持社会主义制度,香港、澳门、台湾保持原有的资本主义制度长期不变。这一构想,不仅符合海峡两岸和港澳同胞的根本利益,促进祖国统一和生产力的发展,而且也是建设有中国特色社会主义理论中的一个创造,是对马克思主义国家学说和新时期爱国统一战线的新发展。

党的十四大报告从九个方面,集中概括了这一理论的主要内容和基本观点,并且构成了一个比较完整的科学体系。就其逻辑结构和内容要点来说,上述九条既是有内在联系,相互依存、相互作用,共同组成的一个统一整体,又可分为三个不同的层次。第 1 条主要讲思想路线,是这个理论的思想基础和哲学基础。第 2 条初级阶段论,是讲它的立论前提和根本出发点,属第一层次。第 3～6 条,是建设有中国特色社会主义理论体系的核心内容和主体骨架,属第二层次。第 7～9 条,主要讲这一理论的战略思想和战略布局,属第三层次。解放思想,实事求是,是建设有中国特色社会主义理论的精髓,“一个中心,两个基本点”的基本路线,是它的核心内容和政治灵魂。其中关于社会主义发展道路的理论,社会主义初级阶段的理论,社会主义本质的理论,社会主义发展动力的理论,社会主义市场经济理论和“一个中心、两个基本点”的理论,是这个理论大厦的最主要支柱。马克思主义生产力标准的理论与社会主义商品经济和市场经济理论,则是它的两大理论基石。这一理论的精神实质是,坚持把马克思主义基本原理与当代中国实际和时代特征相结合，解放思想、实事求是，走自己的路。它是贯穿这个理论始终的一条主线。建设有中国特色社会主义的理论，是马克思主义基本原理同当代中国实际相结合的最新成果，是当代中国的马克思主义。它第一次比较系统地初步回答了中国这样的经济文化比较落后的国家如何建设社会主义，如何巩固和发展社会主义的一系列基本问题，用新的思想、观点继承和发展了马克思主义，初步解决了当代社会主义面临的重大课题。这个理论的问世，不仅是实现我国社会主义现代化的力量源泉，指导世界第一人口大国迈向21世纪的伟大旗帜，而且对探索经济不发达国家如何建设，巩固和发展社会主义的规律作出了历史性的贡献，标志着科学社会主义发展到了一个崭新阶段。从一定意义上说，也是21世纪社会主义的希望所在。

（原载《文史哲》1994年第3期）

建设有中国特色的社会主义民主政治

建设有中国特色的社会主义民主政治是建设有中国特色社会主义的重要内容、根本目标和根本任务之一。民主问题,也是社会主义国家亟待研究解决的重大问题。特别是近几年来,民主已成为世界各国普遍关注的热门话题,也是被资产阶级自由化思潮和国际敌对势力搞得最混乱的问题之一。因此,中国作为一个社会主义大国,如何运用马克思主义的民主观,认真总结国际共产主义运动中的经验教训,从本国的实际出发,正确地认识和解决民主问题,建立和逐步完善适合我国国情的社会主义民主政治,就具有特别重要的意义。

一、社会主义民主政治的特征及意义

探讨社会主义民主政治的含义,特征及意义,是进一步研究我国社会主义民主政治建设的重要前提。

(一)社会主义民主的含义

"民主"一词最早来自古希腊,原意为"人民的权力"或"多数人的统治"。是指由人民直接地或通过分区选出的代表来治理、统治国家,实现大多数人的统治权力。

民主是个多义词,基本含义有三点:首先,作为国家制度和国家形态的民主,这是最基本最本质的含义。列宁说:"民主是一种国家形式,一种国家形态。"[①]所谓"国家制度",包括两方面的意思:一方面,是指这个国家属于哪个阶级的,是什么阶级在国家中占统治地

---

① 《列宁选集》第3卷,人民出版社1972年版,第257页。

位，即所谓国体；另一方面，是指在国家占统治地位的阶级采取什么政权形式来治理国家，实现自己的统治，即所谓政体。因此，民主作为国家制度，是国体与政体的统一。其次，作为人民民主权利方面的民主。列宁说，民主意味着在形式上承认公民一律平等，承认大家都有决定国家制度和管理国家的平等权利。第三，作为民主意识、精神状态方面的民主。这是指公民对参与国家和社会事务管理的内在意识和要求，是民主制度在人们思想意识上的反映和体现。此外还有“民主原则”“民主精神”“民主生活”“民主作风”“民主方法”等等。这些都不是民主的本来含义，而是其转意和引申。总之，上述含义，构成了民主的三种基本要素。它们是辩证的统一体，三者相辅相成，不可分割，比较全面地反映了民主本质的多层次性。

社会主义民主的含义是什么呢？第一，是指社会主义国家的基本政治制度。作为国体，就是无产阶级专政或人民民主专政。作为政体，是人民行使管理国家政权的组织结构与形式，在我国就是人民代表大会制。民主与专政、民主与集中、民主与法制、自由与纪律的统一，就构成了社会主义民主制。第二，指公民的各项民主政治权利。这是社会主义民主的重要组成部分，其核心内容就是人民当家做主的权利。这是民主的一个较低层次的含义。第三，民主意识、民主方法、民主作风等，是民主又一个较低层次的含义。民主意识主要包括主人翁意识和参与意识。民主作风、民主精神，应当成为无产阶级的工作方法和精神状态。

社会主义民主是建立在生产资料公有制基础上的人民当家做主的社会主义国家政治制度，主要包括政治民主、经济民主、文化民主和社会民主。其本质是人民当家做主。

（二）社会主义民主政治的特征

“民主政治”一词，源于古希腊雅典奴隶制国家，是指统治阶级中的大多数享有管理国家权力的政治制度。民主政治是与专制政治相对立的，在不同阶级性质的国家具有不同的阶级性。近代民主政治是以 17 世纪中叶的英国资产阶级革命为开端，逐步形成和发展起来的。资产阶级在革命初期,曾提出“民主政治”的口号,宣称“主权在民”。在资产阶级专政建立以后,则把以普选制和议会制为中心的政治制度,称之为“民主政治”。其作为与封建专制政治相对立的政治制度,是有历史进步性的,但就其本质而言它是资产阶级专政的国家政治制度,具有很大的局限性和虚伪性。正如列宁所说:“资产阶级民主同中世纪制度比较起来,在历史上是一个大进步,但它始终是而且在资本主义制度下不能不是狭隘的,残缺不全的、虚伪的、骗人的民主,对富人是天堂,对被剥削者,对穷人是陷阱和骗局。”①

社会主义民主政治,一方面批判地继承和利用了历史上的民主政体特别是资产阶级民主的某些经验和具体形式,具有一般民主政治的基本特征;另一方面在民主的内容和实质上又具有明显的特征。正如党的十三大报告所指出的:“社会主义民主政治的本质和核心,是人民当家做主,真正享有各项公民权利,享有管理国家和企业的权力。”由此可见,社会主义民主政治与资产阶级民主政治是有根本区别的。就其本质而言,它比资本主义民主要优越得多。列宁指出,“无产阶级民主比任何资产阶级民主要民主百万倍”②,就是从这个意义上来说的。

第一,社会主义民主政治在阶级性质和阶级内容上与资产阶级民主是根本不同的。社会主义民主是历史上从未有过的绝大多数人的民主。工人阶级和广大劳动人民第一次真正成为国家和社会的主人。国家的一切权利属于人民,他们不仅享有生产资料的所有权,支配权,而且在政治、经济、文化和社会生活等各方面享有广泛的民主权利,只对占人口极少数的敌对分子实行专政。而资产阶级民主,则首先是资产阶级专政的国家制度,不管它采取君主立宪制还是总统制、内阁制等具体形式,本质上都是资产阶级用以保护和巩固自己的财产所有权和政治地位的工具,是专供资产阶级少数人享有的民主。

① 《列宁选集》第3卷,人民出版社1972年版,第630页。

② 《列宁选集》第3卷,人民出版社1972年版,第634页。

第二,社会主义民主是建立在生产资料公有制的经济基础之上,并为巩固和发展社会主义经济服务的。在社会主义社会里,随着人剥削人,人压迫人的制度的消灭,无产阶级和广大劳动人民成为生产资料的主人,又是国家和社会的主人。社会主义民主的目的,是为了巩固和完善社会主义公有制,为建设社会主义物质文明,迅速发展社会生产力服务。资产阶级民主制是建立在生产资料资本主义私有制基础之上,并为巩固和发展资本主义经济服务的。两种民主制度服务的经济目的不同,最大的区别就在于一是保护私有制,一是保护公有制。

第三,社会主义民主是历史上最真实最广泛的民主。在内容与形式、原则与实践的关系上与资产阶级民主有根本区别。前者在人类历史上第一次真正成为绝大多数人享有的民主。所以它的内容和形式、原则和实践的关系是一致的,是有名有实的民主。根本无必要也绝不允许对广大人民群众进行欺骗,或说一套做一套。后者的内容和形式、原则和实践总是脱节的,具有很大的虚伪性和狭隘性。尽管资本主义国家的法律规定,在法律面前人人平等,但谁都清楚,“剥削者不能同被剥削者平等”[①]。由于资产阶级不敢承认国家是阶级统治的工具、不敢承认资产阶级国家政权是少数人对多数人的统治,就决定了它势必采取虚伪的民主形式,并惯于将其标榜为全民民主、普遍民主。

第四,社会主义民主在国家政权组织形式上实行民主集中制原则。这是与资产阶级民主在政体上形式上的根本不同。社会主义民主政治的特征之一,就是把民主集中制作为民主政体的组织原则。它既是民主的、又是集中的,是高度的民主与高度的集中的辩证统一。资产阶级国家和资产阶级政党虽然也实行“少数服从多数”的民主原则,但没有也不可能把民主集中制作为自己的组织原则。这是由剥削阶级及其民主的性质决定的。

---

① 《列宁选集》第3卷,人民出版社1972年版,第639页。

第五，社会主义民主是在工人阶级政党领导下的民主。社会主义民主并不是自发产生的，它是在无产阶级政党的领导下，通过无产阶级革命斗争推翻剥削阶级统治后建立起来的。此后也不会自发地发展和完善。实践证明，没有共产党的领导，就没有社会主义民主，取消共产党的领导，就是取消社会主义民主。党对国家生活的领导，从根本上讲，就是组织和支持人民当家做主，建设社会主义的新生活。社会主义民主和坚持工人阶级政党的领导是完全一致的。资产阶级民主则是通过资产阶级政党的活动及其领导来实现的。

（三）建设社会主义民主政治的重大意义

第一，社会主义民主政治是社会主义社会的重要特征，没有民主，就没有社会主义，党的十三大报告首次提出关于社会主义民主政治是社会主义重要特征的科学观点。这是以邓小平为代表的中国共产党人对社会主义再认识过程中取得的一个重大理论成果。马克思、恩格斯早就指出："工人革命的第一步就是使无产阶级上升为统治阶级，争得民主。"①列宁也指出："不实现民主，社会主义就不能实现……胜利了的社会主义如果不实行充分的民主，它就不能保持它所取得的胜利，引导人类走向国家的消亡。"②但是没有将其作为社会主义的特征明确提出来。党的十二大报告，首次对社会主义社会的基本特征作了比较系统全面的科学概括。其后，在党的有关文件中，又作了进一步的补充与发挥。这些特征是：(1)生产资料公有制和剥削制度的消灭；(2)按劳分配；(3)国民经济有计划按比例地发展，实行有计划的商品经济；(4)高度发达的生产力和比资本主义更高的劳动生产率；(5)工人阶级和劳动人民的政权，建立社会主义的民主政治制度；(6)以马克思主义为指导的社会主义的精神文明。从而突破了长期以来仅仅从社会经济方面理解社会主义的传统观念，丰富和发展了马列主义关于社会主义本质特征的理论。

---

① 《马克思恩格斯选集》第1卷，人民出版社1972年版，第272页。

② 《列宁选集》第23卷，人民出版社1959年版，第71页。

第二，建设高度的社会主义民主，是我们建设社会主义的根本目标和根本任务之一。党的十二大报告正式提出："建设高度的社会主义民主，是我们的根本目标和根本任务之一。"并把我国建设成为高度文明、高度民主的社会主义国家作为新时期的总任务。这表明我党已把民主置于社会主义建设总体布局的战略地位。党的十三大进一步把实现社会主义民主政治作为党的基本路线的重要内容和奋斗目标，强调"为把我国建设成为富强、民主、文明的社会主义现代化国家而奋斗。"这说明，我党对民主政治建设的重要性及地位的认识已经产生了新的飞跃。长期以来，往往把民主只当作一种手段，不承认民主是我们为之奋斗的一个崇高目标。事实证明，民主既是手段又是目的，民主是手段和目的辩证统一。如果把民主仅仅当作手段，就必然产生忽视民主的错误倾向。只有建设高度的社会主义民主，才会有完全的、充分发展的社会主义。

第三，建设社会主义民主政治，是建设社会主义物质文明和精神文明的重要保证。党的十二大报告明确指出："社会主义物质文明和精神文明的建设，都要靠继续发展社会主义民主来保证和支持。"这主要表现在：只有建设高度的社会主义民主和完善的社会主义民主政治，才能有巩固的和强有力的无产阶级领导的社会主义国家政权，才能充分调动全国各族人民进行社会主义物质文明和精神文明建设的积极性和创造性，保证经济建设和思想文化建设得以顺利发展，才能正确总结两个文明建设的经验教训，及时制定符合我国国情的正确路线、方针和政策，才能有效地抵制各种错误思潮，尽量避免或减少失误，并有利于发现、培养和造就社会主义现代化建设的各种人才。

第四，建设社会主义民主政治，是巩固无产阶级专政或人民民主专政的国家政权，防止向资本主义倒退的重要保障。社会主义民主是民主与专政的统一。只有加强社会主义民主政治建设，才能使无产阶级专政具有广泛而深厚的群众基础，既保障人民的民主权利，又能有效地对敌人实行专政，对各种违法犯罪分子进行有力制裁。在我国,虽然剥削阶级作为阶级已被消灭,但阶级斗争还将在一定的范围内长期存在。阶级斗争的中心问题是维护还是颠覆无产阶级专政的国家政权问题。只有建设高度的社会主义民主,使人民群众充分地行使管理国家和社会的民主权利,完善各种监督机制,使党和国家的决策民主化科学化,才能正确地处理国内和国际范围的阶级斗争问题,有效地开展反对资产阶级自由化和"和平演变"的斗争,才能防止国家工作人员由"社会公仆"变为"社会主人",保证党和国家的领导权牢牢掌握在马克思主义者手中,确保国家的社会主义性质。

第五,建设社会主义民主政治,是保证社会主义社会的顺利发展和最终向共产主义过渡的必要条件。只有逐步建设高度的社会主义民主,才能使社会主义国家长治久安,社会主义社会得到全面和谐的发展,才能在社会主义和资本主义两种社会制度并存的局面下,保持强大的竞争力和吸引力。当代社会主义的实践证明,每当工人阶级执政党正确认识和处理民主问题,使社会主义民主得到发扬的时候,社会主义事业就兴旺发达;而当处理失误,民主被窒息或破坏时,社会主义事业就遭到严重挫折,甚至使无数革命先烈换来的无产阶级国家政权得而复失。由此可见,加强社会主义民主政治建设,充分发扬社会主义民主,不仅是社会主义各项事业顺利发展,最终战胜资本主义的客观需要,而且也是将来向共产主义过渡的必要条件。

二、建设有中国特色社会主义民主政治的科学依据

有中国特色的社会主义民主政治就是适合中国国情的具有民族特点的人民当家做主的社会主义民主政治制度。是马克思主义关于社会主义民主的基本理论与中国具体实际相结合的产物,是社会主义民主政治的共性与中国国情的个性的统一。

(一)马克思主义的民主观是建设有中国特色社会主义民主政治的理论根据

马克思主义关于民主问题的基本观点概括起来主要是:

第一,民主是一个历史范畴,是一个不断地向前发展的历史过

程，社会主义民主是新的最高类型的民主。马克思主义认为，民主作为一种国家制度，是在阶级和国家出现之后才有的。原始社会，曾产生过非国家形态的民主，即原始民主。恩格斯称之为“古代自然长成的民主制”[①]，列宁称为“古代的民主萌芽”[②]。随着阶级和国家的出现，相继产生了奴隶制民主等剥削阶级的民主。到了近代资本主义社会，作为国家制度的民主发展到更加完备的形态。社会主义民主的出现，是对资产阶级民主的否定，是人类历史上新型的、最高类型的民主。列宁指出：“绝大多数人享受民主，对那些剥削和压迫人民的分子实行强力镇压，即把他们排斥于民主之外，——这就是从资本主义向共产主义过渡条件下形态改变了的民主。”[③]

第二，民主作为国家制度是一个政治范畴，具有鲜明的阶级性，超阶级的民主是根本不存在的。马克思主义认为，民主首先是一个国家形态问题，即国家主权属于谁，由哪个阶级来享受民主的问题。作为国家制度的民主，总是同一定的社会阶级对立联系在一起，体现着一定阶级专政的国家形式和政治外壳，是一定阶级实行政治统治的手段和工具。因此，列宁曾多次强调，讲民主，首先要问，是哪一个阶级的民主。只要有不同的阶级存在，就不能说是“纯粹民主”“超阶级的民主”。坚持民主的阶级性，乃是我们观察民主问题的一个基本理论观点。

第三，民主属于政治上层建筑，由一定的社会经济基础产生，并为这种经济基础服务。列宁说：“任何民主，和一般的任何政治上层建筑一样（这种上层建筑在阶级消灭之前，在无阶级的社会建立之前，是必然存在的），归根到底是为生产服务的，并且归根到底是由该社会中的生产关系决定的。”[④]毛泽东也指出：“归根结底，它是为经

① 《马克思恩格斯选集》第4卷，人民出版社1972年版，第100页。

② 《列宁选集》第3卷，人民出版社1972年版，第723页。

③ 《列宁选集》第3卷，人民出版社1972年版，第247页。

④ 《列宁选集》第4卷，人民出版社1972年版，第439页。

济基础服务的。”[①]因此，不管是哪种民主制，总是以一定的生产资料所有制形式为基础，总是维护在政治上占统治地位的阶级的财产所有权，总是体现统治阶级的经济利益和要求。因此，那种脱离经济基础的民主，脱离生产资料和其他财产所有权的民主，是不存在的。根据马克思主义关于经济基础与上层建筑相互关系的原理，我们既要看政治上层建筑对经济基础的强大反作用，没有民主就没有社会主义，也要看经济基础对上层建筑的决定作用，生产资料公有制是决定社会主义性质的根本因素，没有社会主义也不会有社会主义民主。这样才能比较全面地认识民主与社会主义的关系。

第四，民主与法制从来就是密不可分的，民主不能脱离法制的轨道。作为国家形式的民主制度，主要包含三个原则，即多数原则，程序原则和少数原则。也就是说，在实施民主制的过程中，要遵循少数服从多数的原则，同时保护少数，在操作上要按照宪法和有关法律所规定的程序进行，所以民主必须受到法律的约束。一切民主制，都是如此。民主一旦脱离法制轨道和约束，就不成其为民主。

第五，民主的发展，要受主客观条件的限制，只能是个渐进过程，不是一蹴而就的。从民主发展的历史过程来看，作为国家形态的民主，在历史发展的一定阶段而产生，又在历史发展的一定阶段而消亡。在不同的历史阶段和不同的历史条件下，民主的内容和形式都是不同的。列宁说：“在古代希腊各共和国中，在中世纪各城市中，在先进的各资本主义国家中，民主有不同的形式和不同的运用程度。”[②]从社会主义民主发展的进程看，由于受到经济、科学、文化发展水平的制约，由于受到本国历史和文化传统的影响以及社会主义民主本身有一个从不成熟到成熟、由初级到高级的发展过程等原因，民主政治建设也必然是一个渐进过程。

---

① 《毛泽东选集》第5卷，人民出版社1977年版，第368页。

② 《列宁选集》第3卷，人民出版社1972年版，第723页。

(二)从社会主义初级阶段的实际出发,是建设有中国特色的社会主义民主政治的客观依据

1. 我国社会主义民主政治正处在初级发展阶段

我国正处在社会主义初级阶段,与这个基本国情相适应,社会主义民主政治也只能处于初级发展阶段。它既不同于以阶级斗争为主要任务的无产阶级民主阶段,又不同于高度发展的社会主义民主政治阶段。一方面社会主义制度的确立,为我国社会主义民主政治建设奠定了坚实的基础并开辟了广阔的道路,从本质和类型上说,已经具备了社会主义民主政治的特征,初步建立了社会主义民主制度;另一方面,由于现阶段经济、政治、思想文化等条件的限制,以及建国后相当长的时间内忽视了民主政治建设,致使我们的民主政治在内容和形式上都还很不充实和完善。因此,便形成了社会主义初级阶段民主具有两重性的根本特点,即它既是人类民主发展史上最高类型和最先进的民主,又是社会主义自身发展中最低层次的不完善的民主。主要表现在:第一,从国家制度上说,既从根本上优越于资本主义民主,又在具体制度和体制上,还未能充分实现民主。第二,人民代表大会制度虽早已确立,但还不够健全和完善。第三,我国的基本政治制度是好的,但具体的领导制度,组织形式和工作方式上,尚存在一些重大缺陷和弊端。第四,人民虽享有当家做主的地位和权利,但民主意识还很薄弱。这些特点都是由我国正处于社会主义初级阶段的基本国情决定的。我们虽然建立了社会主义制度,已具备了社会主义社会的本质特征,但由于我国原来是一个半殖民地半封建的大国,现阶段的生产力水平仍然很低,社会主义的物质技术基础还较薄弱,11亿多人口,80%在农村,各地区之间的生产发展又极不平衡,商品经济很不发达,社会主义经济制度还不成熟不完善。这种状况不能不使民主政治的发展受到很大限制。同时,我国的教育、科学文化相当落后,文盲半文盲还占人口近1/4,全民族的文化素质还很低,民主意识淡薄。加之旧中国遗留给我们的封建专制传统比较多,民主法制传统很少。这些情况,必然严重影响和阻碍民主政治建设

的发展。因此,建设有中国特色的社会主义民主政治,必须从我国社会主义初级阶段的基本国情出发,而不能避开它,绕过它。党的十三大报告指出:"社会主义民主政治的建设,既因为封建专制主义的影响很深而具有特殊的迫切性,又因为受到历史的社会的条件的限制,只能有秩序有步骤地进行。""建设社会主义民主政治同发展社会主义商品经济一样,是一个逐步积累的渐进过程。"这就进一步告诉我们,要建设有中国特色的社会主义民主政治,必须在马克思主义关于民主问题的基本理论指导下,正确认识国情,特别是认清我国现阶段社会性质及其发展阶段,既要充分认识进行民主政治建设的有利条件,又要清醒地分析不利因素。按照"社会主义愈发展,民主也愈发展"①的客观规律,立足于社会主义初级阶段的实际,既要树立民主政治建设的决心和信心,增强紧迫感,积极为发展民主创造各种条件并付诸行动,又要充分认识民主政治建设的渐进性,长期性和艰巨性,不能脱离国情急于求成。

2. 中国社会主义民主政治发展的曲折道路

建国四十多年来,我国民主政治建设已取得了很大的成绩,但也走过了曲折的道路。

第一阶段,是新中国成立到过渡时期基本结束期间的社会主义民主初创阶段,也是民主政治建设较好的时期。我们建立了人民民主专政,创建了人民代表大会制度和政治协商会议等民主制度。1954 年制定了新中国的第一部宪法,把无产阶级和广大劳动群众所获得的国家政权及各项民主权利,用法律形式固定下来。

第二阶段,是社会主义改造基本完成以后,至"文化大革命"前。这十年,虽然发生了反右斗争扩大化,"大跃进""人民公社化"运动以及"反右倾"三次曲折,使党内民主和社会主义民主遭到了破坏。但是,我党及时纠正了错误,社会主义民主建设仍然取得了很大成就,人民民主专政的政权更加巩固。党的八大提出全面发展和扩大社会

---

① 《邓小平文选》第 2 卷,人民出版社 1983 年版,第 168 页。

主义民主的任务及措施和方法。毛泽东总结国内外的经验教训，对社会主义民主建设的一系列重大问题，从理论或实践的角度作了精辟论述，并且提出要造就一个又有集中又有民主、又有纪律又有自由、又有统一意志、又有个人心情舒畅、生动活泼，那样一种政治局面的要求。这些理论和措施，对推动我国的社会主义民主建设都起到了积极作用。

第三阶段，是"文化大革命"的十年，即民主政治建设遭到严重破坏的阶段。此间，阶级斗争扩大化愈来愈严重，无产阶级专政的理论被曲解，个人崇拜发展到极端，民主集中制原则遭到践踏和破坏，疾风暴雨式的政治运动及"大鸣、大放、大字报、大辩论"斗争形式的空前被采用，造成极端民主化和无政府主义的局面。其结果人大、政协、多党合作停止了活动，法制失去作用，公检法等执法监督机关被砸烂，广大干部和群众的人身安全和基本民主权利失去保障，使人民民主专政和社会主义民主遭到了空前的大破坏。

第四阶段，是"文化大革命"结束后，特别是党的十一届三中全会以来，我国民主政治建设的新阶段。在改革开放十多年的实践中，我国社会主义民主政治建设无论在理论上还是在实践上，都取得一系列重大进展。在理论方面的贡献，主要是：(1)恢复人民民主专政的提法并且发展了人民民主专政的理论；(2)在指导思想上确立了民主政治建设在社会主义现代化建设总体布局中的战略地位；(3)关于民主政治建设必须从社会主义初级阶段的实际出发，我国的民主政治正处在初级发展阶段的观点；(4)关于社会主义民主政治的本质和核心的观点；(5)关于发展社会主义商品经济的过程，应该是建设社会主义民主政治的过程，民主政治的建设和商品经济的发展是一致的观点；(6)关于社会主义民主政治建设必须以社会安定团结为前提条件的观点；(7)关于一定要按照民主集中制的原则，继续改革和完善国家的政治体制和领导体制，政治体制改革是社会主义民主政治建设必由之路的观点；(8)关于社会主义民主的建设必须同社会主义法制的建设紧密地结合起来，使社会主义民主制度化、法律化、并着重致力于基本制度完善的观点;(9)关于社会主义民主政治建设是一个庞大的社会系统工程,把民主划分为政治生活,经济生活,文化生活和社会生活,以及国家,地方,基层等多方面多层次的观点;(10)关于以党内民主来逐步推动人民民主,是发展社会主义民主政治的一条切实可行、易于见效的途径的观点;(11)关于社会主义民主政治建设是一个长期的循序渐进的过程的观点。这些重要观点的提出,初步形成了我国社会主义初级阶段民主政治建设的完整理论体系,进一步加深了对有中国特色的社会主义民主政治的认识,从而丰富和发展了马克思主义关于社会主义民主政治建设的理论。

三、建设有中国特色社会主义民主政治的基本内容

江泽民《在庆祝中国共产党成立七十周年大会上的讲话》指出:"有中国特色社会主义的政治,必须坚持工人阶级领导的、以工农联盟为基础的人民民主专政,不能削弱和放弃人民民主专政;必须坚持和完善中国共产党领导的多党合作和政治协商制度,不能削弱和否定共产党的领导,不能搞西方那种多党制。我们应该牢牢把握有中国特色社会主义政治的这些基本要求,不断加强社会主义民主和法制建设。发展安定团结、生动活泼的政治局面,保证人民当家做主和国家长治久安。"这不仅对有中国特色社会主义民主政治的基本内容和要求作了高度概括与科学总结,而且对进一步探讨我国民主政治建设的客观规律具有重要的指导意义。

(一)人民民主专政是具有中国特色的无产阶级专政形式

无产阶级专政是新型民主和新型专政的社会主义国家政权。马克思主义认为,无产阶级推翻资产阶级统治以后,在过渡时期和建设社会主义的整个过程中,都必须建立和保持无产阶级专政的国家政权。这是一个普遍的原理。但是,马克思主义也认为,无产阶级专政的国家形式是多种多样的,并没有一种固定不变的模式。无产阶级专政的历史也证明了这一点。例如,巴黎公社是无产阶级专政的一种形式,苏维埃政权,则是无产阶级专政的另一种形式。人民民主专

政也是其形式之一。

人民民主专政是工人阶级（经过共产党）领导的以工农联盟为基础的，实行人民民主和人民专政的社会主义国家政权，是在人民内部实行民主和对敌人实行专政的结合，是最适合我国国情的社会主义民主政治制度。人民民主专政理论是在新民主主义革命过程中逐步形成的，是马列主义关于无产阶级专政的普遍原理在中国条件下的具体运用和发展。同其他无产阶级专政国家相比，它具有许多特点和优点：第一，在其发展过程中，经历了新民主主义和社会主义两个互相衔接而又性质不同的发展阶段。在新民主主义革命时期，是无产阶级领导的各革命阶级的联合专政，随着由新民主主义革命向社会主义革命的转变，人民民主专政变成了实质上的无产阶级专政。第二，在阶级结构方面，农民占有重要地位。第三，其内部实行广泛的政治联盟。在社会主义革命时期，仍存在两个联盟：一个是工人同农民和其他劳动人民的联盟，这是人民民主专政的基础；另一个是工人阶级同民族资产阶级和其他可以团结的非劳动人民的联盟。这是在工农联盟基础上的更广泛而又不可缺少的联盟。这种联盟关系同苏维埃俄国的情况完全不同。第二个联盟的存在，是我国人民民主专政的一大特点，也是无产阶级专政史上的伟大创举。在现阶段，第二个联盟不仅仍然存在，而且已发生了重大变化，有了新的发展。第四，实行共产党领导的多党合作，是其又一特点。第五，其概念含意明确，更符合中国国情。不仅直接标明了民主和专政的两个方面，而且也鲜明地体现了人民在国家生活中的主人翁地位，从而避免了对它的误解和片面性。

人民民主专政的实质仍然是无产阶级专政。(1)领导力量和阶级基础相同。都是工人阶级（通过共产党）在工农联盟基础上对整个社会实行国家领导。(2)基本职能相同。都是新型民主和新型专政的国家政权，对无产阶级和广大劳动人民实行民主，对少数敌人专政，对内领导和组织社会主义建设，对外保卫社会主义国家不受侵犯。(3)历史任务相同。都以建设社会主义和共产主义社会为自己的历史任务。

社会主义国家的实践经验证明，坚持无产阶级专政或人民民主专政，不仅在过渡时期是必要的，而且在社会主义社会仍然是必要的。第一，在社会主义社会，阶级斗争还将在一定的范围内长期存在，并且在一定的条件下可能激化，斗争的中心问题仍然是国家政权问题。因此，人民政权的专政职能不能削弱，更不能放弃。第二，需要人民民主专政的国家政权来领导和组织经济文化建设。第三，是防御国外敌人的颠覆和侵略，反对和防止“和平演变”的根本保证。当代社会主义“和平演变”为资本主义的危险性空前地增加了，我们必须保持高度的警惕。

无产阶级专政的理论是马克思主义的精髓，是否坚持无产阶级专政，仍然是区分真假马克思主义的试金石。一切国内外的阶级敌人和机会主义者，都竭力否定无产阶级专政的理论，反对无产阶级专政。特别是近几年来，西方敌对势力和顽固坚持资产阶级自由化立场的人，相互配合，攻击无产阶级专政是“专制”、“独裁”“扼杀民主”、“侵犯人权”等等，并以超阶级的“民主”、“人权”为幌子，极力美化资产阶级民主，主张全盘引进西方民主制度。列宁早就指出：“借谈论‘一般民主’来拥护资产阶级民主，借斥责‘一般专政’来反对无产阶级专政，就是公然背叛社会主义，实际投降资产阶级。”[①]

(二)人民代表大会制度是我国的根本政治制度

这是根据马克思主义关于无产阶级政权建设的理论，总结我国革命根据地政权建设的经验，并吸取国际共产主义运动关于无产阶级政权建设的经验教训而确定的，是便于全国各族人民共同行使国家权力的政权组织形式。

第一，具有更广泛的民主基础。我国宪法和选举法规定，全国人民代表大会和地方各级人民代表大会的代表，是由人民以直接和间接相结合的民主选举方式产生的。根据目前的实际情况，规定县和

① 《列宁选集》第3卷，人民出版社1972年版，第718页。

县以下的人民代表由选民直接选举产生,县以上各级人民代表大会代表则是间接选举产生,即由下一级人民代表大会选出。尽管选举的具体方式有所不同,但都是在普选的基础上产生的,并由人民监督和撤换。因此,它具有广泛的群众基础和代表性。同时,这种人民代表大会制,比巴黎公社和苏维埃具有更广泛的社会基础。

第二,由人民代表大会统一行使国家的权力。我国宪法明确规定:"中华人民共和国的一切权力属于人民。人民行使国家权力的机关是全国人民代表大会和地方各级人民代表大会。"全国人民代表大会是最高国家权力机关。我国全部国家机构,包括行政、司法与检察机关,都是在人民代表大会的基础上建立起来的。中央政府各领导机关是由全国人民代表大会产生的,地方各级人民政府、法院也都由地方各级人民代表大会选举产生。这些国家机关都必须执行上一级与同一级人民代表大会的决定,向同级代表大会负责并报告工作,接受监督。全国人民代表大会不但行使国家立法权,包括制定和修改宪法、制定和修改刑事、民事和其他基本法律,同时还具有选举和决定最高国家机关领导成员的权力。有审议、批准国民经济发展计划和计划执行情况的报告以及决定一切全国性重大问题的权力。在由人民代表大会统一行使国家权力的前提下,各个国家机关合理分工,各司其职,各尽其责,根据人民的意志在各自的职权范围内发挥职能作用。可见,这种政治制度是一种中央统一领导的一院制,拥有比较广泛的权力,具有行使国家最高权力的统一性。

第三,实行民主集中制原则。全国各级人民代表大会都是在民主基础上产生的。它的权力直接来自人民,它的代表由人民选举产生,对人民负责,并受人民监督。各级人民代表大会的活动过程,也就是民主集中的过程。在人民代表大会内部实行少数服从多数的原则,在中央与地方之间的关系上是地方服从中央,上级和下级之间的关系是下级服从上级。任何法律的制定和重大问题的决策,都要经过全国和地方各级人大充分讨论,民主协商,民主决定,并由行政机关认真贯彻执行。充分体现了人民主权的原则,体现了人民权力的至上性和全权性,既能保证中央集中统一领导又能充分发挥地方主动性、积极性。实践证明,这是对巴黎公社民主制和苏维埃民主制的继承和发展,是议行合一原则的具体运用和中国化的形式。

少数坚持资产阶级自由化立场的人,极力主张在我国实行西方式的三权分立制度,这是绝对不能容许的。

(三)中国共产党领导的多党合作制度,是我国政治制度的一大特点和优点

这种政党制度,具有下列特点:第一,各民主党派都接受中国共产党的领导,同时又同共产党互相监督。第二,都在中国共产党的领导下共同致力于社会主义事业,在现阶段把建设社会主义和统一祖国,振兴中华作为共同的奋斗目标。第三,都是参政党。它们参加国家政权、参与国家事务的管理,参与国家大政方针的协商和决策。第四,都代表着一定阶级、阶层中的一部分人的合法利益,反映他们的意见和要求。第五,都得到宪法的承认和保护,享有宪法范围内的政治自由、组织独立和法律上的平等地位。

中国人民政治协商会议是包括各民主党派、各人民团体和社会各方面代表的爱国统一战线组织,也是体现多党派合作的重要政治形式和组织形式。中国共产党同各民主党派和无党派人士在这里对国家政治生活、经济文化建设中的大政方针和统一战线中的重大问题进行充分协商、讨论,并发挥民主党派的监督作用。中共中央和各级党委召开的民主党派和无党派人士座谈会,也是合作的形式之一。在国家权力机关和国家执行机关中也存在逐步完善多党合作和协商制度的问题。当然多党合作还体现在人民团体、社会团体和学术团体等等之中。

我国的多党合作和政治协商制度,同资本主义国家的多党制有根本区别:(1)阶级本质不同。前者是代表工人阶级和全体劳动人民利益的社会主义政党制度。后者是代表资产阶级利益的资本主义的政党制度。(2)经济基础不同。前者是建立在生产资料公有制为主体的基础之上,后者是建立在私有制基础之上的。(3)政治目的不同。

前者是为社会主义经济基础服务,后者是为巩固私有制效劳。(4)政党的关系不同。前者是在共同的根本利益一致基础上的团结合作关系,后者是反映各垄断资本集团的利益和他们之间的竞争与冲突,彼此斗争激烈,尔虞我诈,相互倾轧,有在朝、在野和反对党之分。

少数坚持资产阶级自由化立场的人,大肆鼓吹在中国实行西方的多党制,这是极其错误的,是根本不符合我国国情的。我国根本不存在实行西方多党制的历史和现实条件,既没有经济基础,也没有政治基础。在资本主义制度下,不管是一党多派制,还是两党制、多党制,都没有改变政党和政权的资产阶级性质,更不会消除资产阶级对广大劳动群众的剥削和压迫。恩格斯指出:"可以看到两大帮政治投机家,他们轮流执掌政权,用最肮脏的手段为最卑鄙的目的运用这个政权,而国民却无力对付这两个大的政客集团,这些人表面上是替国民服务,实际上却是统治和掠夺国民的。"[①]照搬西方多党制的要害是取消共产党的领导和执政地位。如果那样,人民的政权就要丧失,社会主义制度就要被颠覆,国家就要分裂,人民就要遭殃。全国各族人民是决不允许的。

(四)民族区域自治是适合我国国情的一项政治制度

民族区域自治是中国共产党运用马列主义解决我国民族问题的基本政策,是国家的一项重要制度。它是由我国的具体国情和民族特点决定的,完全符合各民族的根本利益和共同愿望。我国是中华各民族共同缔造的统一的多民族国家。在统一的国家内实行民族区域自治,既能充分尊重少数民族的自主权,保障各少数民族的合法权利和利益,有利于加速发展各少数民族的经济和文化,又有利于抵御外来的侵略和颠覆,保障整个国家的独立和繁荣。它和在国家结构形式上实行联邦制的社会主义国家有明显不同。我们要坚持和完善民族区域自治制度,继续贯彻执行党的民族政策,促进民族地区加快经济文化发展,实现各民族的共同繁荣和进步。

① 《马克思恩格斯选集》第2卷,人民出版社1972年版,第335页。

四、建设有中国特色社会主义民主政治的根本途径

(一)大力发展社会主义的经济和文化

马克思说:“权利永远不能超出社会的经济结构以及由经济结构所制约的社会的文化发展。”[1]只有当生产力能为社会成员提供起码的衣食住等生活条件时,才能谈到民主,更不用说现代意义上的民主了。只有用现代化大生产才能为广大人民群众享有极为广泛的民主权利提供充分的物质基础。发展社会主义民主离不开现代化的信息传输系统。只有高度发达的生产力,才能提供高效的现代化的信息传输系统。只有用现代化的大生产才能创造较高的劳动生产率,为劳动者提供充裕的时间去参加国家和社会的管理。这就是说,民主生活,民主活动,不仅要以一定的物质条件为基础,而且要以一定的闲暇时间为前提。

同样,发展社会主义民主政治也离不开一定的文化条件。大力发展文化教育事业,提高全民族的科学文化水平和思想道德素质,进而提高人民的民主意识和参政质量,对加速民主建设的进程,具有重要的意义。在一个经济文化落后,文盲众多的国家里,要想实现高度的社会主义民主是难以想象的。列宁曾深刻指出:“由于文化水平这样低,苏维埃虽然在纲领上是通过劳动群众来实行管理的机关,而实际上却是通过无产阶级先进阶层来为劳动群众实行管理。”[2]由此可见,加强社会主义民主政治建设,必须同加强社会主义物质文明和精神文明建设紧密结合起来,使其相互促进,协调发展。

(二)实行政治体制改革,不断完善国家的政治体制和领导体制

政治体制改革是社会主义民主政治建设的根本手段和必由之路。党的十三大报告指出:“进行政治体制改革就是要兴利除弊,建设有中国特色的社会主义民主政治。”并且明确规定,改革的长远目

---

① 《马克思恩格斯选集》第3卷,人民出版社1972年版,第12页。

② 《列宁选集》第3卷,人民出版社1972年版,第789页。

标，是建立高度民主、法制完备、富有效率、充满活力的社会主义政治体制；改革的近期目标，是建立有利于提高效率、增强活力和调动各方面积极性的领导体制。逐步改革和完善国家的政治体制和领导体制，是我国政治体制改革的重要内容。虽然我们的基本政治制度是好的，但在具体的领导制度、组织形式和工作方式上，至今仍然存在着一些重大缺陷。除在如何充分发挥人民代表大会的作用方面尚有许多不健全不完善的地方外，从领导体制和效率活力方面来说，也存在着党政不分、权力过分集中、机构重叠、职责不明、人浮于事、官僚主义严重等问题。只有通过政治体制改革，才能克服这些弊端，逐步健全和完善各方面的民主制度和民主生活，使人民群众对国家和基层组织以及企事业的管理有真正的发言权、决策权、监督权。

（三）民主建设必须同法制建设相结合，使社会主义民主制度化、法律化

社会主义民主和社会主义法制，是紧密联系、相互促进、不可分割的。社会主义民主是社会主义法制的内容和基础，社会主义法制是社会主义民主的体现和保障。法制建设离不开民主的基础，民主建设不能离开法制的轨道。所谓“社会主义民主法律化”，就是通过国家制定各种法律把社会主义民主的国家制度、政治制度和人民的各项民主权利用法律形式加以确认和固定下来，保证人民享有管理国家和社会的最高权力。社会主义民主制度化，是用法定的程序和制度，去保障人民民主权利的真正实现。邓小平于 1987 年在总结我党历史的经验教训时就深刻指出：“为了保障人民民主，必须加强法制。必须使民主制度化、法律化，使这种制度和法律不因领导人的改变而改变，不因领导人的看法和注意力的改变而改变。”① 后来又多次强调，重点是切实改革并完善党和国家的制度，从制度上保障党和国家政治生活的民主化，经济管理的民主化，整个社会生活的民主化，促进现代化建设事业的发展。

① 《邓小平文选》第 2 卷，人民出版社 1983 年版，第 146 页。

(四)实行民主集中制原则,反对官僚主义和无政府主义

社会主义国家的性质和任务决定了既要有广泛的民主,又要有高度的集中。列宁指出:“恩格斯同马克思一样,从无产阶级和无产阶级革命的观点出发坚持民主集中制,坚持统一而不可分割的共和国。”[①]社会主义民主政治建设必须遵循这一原则,坚持在高度民主的基础上实行高度的集中,把民主和集中正确地结合起来,指导国家和社会的政治生活。这种高度民主和高度集中相结合的民主制度,既区别于官僚主义的集中制,又区别于无政府主义。官僚主义是剥削阶级思想和旧社会衙门作风的一种反映,是旧社会遗留给新社会的一种祸害。如果任其滋长,就有毁掉人民国家政权和整个社会主义事业的危险。对此,列宁曾尖锐指出:“共产党员成了官僚主义者。如果说有什么东西把我们毁掉的话,那就是这个。”[②]毛泽东在建国后也深刻指出,官僚主义在一个很长的时期内还将是一个大问题。就其社会根源来说,就是反动统治阶级对待人民的反动作风(反人民的作风,国民党的作风)的残余在我们党和政府内的反映的问题。因此,建设社会主义民主政治,必须反对官僚主义。无政府主义是一种小资产阶级的反动政治思潮。它否定一切政权和国家,否定任何集中和权威,反对无产阶级有组织有领导的革命斗争,反对任何组织纪律,鼓吹个人绝对自由和极端民主。在社会主义条件下,无政府主义也是阻碍社会主义民主建设的一大祸害。有这种思想观点的人,把民主和专政、民主和集中,自由和纪律对立起来。只要民主,不要集中,不要领导,反对一切必要的服从。把民主歪曲成绝对的,不受任何限制的东西。以为想说什么就说什么,想干什么就干什么,可以随心所欲,个人第一,无法无天。至于法律规定,社会公德,国家利益,党的领导,统统可以丢弃。这种看法是非常错误的。它在实践中必然破坏正常的生产秩序、工作秩序和社会秩序,损害绝大多数人的民

---

① 《列宁选集》第3卷,人民出版社1972年版,第232页。

② 《列宁全集》第35卷,人民出版社1959年版,第552页。

主权利，导致无政府状态和社会动乱。因此，发展社会主义民主，必须把反对官僚主义和反对无政府主义紧密结合起来，以推进我国民主政治的健康发展。

（五）加强和改善党对社会主义民主政治建设的领导

邓小平明确指出："如果离开四项基本原则，抽象地空谈民主，那就必然会造成极端民主化和无政府主义的严重泛滥，造成安定团结政治局面的彻底破坏，造成四个现代化的彻底失败。"[①]坚持四项基本原则的首要一条，就是坚持党的领导。实践已经证明，只有在中国共产党的领导下，才能建立我国的社会主义民主制度，并且创造出适合我国的社会主义民主的具体形式，才能逐步为建设高度的社会主义民主创造必要的经济文化条件，才能不断地排除各种阻力和干扰，使社会主义民主建设得以顺利向前发展。近几年来，坚持资产阶级自由化立场的人，把发展社会主义民主同维护党的领导对立起来，攻击党的领导是"专制独裁"，并鼓吹所谓"精英"政治，"一部分人先民主起来"，其实质就是妄图推翻共产党的领导，破坏和否定社会主义民主，建立资产阶级专政，复辟资本主义。当然，加强党的领导，必须在改革开放的新形势下不断改善党的领导。这就是说，在社会主义民主政治建设的过程中，要进一步实现党政职能分开的领导体制，健全党的集体领导制度和民主集中制，搞好党的决策的民主化和科学化，以党内民主推动人民民主，强调党要在宪法和法律范围内活动。只有不断加强和改善党内民主和执政党自身建设，才能更好地发挥党对我国社会主义民主政治建设的领导作用。

（原载杨尊明等主编《科学社会主义在中国的发展》，天津人民出版社 1992 年版）

① 《邓小平文选》第 2 卷，人民出版社 1983 年版，第 176 页。

台湾的根本出路在于祖国统一*

1995年1月30日，江泽民总书记就台湾问题发表了重要讲话，提出了推进祖国和平统一进程的八项主张，受到海内外中国人的普遍欢迎和支持。1995年是世界人民反法西斯战争、中国人民抗日战争胜利50周年，这给两岸关系的发展提供了一个很好的机遇。在此之际，台湾当局本应以民族大局为重，共同商讨如何开创两岸关系的新局面，共同展望21世纪的中国未来，致力于和平统一大业。但是，李登辉却反其道而行之，逆历史发展的潮流，大搞分裂祖国的活动。于1995年6月对美国进行了所谓"私人"访问。在美期间，大肆宣扬"中华民国在台湾""两个中国""加入联合国"等。其分裂祖国的倒行逆施使日趋缓和的两岸关系蒙上了一层阴影。目前，两岸关系正处于非常关键的时刻，正面临着重要的选择：其发展方向是走向统一，还是走向分裂？台湾的根本出路在哪里？在事关民族和国家前途命运的重大问题上，有必要作进一步的回答与分析。我们认为，台湾的最佳选择在于"一国两制，和平统一"，台湾的根本出路在于祖国统一。

第一，历史上，台湾自古以来就是中国领土不可分割的一部分，国家的统一、民族的团结始终是中国历史发展的主流。台胞的祖籍分布在以广东、福建为主的全国各省、区。台湾和中国其他省、区一样，同为中国各族人民的祖先所定居、所开拓。一部台湾开拓、发展史，凝聚了包括台湾各族人民在内的中国人民的血汗、智慧和功勋。

---

* 本文为作者与硕士研究生秦其文合著。

远在旧石器时代，台湾和大陆就产生了联系。此后，台湾与大陆的政治、经济、文化关系不断加强。至13世纪中叶，台湾就正式纳入中国版图。1885年，台湾正式成为中国清政府的一个行省。历史一再表明，两岸同胞是同呼吸，共患难、共命运的。江泽民总书记在1995年春节(讲话)中强调指出："2100万台湾同胞，不论是台湾省籍还是其他省籍，都是中国人，都是骨肉同胞、手足兄弟。"后由于中国在甲午战争中失败，1895年4月17日清政府被迫与日本签订了丧权辱国的《马关关约》，强行攫取了台湾与澎湖列岛，使台湾人民在日本殖民统治下生活了半个世纪之久，中国人民永远不会忘记这屈辱的一页。二战后，不仅在法律上而且在事实上台湾已归还中国，台胞摆脱了殖民统治，后因中国国民党反动派发动了反共反人民的内战，更主要是由于外国势力的介入和干涉，1949年，蒋介石反动集团逃往台湾，又人为地使台湾同大陆分离达四十多年之久，这是很不正常的。中华人民共和国成立以来，一系列国家先后同中国建立了外交关系，它们都承认，只有一个中国，台湾是中国的一部分，中华人民共和国政府是唯一合法的政府。

综观历史，统一始终是中国历史发展的主流。古往今来，中国人以维护国家统一为荣，以分裂祖国为耻，中华民族具有巨大的向心力和凝聚力。在中国文化中，"大一统"的观念根深蒂固，反对分裂、坚持统一是中华民族自古就有的传统，是我们中华民族共同的心理素质。海峡两岸炎黄子孙有共同的生活习尚、共同的语言、共同的传统、共同的文化、共同的心理素质，有愿意维系在一起的民族感情。这种骨肉之情是任何力量都不可分割的。这乃是中国历史发展规律的客观要求。在漫长的历史长河中，虽然也曾出现过几次民族分裂的局面。但这仅是历史长河中的插曲，分裂毕竟是短暂的。国家的统一、民族的团结始终是历史的主流。这就是中国优秀的文化传统，也是中华传统文化很重要的内涵。历史上，中国的科学技术和经济发展曾处在世界第一流水平上，这都与国家统一、民族团结紧密相连。只有当国家统一、各民族和睦相处的时候，科学技术和经济才能得到高度发展，博大精深的中华文化才能得到更好的继承和发扬。正如江泽民总书记在《讲话》中所说："中华各族儿女共同创造的五千年灿烂文化，始终是维系全体中国人的精神纽带，也是实现和平统一的一个重要基础。两岸同胞要共同继承和发扬中华文化的优秀传统。"邓小平也强调指出：统一问题首先是个民族问题，民族的感情问题。凡是中华民族子孙，都希望中国能统一，分裂状况是违背民意的。

因此，不难看出，近年来李登辉所鼓吹的"台湾生命共同体""两岸分裂分治""台湾独立"等谬论显然是违背历史发展规律的。其险恶用心是把台湾的命运与整个中国的命运分开，是把2100万台湾同胞的命运与整个12亿中国人的命运分开，实质是想把宝岛台湾从祖国版图上分裂出去。反对分裂，实现祖国统一是中国历史发展的大趋势。

第二，只有实现祖国统一，才能使台湾经济更快发展和具有广阔前途。首先，两岸经济具有高度的互补性。近十年来，两岸经贸交流急剧增长，彼此间依赖关系不断加强，这种日益密切的经济关系主要是因为两岸经济条件具有高度的互补性。两岸互利互惠、相互取长补短的经济关系是今日两岸关系最重要的基石。展望未来，在竞争日趋激烈的国际经济大环境中，两岸经济更是"你少不了我，我也少不了你"。我们要面向21世纪世界经济的发展，大力发展两岸经济交流与合作，以利于两岸经济共同繁荣，造福整个中华民族。我们主张不以政治分歧去影响、干扰两岸经济合作。

其次，祖国统一后，大陆可为台湾提供广阔的市场、丰富的资源、廉价的劳动力，可吸收台湾过剩的资金。近年来，台湾在经济上已成为"亚洲四小龙"之一。但由于先天不足，对外依赖性很大，经济发展中的问题与困难日益增多。台湾孤悬海外，面积狭小，人口稀少，是典型的严重依附国际市场的出口导向型经济。而大陆是幅员辽阔、拥有12亿"主顾"的东方大市场。故以大陆市场为依托尤为重要。台湾经济的致命弱点就是资源贫乏。台湾稀缺的，正是大陆富有的，大陆煤、石油等资源极为丰富，许多还是居世界第一位。台湾地狭、人少，经济发展必然受到很大的限制，过剩资金也难找到出路。而辽阔大陆拥有许多优势，但剩余劳动力多，难于就业，急需引进大量外资。台湾广大工商者、企业家把过剩资金投向大陆可利用大陆过剩劳动力独资或合资办厂、开矿，将是互惠互利的。江泽民明确指出："我们将继续长期执行鼓励台商投资的政策，贯彻《中华人民共和国台湾同胞投资保护法》。不论在什么情况下，我们都将切实维护台商的一切正当权益。要促进两岸事务性商谈，我们赞成在互惠互利的基础上，商谈并签订保护台商投资权益的民间性协议。"而且用"一国两制"统一祖国后，中央将赋予台湾地区比港澳特别行政区更大的权利，各方面的政策都将更为宽松。无疑将更加有利于台湾经济的发展和人民生活水平的提高。有些台胞担心实行"一国两制"后，台湾要向中央政府交纳高额税款，可能导致大陆与台湾均富，台湾人民生活水平下降等都是没有根据的，是对"一国两制、和平统一"政策的误解。

第三，只有实现祖国统一，才能提高台湾和整个中华民族在国际上的地位，使台湾真正充分地拥有自己的国际生存空间。作为亚洲经济"四小龙"之一的台湾应有与其经济地位相匹配的国际地位。唯有与大陆的统一，才能进一步提高台湾和整个中华民族的国际地位；才能稳定台湾海峡的局势，保障台湾的安全和社会稳定，防止外国窥视，彻底摆脱严重依附外国的局面；才能维护中华民族在国际上的尊严与荣誉，使台湾人民及子孙扬眉吐气，自立于世界民族之林，在国际上真正成为堂堂正正的泱泱大国之民。1987 年，邓小平就明确指出："台湾不实现同大陆的统一，台湾作为中国领土的地位是没有保障的，不知道哪一天会被别人拿去。"[①]

李登辉在美国康奈尔大学演讲时一再提起"国际生存空间"的问题，并称"台湾根本没有国际生存空间"，为此，要拓展台湾的"国际生

① 《邓小平文选》第 3 卷，人民出版社 1993 年版，第 219 页。

存空间”。那么,台湾究竟有没有国际生存空间、应有怎样的国际生存空间,这是一个重大的原则问题。今日台湾没有国际生存空间不符合事实。众所周知,台湾地区今天与许多国家保持着极为密切的经济贸易与文化交流关系,这就足以证明,作为中国一部分的台湾并非没有国际生存空间。江泽民在春节《讲话》中说:“对于台湾同外国发展民间性经济文化关系。我们不持异议。”在一个中国的原则下,并依据有关国际组织的章程,台湾已经以“中国台北”名义参加亚洲开发银行、亚太经济合作会议等经济性国际组织。我们党和政府各有关部门,包括驻外机构,要加强与台湾同胞的联系,倾听他们的意见和要求,关心、照顾他们的利益,尽可能帮助他们解决困难。总之,台湾不仅有着真正的充分的国际生存空间,而且在世界各地可以像所有中国人一样得到自己祖国的关怀和照顾。但李登辉要的不是这种国际生存空间,他要的是到国际上去“凸显中华民国在台湾”,即分裂祖国,制造“两个中国”或“一中一台”,把台湾作为一个“主权国家”推向国际社会的国际生存空间。李登辉所“拓展的国际生存空间”显然与一个中国原则背道而驰,与两岸人民的良好愿望背道而驰,与人类历史潮流背道而驰。这样的“国际生存空间”,不仅中国政府和人民不允许,而且世界上一切爱好和平的人士也不允许。江泽民在1995年春节《讲话》中强调指出:“只有实现和平统一后,台湾同胞才能与全国各族人民一道,真正充分地共享伟大祖国在国际上的尊严与荣誉。”完全可以说,今天,在国际上作为一个中国人的尊严和荣誉,是以往任何时候都没有的。祖国的繁荣和强大,是包括台胞在内的一切中国人的光荣和靠山。我们殷切期盼祖国和平统一大业早日实现,使台胞在世界的任何一个角落,都能真正充分地享受应有的尊严和荣誉。李登辉拓展的“国际生存空间”只会把台湾带入绝境。

第四,完成祖国统一大业是包括台湾同胞、港澳同胞和海外侨胞在内的全体中国人的根本利益和最高利益之所在,是人心所向。分裂是民族的不幸,是海峡两岸的中国人都不愿看到的。凡我中华民族子孙，都希望中国统一，闹分裂是违背中华民族的根本利益的，是不得人心的。江泽民在《讲话》中说："早日完成祖国统一，是中国各族人民的共同心愿。要继续加强两岸同胞的相互往来和交流，增进了解和互信。两岸直接通邮、通航、通商，是两岸经济发展和各方面交往的客观需要，也是两岸同胞利益之所在，完全应当采取实际步骤加速实现直接'三通'。"邓小平也曾说："中国的统一是全中国人民的愿望。是一百几十年的愿望，一个半世纪了嘛！从鸦片战争以来，中国的统一是包括台湾人民在内的中华民族的共同愿望，不是哪个党哪个派，而是整个民族的愿望。"①

一个中国的原则，是两岸关系稳定和发展的基础和前提，是两岸人民的最大利益之所在。李登辉坚持要搞"两个中国"的分裂行径就不可避免地给两岸关系带来冲突与对抗，严重地伤害了两岸人民的切身利益和民族感情。两岸之间的紧张与冲突不仅给大陆的经济建设带来不利的影响，而且给台湾人民带来的损失将更大。那时台湾人民的经济建设，包括目前正在进行的"亚太营运中心"建设计划，都将受到重大影响。这是两岸人民都不愿看到的。正因为这样，江总书记春节讲话中的八点主张代表了两岸同胞的利益和愿望，因而不仅在海峡两岸而且在港澳乃至海外普遍受到了舆论的高度评价，李登辉 1993 年 6 月在美国大肆宣扬的那一套却受到了海内外舆论的猛烈抨击。这绝不是偶然的。

如今随着祖国各项事业的蓬勃发展，两岸交流正冲破种种阻力，规模不断扩大。据有关资料报道：近年来，台湾在祖国大陆的投资发展很快，台资企业已达 3 万多家，在其对外投资中占第一位。目前两岸转口交易额为 160 多亿美元；从 1986～1994 年的八年中，来祖国大陆探亲、访友、旅游、投资、贸易以及进行科技、文化、体育、学术等交流活动的台胞已累计达 730 万人，从 1989 年 11 月到 1994 年底，祖国大陆居民已有 6 万余人获准赴台探病、奔丧或进行文化、体育、

① 《邓小平文选》第 3 卷，人民出版社 1993 年版，第 219 页。

科技、新闻出版等项交流活动;1993 年,两岸往来信件已达 2893 万件,1994 年去台电话已达 3340 万张,1994 年 5 月以来,台来大陆的电话业务量在台对外出口业务量中占第一位;从台来的体育界人士 1989 年为 115 人,1990 年为 1545 人,1991 年为 2102 人,1993 年为 2103 人。祖国大陆赴台的体育教练和运动员 1992 年为 16 人。1994 年为 150 人。这些事实充分说明,加强两岸在经济、文化等方面的交流与合作大有作为,是两岸各族人民的共同要求和最大利益之所在。值得警惕的是,李登辉为了掩盖其推行"台独"、分裂祖国的真面目,还大肆兜售"主权在民",假借"民意"欺骗世人。表面上装出为民请命的一副嘴脸,实际上是为他个人的权欲梦以及推行"台独"的政治图谋制造舆论。历史与现实证明:海峡两岸同胞的最大民意是希望两岸关系不断走向缓和与发展,而不是走向紧张与对抗;希望逐步实现和平统一、振兴中华,反对分裂民族,分裂祖国的民族败类。

第五,实现祖国统一不仅是大势所趋、不可逆转,而且又具有紧迫感。当前国际形势仍然复杂多变,但总的趋势是走向缓和,和平与发展仍是我们时代的主题。江泽民总书记强调指出:"世界各国都在制定面向未来的经济战略,把增强综合国力作为首要任务,以求在下一世纪到来时能在世界上占有自己的位置",如今,新技术革命迅猛发展,面向 21 世纪的世界性的市场竞争日益加剧。我们面临的既是机遇又是挑战,我们应当充分利用国际的大好和平环境,抓住一切有利时机,实现中华民族的统一和复兴。同时,面临的挑战也是严峻的。只有统一,才能增强中华民族参与国际竞争的实力,增强综合国力,使中华民族巍然屹立于世界民族之林。两岸骨肉同胞再也不能继续处于目前这种极不正常的状态,作为台湾当局再也不能实施倒行逆施,把统一进程拖延下去,而应顺应时代潮流,抓住机遇,致力于祖国和平统一大业,为把我国建设成一个富强、民主、文明的现代化强国,为中华民族在世界上再度辉煌,为人类的和平与发展而做出自己的贡献。否则,我们就将更加落后,落后就要挨打,分裂就受人欺凌，世界上就没有我们的一席之地，历史的沉痛教训应牢记在心。1997 年 7 月 1 日，1999 年 12 月 20 日我国将相继对香港和澳门恢复行使主权。这将是包括台胞在内的全国各族人民的一件大喜事，为台湾回归祖国、实现国家的完全统一创造了空前有利的条件。江总书记语重心长地说："中华民族历尽沧桑，饱经磨难，现在是我们完成祖国统一大业，实现全面振兴的时候了。这对台湾是个机会，对整个中华民族也是个机会。"事实也正是如此，时至如今，除"台独分子"外，理解、赞同我们对台方针的人，拥护祖国统一的人越来越多，台胞的回归之心、思乡之情、寻根之愿、会亲之切已刻不容缓，迫在眉睫。无限期地拖延统一，是所有爱国同胞不愿看到的。人心不可违，时代潮流不可逆；机不可失、事不宜迟。在事关民族利益的重大选择面前，台湾当局应三思而行。我们期待台湾当局顺应历史潮流，有功于民族，有益于人民，只争朝夕地与大陆携起手来，通力合作，在祖国和平统一的进程中迈出实质性的一步。

但是，应当指出，无数事实表明，台湾岛内确实存在着一股相当大的"台独"势力，李登辉现在已走上"台独"之路，并越走越远。他们不仅在台湾散布了许多分裂祖国的言论，干了许多背叛民族利益的勾当，而且公然跑到外国去，和国际反华势力相勾结。大肆鼓吹台湾是"一个主权独立的国家"，向外国人兜售"台独"主张。其险恶用心是用挟外人以自重的手段，达到分裂祖国，背叛民族利益的目的。1993 年 6 月以来，海内外的中国人开展了一系列反对分裂，反对"台独"的斗争，并取得了阶段性的重大成果。它不仅充分显示了中国人民、中国共产党和中国政府维护国家主权和领土完整的决心和能力，而且沉重打击了台湾岛内图谋"台独"和分裂的势力，对促进和平统一产生了重大和深远的影响。两岸关系发展之所以出现严重倒退，根本原因就是台湾当局某些人背离一个中国的原则，特别到国际上进行制造"两个中国""一中一台"的分裂活动。这场斗争是"台独"与反"台独"、分裂与反分裂的斗争。只要台湾当局分裂祖国的活动一天不停止，我们反对分裂、反对"台独"的斗争就一天也不会停止。我们寄希望于台湾人民并坚信坚持“一个中国”的原则，团结海内外一切可以团结的爱国力量，坚决排除“台独”势力和外国势力的破坏与干扰，祖国的统一大业就一定能够完成。

（原载冯绍君等主编《新时期统一战线理论与实践》，山东大学出版社1997年版）

无产阶级政党的作风和优良传统

一、发扬实事求是和理论联系实际的作风

以马列主义作为指导思想的无产阶级政党，在长期的革命斗争中形成了一系列的优良传统和作风。它们是无产阶级政党阶级性和先进性的表现，是团结人民战胜敌人的传家宝，是党的建设中极其重要的组成部分。

以毛泽东同志为主要代表的中国共产党人，在长期的革命斗争中形成了一整套优良的思想作风和工作作风。这就是：实事求是，理论联系实际，密切联系群众；批评和自我批评，谦虚谨慎，戒骄戒躁，艰苦奋斗，等等。其中最重要最著名的就是党的三大作风，它是马克思主义政党区别于其他任何政党的显著标志。搞好党风，保持无产阶级政党的革命本色，继承和发扬党的优良传统，对执政党的建设，具有特别重大的意义。

实事求是，一切从实际出发，理论和实际相结合，是无产阶级政党的优良传统和作风，也是党的辩证唯物主义的思想路线。它是无产阶级政党世界观的根本点，是马列主义、毛泽东思想的出发点。因此，坚持这一优良传统和作风，是我们党制定政治路线和各项方针政策的基础，是正确理解和执行党的路线、方针、政策的关键，也是共产党人区别于其他任何政党的显著标志之一。

马克思主义经典作家历来认为，实践是认识的基础，是检验真理的唯一标准。列宁说："整个活生生的人类实践是深入到认识论本身

之中的，它提供真理的客观标准。”[①]毛泽东同志在《实践论》中进一步指出：“判定认识或理论之是否真理，不是依主观上觉得如何而定，而是依客观上社会实践的结果如何而定。真理的标准只能是社会的实践。实践的观点是辩证唯物论的认识论之第一的和基本的观点。”[②]并认为，如果不实事求是，不坚持实践第一的观点，不从客观实际出发，就要犯主观主义、唯心主义的错误。什么叫实事求是呢？毛泽东同志指出：“‘实事’就是客观存在着的一切事物，‘是’就是客观事物的内部联系，即规律性，‘求’就是我们去研究。我们要从国内外、省内外、县内外、区内外的实际情况出发，从其中引出其固有的而不是臆造的规律性，即找出周围事变的内部联系，作为我们行动的向导。”[③]毛泽东同志的科学解释，充分体现了理论与实践相结合，主观和客观相统一，正确地认识并改造世界的科学态度，指明了实事求是，不是一般的作风问题，而是马列主义、毛泽东思想科学体系中一个带根本性的问题。

理论和实践相结合，是实事求是的革命作风。这里讲的理论是指无产阶级革命的理论，即马列主义、毛泽东思想；实践，是指革命的实践活动，即阶级斗争、生产斗争和科学实验三大革命实践。理论联系实际，就是将马列主义普遍真理同无产阶级革命和建设事业的具体实践结合起来，用马列主义、毛泽东思想的立场、观点和方法，研究解决革命和建设中的各种实际问题。理论来源于实践，又指导实践和服务于实践，并在实践中不断地丰富和发展。没有革命的理论，就没有革命的运动。离开革命实践的理论是空洞的理论，没有革命理论指导的实践是盲目的实践。因此，无产阶级政党只有坚持理论联系实际的原则，才能充分发挥革命理论的指导作用，使马列主义、毛泽东思想成为百战百胜的武器，保证无产阶级解放斗争的彻底胜利。

---

① 《列宁选集》第2卷，人民出版社1972年版，第191～192页。

② 《毛泽东选集》第1卷，人民文学出版社1966年版，第261页。

③ 《毛泽东选集》第3卷，人民出版社1966年版，第801页。

坚持实事求是,理论联系实际的作风,就要用正确的态度对待马列主义、毛泽东思想。毛泽东同志说:“马克思列宁主义的伟大力量,就在于它是和各个国家具体的革命实践相联系的。”①我们学习革命理论,要完整准确地掌握马列主义、毛泽东思想的科学体系,领会其精神实质,学习它的立场、观点和方法,并用以指导自己的行动。坚持实践是检验真理的唯一标准,一切从客观实际出发,而不是从主观臆想和原理概念出发。切忌脱离实际,不顾具体时间、地点和条件,到处生搬硬套,把马克思列宁主义、毛泽东思想当作僵死的教条。一个党、一个国家,一个民族,如果一切从本本出发,思想僵化,迷信盛行,那它就不能前进,它的生机就停止了,就要亡党亡国。因此,我们必须坚持理论联系实际的作风,反对主观和客观相分离、理论和实践相脱节的唯心主义和形而上学,反对教条主义和经验主义。教条主义和经验主义,从两个不同的方面违背理论与实践相结合的原则,是主观主义的两种表现形态。毛泽东同志指出:“这种反科学的反马克思列宁主义的主观主义的方法,是共产党的大敌,是工人阶级的大敌,是人民的大敌,是民族的大敌,是党性不纯的一种表现。”②

坚持实事求是,理论联系实际的作风,就要一切从实际出发,按客观规律办事,说老实话,办老实事,做老实人,反对说空话,说假话。任何一个马克思主义政党,都要坚持辩证唯物主义的思想路线,对具体问题进行具体分析,实事求是地研究新情况,解决新问题,从中找出固有的而不是臆造的规律性,以制定正确的路线、方针和政策。列宁指出:“马克思主义要求我们在确定任何重大政策的时候,必须以经得起精确的客观检验的事实作为政策的基础和依据。”③他认为,对无产阶级政党来说,最危险的错误就是在需要组织起来的时候把自己的策略建筑在主观愿望上。毛泽东同志也说过:“我们应该是老

① 《毛泽东选集》第2卷,人民出版社1967年版,第499页。

② 《毛泽东选集》第3卷,人民出版社1955年版,第800页。

③ 《列宁全集》第25卷,人民出版社1958年版,第283页。

老实实地办事;在世界上要办成几件事,没有老实态度是根本不行的。”[①]他多次指出,爱说假话的人,一害人民,二害自己,总是要吃亏。因此,我们必须提倡讲真话,反对讲假话,努力造成一个从上到下讲真话,讲实话的好风气。每个共产党员,特别是担任领导职务的党员干部,必须带头做实事求是的模范。坚决支持和表扬那些对党的事业忠诚老实,实事求是,讲真话,敢于为真理而斗争的同志;对为了追求个人名利,投机钻营,看风使舵,吹牛拍马,弄虚作假,谎报成绩,隐瞒错误,爱说假话,损害人民利益的人和事,应及时地给以批评教育和严肃处理。

坚持实事求是,理论联系实际的作风,必须深入实际,调查研究。深入实际,调查研究是辩证唯物主义认识论在工作作风和工作方法上的重要体现。只有深入到革命和建设实践第一线,通过各种渠道,运用马列主义的理论和方法,对有关问题进行周密地调查研究,才能更好地发现问题,解决问题。毛泽东同志历来强调没有调查就没有发言权,其意义就在这里。

二、发扬密切联系群众的作风

同广大人民群众保持最密切的联系,是无产阶级政党区别于其他任何政党的显著标志之一。党同群众的关系,就像鱼和水的关系,如果脱离群众,失信于民,是很危险的。从这个意义上讲,党的群众路线,就是党的生命线。列宁说:“劳动群众拥护我们。我们的力量就在这里。全世界共产主义运动不可战胜的根源就在这里。”[②]所以,保持和发扬密切联系群众的优良作风,在一切工作中切实贯彻群众路线,是加强党的建设的一个非常重要的问题。

群众路线,就是一切为了群众,一切依靠群众,从群众中来,到群众中去。把马克思列宁主义关于人民群众是历史的创造者的原理系

---

① 《毛泽东选集》第3卷,人民出版社1966年版,第780页。

② 《列宁选集》第4卷,人民出版社1972年版,第78页。

统地运用在党的全部活动中，形成党的群众路线，这是我们党长期在敌我力量悬殊的艰难环境里进行革命活动的无比宝贵的历史经验的总结。这条路线的具体内容，包括群众观点和领导方法两个方面。

第一，牢固树立马列主义的群众观点，是贯彻群众路线的基本条件。马列主义毛泽东思想的群众观点主要是:(1)一切为了群众，全心全意为人民服务的观点。对执政党来说，树立一切为了群众的观点更为重要。一切共产党员，不论职务高低，功劳大小，都是人民的勤务员，只有全心全意为人民服务的义务，没有损害人民利益，站在人民头上称王称霸的权力。那种认为，在和平建设时期就可以把革命精神丢掉，可以不与群众同甘共苦，可以把党员的个人利益摆在群众利益之上的思想行为，是完全错误的。(2)一切向人民群众负责的观点。关心人民群众疾苦，向人民群众负责，是全心全意为人民服务的具体表现。每个共产党员，都必须认清对党负责和对人民负责的一致性，人民群众的利益就是党的利益。在贯彻上级的指示、决定时，必须和当地的具体情况相结合。如果上级的指示、决议，与当地实际情况不符，违背了群众的利益，就要抱着对党和人民群众高度负责的精神及时向上反映，决不能采取漠不关心态度。不仅如此，还应当坚决同一切危害人民利益的现象作斗争。(3)一切依靠群众，相信群众自己解放自己的观点。人民群众是推动历史发展的动力，群众是真正的英雄。只有坚定地相信和依靠群众的大多数，首先是工农群众的大多数，无产阶级政党才能实现自己的伟大历史使命。(4)虚心向人民群众学习的观点。无产阶级政党要为人民服务，领导群众完成解放全人类的伟大使命，就必须善于向群众学习，从中吸取智慧和力量。历史经验证明，人民群众的社会实践，是革命理论，革命经验和其他一切科学的源泉。只有向群众学习，善于集中群众的知识和经验，才能更好地宣传群众，组织群众，领导群众，使党的事业成为不可战胜的。

第二，“从群众中来，到群众中去”的工作方法，是党的群众观点、群众路线在实际工作过程中的具体体现。毛泽东同志在领导中国革命的过程中，进一步丰富和发展了马克思主义的建党学说，他把马列主义关于密切党和群众联系的原理运用于中国具体实际，创造性地阐述了党的群众路线，并对“从群众中来，到群众中去”的领导方法作了精辟的科学概括。他说：“在我党的一切实际工作中，凡属正确的领导，必须是从群众中来，到群众中去。这就是说，将群众的意见（分散的无系统的意见）集中起来（经过研究，化为集中的系统的意见），又到群众中去作宣传解释，化为群众的意见，使群众坚持下去，见之于行动，并在群众行动中考验这些意见是否正确。然后再从群众中集中起来，再到群众中坚持下去。如此无限循环，一次比一次地更正确、更生动、更丰富。”①这一科学概括是完全符合辩证唯物主义认识论的。它正确地解决了党的领导和广大人民群众密切联系的问题，正确地解决了党的路线、方针、政策和革命实践的关系问题。是党的唯一正确的工作方法和领导方法。因此，我们党要坚持革命，把社会主义事业推向前进，就必须坚持群众路线，切实运用从群众中来到群众中去的工作方法，把工作做好。

三、发扬批评与自我批评的作风

批评与自我批评，是保持无产阶级政党的先进性，增强党的战斗力的基本武器。“有无认真的自我批评，也是我们和其他政党互相区别的显著的标志之一。”②对于执政党来说，它具有更加特殊的意义。

共产党人之所以强调开展批评与自我批评，是由党的指导思想和党的性质决定的。辩证唯物主义认为，事物总是一分为二的。用马列主义武装起来的无产阶级政党，虽然是世界上最先进最革命的政党，是无产阶级和劳动人民获得解放的组织者和领导者，但并不等于不发生缺点和错误。这是由于共产党也是生存于现实社会之中，社会上的阶级矛盾和阶级斗争必然要反映到党内来，剥削阶级总是

---

① 《毛泽东选集》第3卷，人民出版社1953年版，第921页。

② 《毛泽东选集》第3卷，人民出版社1969年版，第997页。

用腐朽没落的反动思想腐蚀党的肌体，即使在他们已被推翻的情况下也是如此；随着党的队伍的不断发展壮大，不可避免地要有一些带着非无产阶级思想意识的人参加到党的队伍中来，把资产阶级和小资产阶级的思想和作风带入党内。这就是党内产生错误思想的社会根源和阶级根源；同时，由于客观事物是复杂的，是不断发生变化的，所以，人们对它的认识也有一个不断解决主观与客观矛盾的过程，有时，对它的认识会受到许多限制。一般说来，人们的认识总是落后于客观实际，因而产生认识上的错误是常有的事。

在无产阶级政党内部，出现错误思想是不可避免的。这个党只有拿起批评和自我批评的武器，开展积极的思想斗争，才能克服缺点，纠正错误，不断增强战斗力，使党成为不可战胜的。列宁说："公开承认错误，揭露错误的原因，分析产生错误的环境，仔细讨论改正错误的方法，——这才是一个郑重的党的标志。"[①]斯大林也说："自我批评是我们党坚强的标志，而不是我们党软弱的标志。"[②]这是因为，共产党人要做的一切，都是为人民服务，它是无产阶级和劳动人民利益的代表者和体现者，除此之外，再无私利可图；同时，它相信自己的事业是正义的，正义的事业是一定要胜利的。所以，只有这样的党才能为了人民的利益，敢于坚持真理，为了人民的利益，敢于修正错误。毛泽东同志指出："共产党是不怕批评的，因为我们是马克思主义者，真理是在我们方面，工农基本群众是在我们方面。"[③]同共产党相反，一切资产阶级政党和机会主义、修正主义者，都惧怕批评，害怕群众，他们是根本不可能掌握这个武器的。

怎样正确地开展批评与自我批评呢？

人贵有自知之明。能否严于解剖自己，认真地进行自我批评，正确地对待别人的批评，是衡量一个共产党员党性强不强的重要标志。

---

① 《列宁选集》第4卷，人民出版社1972年版，第213页。

② 《斯大林全集》第7卷，人民出版社1958年版，第103页。

③ 《毛泽东选集》第5卷，人民出版社1977年版，第411页。

共产党员应是彻底的唯物主义者，经常以马列主义和共产党员的标准，衡量自己，检查自己，用一分为二的观点对待自己。既要看到自己的长处，更要看到自己的短处，实事求是地认识自己的缺点与错误，弄清楚犯错误的原因，提出改正的措施和方法，这是对党的事业负责的重要表现。对待别人的批评，不管是什么人，只要他说得对，就应当虚心接受，认真改正，因为这样做对人民有好处。对于与事实有出入的批评，也要耐心地让人家把话讲完，有则改之，无则加勉。讳疾忌医，拒绝批评，老虎屁股摸不得，或者耿耿于怀，打击报复，都不是共产党员应有的作风。列宁说得好："聪明人并不是不犯错误的人。不犯错误的人是没有而且也不可能有的。聪明人是不犯重大错误同时又能容易而迅速地纠正错误的人。"①

共产党人不仅要勇于自我批评，而且还要勇于和善于对别人的缺点错误提出批评。对犯错误的同志，要实行"团结—批评—团结""惩前毖后，治病救人"的方针，既反对"残酷斗争，无情打击"，也反对包庇姑息的自由主义。批评同志要善意、诚恳，实事求是。批评注意政治，说话要有证据，摆事实，讲道理，以理服人，从而达到既要弄清思想，又要团结同志的目的。

发扬党内民主，严格组织生活，从上到下各级领导机关的表率作用，对继承和发扬批评与自我批评的作风，具有重大的意义。充分发扬党内民主，是认真开展批评与自我批评的必要条件。毛泽东同志说："对于我们，经常地检讨工作，在检讨中推广民主作风，不惧怕批评与自我批评，实行'知无不言，言无不尽'，'言者无罪，闻者足戒'，'有则改之，无则加勉'这些中国人民的有益的格言，正是抵抗各种政治灰尘和政治微生物侵蚀我们同志的思想和我们党的肌体的唯一有效的方法。"②党内如果没有正常的民主生活，没有敢于讲话，畅所欲言的环境和条件，要想真正拿起这个武器是不可能的。各级党组织

① 《列宁选集》第4卷，人民出版社1960年版，第203页。

② 《毛泽东选集》第3卷，人民出版社1969年版，第997页。

必须严格组织生活，把批评与自我批评定为组织生活的重要内容，使其经常化，制度化。从党的领导者到每个党员，都必须参加党的一个组织，以普通党员的身份过组织生活，在党规、党纪面前人人平等。特别是党的领导者，要带头开展批评与自我批评，以身作则，认真掌握这个武器，为党员群众树立好的榜样。

开展整风运动是毛泽东同志和中国共产党的一个创造，是解决党内矛盾的一种好形式、好方法。毛泽东同志说："整风就是全党通过批评和自我批评来学习马克思主义。"①"整风是用批评和自我批评解决党内矛盾的一种方法。"②整风主要是整顿思想作风和工作作风，即在全党范围内，从学习马列主义著作和总结历史经验入手，采取"惩前毖后，治病救人"的方针，通过批评与自我批评，弄清思想，分清是非，坚持真理，修正错误，使全党在马列主义、毛泽东思想基础上达到新的团结。延安整风就是我党历史上最著名最有成效的一次整风运动。实践证明，整风运动对加强党的建设，促进中国革命的胜利起了重大作用。

党的十一届六中全会通过的《关于建国以来党的若干历史问题的决议》，运用马克思主义的辩证唯物论和历史唯物论，对建国三十二年来党的重大历史事件特别是"文化大革命"作出了正确的总结，科学地分析了在这些事件中党的指导思想的正确和错误，产生错误的主观原因和客观原因，实事求是地评价了毛泽东同志的功过。《决议》在批评与自我批评方面为全党同志树立了光辉的范例。再次证明，中国共产党是用马克思列宁主义、毛泽东思想武装起来的，以最终实现共产主义为历史使命的，有严明纪律和富于自我批评精神的无产阶级政党。只要我们把批评与自我批评的优良传统完全恢复并加以发扬光大，我们党的肌体就一定能够充满青春活力而不衰朽。

---

① 《毛泽东选集》第5卷，人民出版社1977年版，第411页。

② 《毛泽东选集》第3卷，人民出版社1969年版，第997页。

四、执政党的党风问题是关系到党的生死存亡的问题

陈云同志指出，执政党的党风问题，是有关党的生死存亡的问题。一句话点明了它的要害。这是对我们党执政三十多年来历史经验的科学总结，是根据国际共产主义运动和社会主义国家的实践经验提出来的一个重大的理论问题和现实问题。

为什么要突出执政党，特别强调执政党的党风是关系到党的生死存亡的问题呢？

第一，执政党面临着新的严峻考验，执政党的党风很容易发生问题。

随着无产阶级政党夺取政权，并掌握生产资料之后，工人阶级政党所处的地位、环境和任务都发生了根本变化。我们党由严酷的战争环境转入安定的和平环境，由被压迫、被屠杀、被围剿的地位变成在全国执政的地位，掌握了巨大的国家权力和物质财富，同国内外各方面的联系也多了。党的主要任务，由领导人民夺取政权转为领导人民巩固政权、建设社会主义现代化强国，为将来向共产主义过渡创造条件。这既是件好事，又会带来新问题，使执政党面临着新的严峻考验。如果说，执政前，党所遇到的考验是在残酷斗争中能否站住脚的问题；那么，执政后，党所遇到的考验则是和平环境中能否保持住无产阶级先锋队性质的问题。一般说来是容易滋长骄傲自满、贪图享乐、脱离群众、官僚主义、特权思想等不正之风。毛泽东同志在新中国成立前夕，就告诫全党："因为胜利，党内的骄傲情绪，以功臣自居的情绪，停顿起来不求进步的情绪，贪图享乐不愿再过艰苦生活的情绪，可能生长。因为胜利，人民感谢我们，资产阶级也会出来捧场。敌人的武力是不能征服我们的，这点已经得到证明了。资产阶级的捧场则可能征服我们队伍中的意志薄弱者。可能有这样一些共产党人，他们是不曾被拿枪的敌人征服过的，他们在这些敌人面前不愧英雄的称号；但是经不起人们用糖衣裹着的炮弹的攻击，他们在糖弹面

前要打败仗。我们必须预防这种情况。"[①]我党的历史实践证明,毛泽东同志对执政党内可能出现的问题所作的科学预见非常正确。一方面,党内许多同志,牢记毛泽东同志的告诫,三十多年来,经受了执政党的严重考验,保持了党性,发扬了党的优良传统和作风,无愧于共产党员的光荣称号,理所当然地受到了广大人民群众的爱戴和尊敬。另一方面,又确有不少党员没有经得起这个考验,以致毛泽东同志要我们防止的那些情况,在不同程度上出现了。而实际发生的问题,要比他预见的还复杂和严重得多。

第二,执政党的党风问题,在新的历史条件下,又很容易被各级党组织和许多党员所忽视。

在革命战争年代,客观环境迫使我们一定要搞好党风,在斗争中必须深入实际,联系群众,谦虚谨慎,艰苦奋斗,不能搞主观主义、官僚主义、特殊化那一套。如忽视党风,脱离群众,就有被敌人打垮、消灭的危险,党就无法生存。因此,那时候,从上到下,全党都非常重视坚持和发扬党的优良传统和作风,并能够较自觉地同一切不正之风作斗争。新中国成立以后,党长期生活在和平环境之中并处于执政地位,党群关系好坏对我们党的盛衰兴亡的影响,毕竟不像战争年代那样直接明显了。大批党员、干部、军队,从农村转入城市,由基层调到领导机关,由无权变成有权,久而久之,许多同志的敌情观念和群众观念都淡薄了,不正之风开始滋长。加之,建国以后,党和国家的任务越来越繁重,各条战线都要求加强党的领导,而不少同志对此又缺乏正确的理解,有本应由政府去做的事许多党组织都直接抓了,使主要精力陷到行政事务方面,对党本身的建设反而放松了。出现了党政不分,党不管党的现象。在此情况下,对怎样搞好党风的问题,就容易掉以轻心,不予重视。

第三,执政党如果搞得不好,确实有变质、变色的危险。

无产阶级党执政以后会不会变质?一百多年来共产主义运动的

① 《毛泽东选集》第4卷,人民出版社1964年版,第1328页。

历史说明，弄得不好是可能的，有这个危险性。我们党的经历也说明，执政党如果长期忽视对党本身的建设和整顿，或者虽然重视了，但在“左”的思想支配下，对“病情”诊断不准，“处方”开得不对，那么，后果仍然是严重的。在这两种情况下。党的质量都会逐渐下降，党性也会越来越不纯，党风越来越不正。如果继续发展下去，就要大大损害党的声誉，削弱党的战斗力，并给那些阴谋家、野心家搞篡党夺权活动以可乘之机，使党有被破坏、被篡夺而导致变质、变色的危险。十年“文化大革命”中，林彪、江青两个反革命集团利用我们党的错误，大搞篡权阴谋活动，肆意践踏党规党纪，极大地破坏党的光荣传统和作风，使党面临着变质的现实危险，就是一个有力地例证。

自从粉碎“四人帮”、特别是党的十一届三中全会以来，经过全党努力，我们的党风已经有了很大的进步，但是，党内的不正之风还相当普遍地存在着。党的十二大报告从实际出发，对当前的党内状况和党风不正的现象作出了正确的分析和估计。报告一方面肯定，即使遭受了“文化大革命”的严重伤害，但是从全局看，从主流看，我们党的队伍是纯洁的、健康的和强有力的。另一方面又指出，目前我们党确实存在思想不纯、作风不纯和组织不纯的问题，党风还没有根本好转。党风不正的表现是：一些党组织领导工作中的软弱涣散现象还严重存在。一些基层组织缺乏应有的战斗力，甚至陷于瘫痪状态。有少数党员和干部，或者对工作极不负责，官僚主义严重；或者生活特殊化，利用职权谋私利；或者闹无政府主义、极端个人主义，破坏党的组织纪律；或者顽固地进行派性活动，严重损害党的利益。个别党员和干部甚至堕落到贪污腐化，营私舞弊，进行严重的经济犯罪活动。还有林彪、江青反革命集团的极少数残余分子窃据着某些领导职务，伺机兴风作浪。这些现象严重地损害了党的威信。我们决不允许夸大但也决不害怕揭露党的这些阴暗面。这种分析是科学的、符合实际的。它不仅告诉我们，如果不同这些阴暗面作坚决的斗争，任其泛滥滋长，我们党就有蜕化变质的危险，而且还告诉我们，这些不正之风在党内是非法的，是党所要改造和清除的对象，也是完全能够克服的。

为了使党风根本好转,党中央已经并且将继续采取一系列重大措施。党的十二大决定,从明年下半年开始,用三年时间分期分批对党的作风和党的组织进行一次全面整顿。这无疑是我们党的一件头等大事,对于争取党风根本好转具有重大意义。因此必须按照中央规定的方针,有准备有计划有步骤地进行。首先是在党内普遍地深入地进行一次思想教育,这是搞好整党的中心一环。在组织领导方面,要由领导机关和领导干部带头,自上而下地整顿好各级领导班子。在整党中,要继承和发扬延安整风精神,坚持“惩前毖后,治病救人”和“既要弄清思想又要团结同志”的方针,开展批评与自我批评。最后做好党员登记工作。我们相信,只要认真学习和执行党的十二大报告和新党章,严格按照党中央的有关部署办事,经过全党的共同努力,就一定能够实现党风的根本好转,一定能够使党保持共产主义的纯洁性,永不变质。

(原载赵明义主编《科学社会主义》[增订本],山东人民出版社1983 年版)

附 录

解 放

祖辈农家一弟子，贫寒无力入黉庠。
忽闻一夜枪声响，晨起冤民出牢房。
日伪碉堡被攻克，全村老幼喜洋洋。
军民集会欢歌舞，儿童雀跃上学堂。

注：忆1944年秋八路军解放我村。

2006年秋

老同学聚会

光阴荏苒半世纪，风华正茂变古稀。
青岛渔山初相识，大明湖畔结友谊。
深晓学习佳期遇，奋发研读争朝夕。
忽来反右惊春梦，大炼钢铁拔白旗。
运动生产重中重，学业一度被荒息。
庆幸名师多教诲，红专路上奠根基。
待到毕业分配时，祖国需要奔东西。
几经风雨几沉浮，情系母校志不移。
今日泉城来聚会，年轻美梦重忆起。
欢声笑语言不尽，疑是当年共窗习。
春梦眷恋何须醒，金秋事业更壮丽。

依依惜别送君去，翘首再盼有归期。

注：1958 年国庆前夕山东大学由青岛渔山路迁往济南。

2006 年 10 月

观祭孔大典

热烈庄严古乐鸣，　祭孔大典隆重行。
千人学子诵《论语》，　中外名家聚古城。
至尊先师世人仰，　日月增辉播文明。
仁者爱人天地道，　四海之内皆弟兄。
为政以德风清正，　人本民生道常青。
天地人和万物阜，　促进和谐共太平。
万世哲贤扬千载，　儒家学说照寰瀛。
中华文化博精大，　秉承创新待后生。

注：2007 年祭孔大典于 9 月 28 日在曲阜举行，以此纪念中华文化先祖孔子诞辰 2558 周年。

2007 年 10 月

贺“嫦娥一号”发射成功

“嫦娥一号”腾空起，直上蟾宫万里行。
自古诗仙思揽月，千年梦想变真成。

探月科学掀热潮，大国各自领风骚。
莫言吾辈晚来客，为了和平要赶超。

中国航宇史无前，亿万人民注目观。
昔日皆为环地转，今朝飞向太空间。

中国制造新突破，奔月“嫦娥”贡献多。
迈步虽迟高起点，全球名列前五国。
精雕细刻质量好，自主创新彰且卓。
天宝七州宜共享，造福社会更和谐。

金秋大地响惊雷，火箭冲天星际飞。
探月工程三步走，绕月只是序幕曲。
中华儿女多奇志，发奋揭开太空迷。
禹甸英雄登月日，嫦娥起舞设宴席。

读《经济学家茶座》有感

编辑同志：

您好！

我有幸从创刊至今都是《经济学家茶座》的老读者。

最初，她作为一种新生事物展现在读者面前的时候，就以品位高雅、风格独特、内涵丰富、通俗易懂吸引世人注目。近几年，《茶座》的知识与信息量更丰富、形式更多样、视野更开阔了，对百姓关注的热点、难点用新的视角和独到见解给以剖析评说，使广大读者在复杂的经济社会现象中获得知识，在故事中受到启迪。如今，《茶座》的知名度越来越高、更受“茶客”青睐了。真可谓：落座即晓天下事，品茗香郁悦客心。

恰逢春节到来之际，谨向为打造精品美茶而付出辛勤劳动的作者、编者致以节日祝贺，并献拙诗五首表达“茶客”之体验：

贵刊问世业斐然，佳作荟萃甘似泉。
中外名家常座客，品茶共绘九州园。

转眸创业近八载，经常有方高境台。
依旧茶香为上品，盈门宾客纷沓来。

园地休闲普广知，轻松有趣寓于理。
清新高雅朴实风，深入浅出齐赞誉。

通古博今知识丰，远播科普立勋功。
心贴百姓民生重，静坐品茶道自明。

《茶座》温谈天下事，全国首创第一家。
含香清雅催人进，誉满神州万里花。

最后，预祝在新的一年里，《茶座》越办越好，更上一层楼！

（原载《经济学家茶座》2008 年第 1 期）

嫦娥一号发射成功

淑女寒宫多寂寞，万年不见客临门。
忽听窗外佳音至，原是故乡一使臣。

中秋月

十五月亮十七圆，众人惑曰是怪谈。
宇寰天体能推算，运转三星自有缘。

游三王峪

群山环绕入云天，曲径通幽林岭间。
廊宇池边泉水响，雾纱飘逸似神仙。

香港回归十年有感

米旗降下五星升，十载风流力竞雄。
娇艳荆花寰宇瞩，一国两制思邓公。

港澳欣然归故里，中华携手共腾飞。
海峡两岸本同体，何日山河大统一？

咏白玉兰

二月玉兰花竞艳，疑从仙苑下尘凡。
冰洁高贵质妍体，香气袭人胜牡丹。

书屋感怀

观书读报自得心，绿树红花满院春。
新居伏案觅佳句，炼脑增知又健身。

晚年自乐

窗前灯下诵诗篇，美酒香烟不慕沾。
粗茶淡饭知足乐，随笔休闲度晚年。

学　诗

七十学诗容易忘，虚心刻苦理应当。
热情投入追精品，切勿痴迷碍健康。

七十有感

人生七十古来稀，华夏千年众一词。
三岁夭亡成历史，九旬健在亦非奇。
若曰何故多高寿？千载难逢盛世时。
莫道夕阳天色晚，老鹰展翅恨天低。

元宵之夜

除旧布新春又到，龙飞狮舞闹元宵。
彩灯盏盏争谐美，爆竹声声试比高。
五色银花启天幕，万棵火树入云霄。
眼前美景观不尽，独憾嫦娥轮未露娇。

采桑子·老人节

人生易老诗难老，
岁岁重阳，
今又重阳，
幸福花开分外香。
一年一度秋风劲，
不似春光，
胜似春光，
益寿延年万里航。

注：老人节将至，重温毛主席 1929 年采桑子词《重阳》，联想今日感慨颇多，愿学其精神，稍易数字以仿效之。

庆祝建军八十周年(古风)

八一良辰贺伟功,井冈火种映苍穹。
千难万险长征路,抗战八年称英雄。
三大战役定胜负,横扫残敌气如虹。
新政伊始迁危难,援朝抗美扬威名。
改革开放使命重,保驾护航当先锋。
坚强柱石擎天宇,维护和平获殊荣。
威武之师震四海,文明之师万里行。
赤胆忠心昭日月,光辉业绩满寰瀛。

(原载《世纪诗词大典》第9卷,中国文史出版社2008年版)

回赠张金龙先生

赞誉之词愧难当,七十有余未入行。
承蒙老友信手点,几首拙诗顿生光。

[附]

春回雁来致杨尊明诗友

老友尊明八斗才,诗文锦绣上瑶台。
东风已解冰霜去,大地春回鸿雁来。

张金龙

2008年4月

读徐经泽教授赠书有感

耄耋鹤寿志高远，身退人闲笔未闲。
不问金牌已多少，更将精品献瀛寰。

人老志坚意气发，倾心事业献年华。
书珍两部成佳酿，风雨人生添彩霞。

赞叹先生多才艺，学识渊博贯中西。
熟读马列精管理，诗词书画令人奇。

2008年5月

汶川地震

八级地震惊华域，五万魂灵绕身躯。
转瞬山崩楼宇倒，美好家园变废墟。
可敬英雄子弟兵，舍生忘死赴灾区。
全国上下城汤固，胜利坚强热泪淘。

大难兴邦

特大灾害将过去，我们已不再哭泣。
大难淬砺钢铁志，昂首挺胸要奋起。
万众一心众志城，大灾激发大勇气。
多难兴邦齐努力，凯歌中国屹大地。

2008年5月

申奥成功抒怀

全球竞办奥运会，机会百年等一回。
不是国家嫌太小，只缘命境困且悲。

几代期盼梦成真，成功申办义深邃。
空前盛世湔宿耻，民富康泰国显威。

喜迎奥运圣火

一支圣火到山东，千万黎民热气腾。
爱国热情新高涨，和谐团结国增荣。
和平友谊播江海，齐鲁山川披彩虹。
孔孟之乡同喜悦，积极参与树正风。

“水立方”赞

国泳中心“水立方”，京城奥运一主场。
外貌酷似蓝宝盒，四周皆为泡泡墙。
耐腐保温性俱佳，自洁能力亦很强。
坚固耐用高环保，设备豪华质优良。
标志建筑扬华夏，美哉新奇傲八方。

2008 年 7 月

平安奥运

奥运平安重泰山，千金一诺国人担。
警民携手舞神剑，斩妖除魔法无边。

安保战

奥运在即任重艰，形势复杂安保难。
迫在眉睫决胜战，“雪豹”①“蓝剑”②冲锋前。
突击队员守护神，魔鬼训练高且严。
数万官兵天罗布，反恐地网杀手锏。
警力有限民无限，全民参与保平安。

2008 年 7 月

理性爱国

爱国热情应发扬，偏激情绪不可为。
真诚开放平和心，尊重大度迎嘉宾。
文明礼貌高风格，当好主人尽职勤。
笑看奥运淡输赢，友谊包容暖客心。
任凭谁人去评说，天下公众自有论。

奥运会开幕式观感

奥运开幕异彩添，感动中国憾瀛寰。
五千文明远播大，书画长卷谱鸿篇。
民族元素放光彩，时代风貌展奇观。

---

① 为有效防范和处置恐怖暴力活动，2002 年组建“雪豹突击队”，被称为“北京奥运会的守护神”。

② 2008 年 6 月，一支由 75 名特警队员北京奥运会安保精锐部队——“蓝剑突击队”成立。

大气磅礴惊人世，魅力无限扣心弦。
飞天点火追日月，万众欢呼震夜天。
绚丽焰火高科技，变化奥妙如梦玄。
精美绝伦陶人醉，文化大典盛空前。
全球收视创纪录，不是金牌尽领先。

2008年8月

赠举重奥运冠军陈燮霞

凌云壮志胸怀广，勇敢拼搏力量强。
举重若轻夺首冠，红旗升起五洲扬。

燮霞举重女中娇，一片孩儿气未消。
信手轻翻新纪录，逗人鬼脸乐陶陶。

赠跳水奥运冠军郭晶晶、吴敏霞

玉立双娇三米板，同步齐飞碧浪间。
动作高难达极致，宛如仙女半婵娟。
高超技术群芳愧，折桂瑶台誉宇环。
搭档绝佳无媲美，辉煌再创谱新篇。

赞举重冠军刘春红

女中俊颜乃春红，佳绩令人吃一惊。
五破全球新世纪，今朝夺冠建奇功。
技高神勇钢坚志，盖世拔山气若虹。
自信谦虚品德好，和谐之美国增荣。

女子10米跳台冠军陈若琳

年少女豪陈若琳，首参奥运获双金。
技高胆大心沉稳，摘桂扬旗慰至亲。

贺张娟娟射箭第一金

姑娘飒爽勇无敌，一箭封喉取首级。
打破韩国神话史，体坛风雅颂新诗。

杜丽夺冠感国人

失败更坚齐鲁女，挫折教训不离弃。
能超自我好心态，笑佩金牌志未移。

2008年10月

祝贺“神七”载人飞船发射成功

载人神舰又飞天，天马行空奏凯还。
拜访苍穹三昼夜，累累硕果震瀛寰。

神七凯旋义深邃，新揭航宇里程碑。
舞步盛装第一跨，空间驿站立功勋。

2008年10月

读张金龙教授新著《山花烂漫》

(一)

感谢先生赠诗集，拜读大作颇受益。
根深叶茂果累累，烂漫山花五颜丽。
德艺双馨冠九州，助人为乐效尧禹。
新声宽韵扛大旗，高唱诗坛改革曲。

(二)文才横溢

文才横溢志云天，知古倡今重任担。
举手能擎三尺鼎，挥毫依马谱诗篇。

(三)师　表

献身高教三十载，强国富民鸿志坚。
笃信马列重实践，率先垂范育英贤。
教研党务任重远，著作如林业斐然。
发表诗词八百首，更有杂论百余篇。
诚信谦和为师表，博学寡语干在先。
精品荟萃获嘉奖，中华文苑美名传。

2009 年春

贺山大科学社会主义系创立三十周年

贺吾系建三十载，事业辉煌登高台。
桃李五千垂玉果，神州遍地栋梁材。

改革伊始历辛艰，冲破阻力聚英贤。
首编教材获大奖，学术声誉日中天。

名师团队领奋起，博硕本科独树帜。
求真务实风朴实，科社前沿扛大旗。

2009 年 3 月

抗震救灾

政府决策快有力，信息公开合民意。
总理即日飞灾区，冒险指挥榜样立。
十万官兵冲在前，全民自发闻风起。
抢救生命重中重，一线希望百倍力。
降旗为民举国哀，五千文明属首一。
以人为本兴华夏，爱民护民国之基。

改革开放三十年有感

三十岁月一挥间，禹甸山河换新颜。
改革开放特色路，社会进步惊宇寰。
繁荣昌盛奇迹创，国泰民安歌声传。
港澳之光宝岛照，崛起中华盼团圆。

2009 年 5 月

祝贺神七飞船发射成功

航天英雄翟志刚，初乘飞舰创辉煌。
出舱活动极完美，天马行空惊玉皇。

纪念改革开放三十年

圣君自古皆求变，难比改革华夏园。
教育科学大发展，神州巨变换新颜。

小康道路宽又广，百姓生活翻几番。
民富国强物丰美，神龙冲上九重天。

百花公园赏花

和暖春风天气朗，丽姿男女换新装。
百花笑对众宾客，唯有牡丹分外香。
大朵雍容华贵貌，红黄白紫竟芬芳。
天香国色陶人醉，翁妪携衣观赏忙。

退休抒怀

教学工作四十年，花甲初逾始有闲。
坚信终生唯马列，求真务实献文坛。
全身投入栽桃李，艰辛耕耘育俊贤。
愿以诗词为挚友，退休续写晚霞篇。

贺北京申奥成功

申奥成功喜气盈，中华儿女倍觉荣。
五洲四海同庆贺，举国高歌鼓乐鸣。
办好北京新奥运，众长博采益求精。
为民造福国昌运，信守承诺躬必行。

满江红·庆申奥成功

国强物丰，众望归，斯年大吉。忆往日，百年一回，七月圆华。举国上下同声庆，海外赤子扬眉激。颂中华，改革催崛起，东方屹。

办奥运，抓机遇，快发展，民受益。促经济文明，科技腾飞。壮志凌云高水平，郑重承诺特色立。新北京，更团结进步，迎佳期。

渔家傲·迎奥运

东海之滨圣火递，黄河两岸呼声急。齐鲁儿女需努力，奥运至，奋勇拼搏创佳绩。　万众欢腾传千里，泰山之巅迎旭日。高擎红旗鼓勇气，雄心立，富民强国争朝夕。

“鸟巢”赞

高大雄伟主赛场，原似摇篮一“鸟巢”。
风格独特世罕见，华美编织自风骚。
巨大钢架构形体，顶部马鞍藏秘奥。
外壳填充气垫膜，辉日穿透浴草长。

设备先进现代化，功能齐全有独创。
节能环保高科技，彰显北京新地标。
四海宾朋同声赞，炎黄子孙倍感骄。
全球设计誉桂冠，建筑史书谱华章。

（原载《世纪诗词大典》第10卷，中国文史出版社2009年版）

开国领袖毛泽东

东方日出韶山冲，群英筹党聚申城。
一门英烈救国将，井冈秋收武农工。
遵义免难正航道，长征万里气贯虹。
抗倭八载斩魔寇，鏖战三年缚苍龙。

一代伟人毛泽东

雄文四卷举世名，指引神州起航程。
马列理论中国化，首功当属毛泽东。

旷世奇才智勇生，文功武略盖寰瀛。
诗词书法无伦比，伟业兴邦千载荣。

2009年10月

卜算子·贺建国六十华诞

国诞六十年，万众齐声赞。四代伟人亲导航，处处红旗艳。
开放改革图，早把强国建。唤起龙腾凤翥时，理想堪实现。

缅怀毛泽东

开国领袖路程艰，创业功勋万代传。
率领黎民闹革命，翻身解放辟新天。

赞邓公

武略文韬盖世贤，临危受命正航船。
七旬复出中流柱，开放改革惊宇寰。

祝贺“神七”载人飞船发射成功

仰视神七升太空，三人谈笑傲苍穹。
航天技术新突破，潇洒出舱漫步行。

“千古圣人”祭

伟人千载世难寻，万代祭典更可钦。
至圣先师扬四海，无疆真理尽生辉。

游小三峡

风景秀佳惊世奇，水清碧浪曲流激。
高山两岸密林布，遥眺群猴枝上飞。

桂花

踏进青山阵阵香，满枝忽见万点黄。
金风何以撩人醉？原是桂花谷中藏。

游趵突泉

秋高气爽到亭前，泉趵腾空蔚壮观。
水涌如轮高数尺，波涛翻滚震佛山。
甘甜清澈锦鱼跃，中外游人齐赞言。
名士帝王多美誉，不虚天下第一泉。

浪淘沙·迎建国六十华诞

建国六十载，万众腾欢，神州大地换新天。举国上下齐奋起，快马加鞭。万邦黎民仰目观，忽见东方巨龙现，屹立瀛寰。

2009 年 10 月

贺王光荣先生八十大寿

敬祝王兄寿八旬，立言重教诲贤民。
精通法史诗文粹，博学多识启后人。
胸怀宽广志高远，艺海扬帆伟业存。
同享改革丰硕果，安康百庚共举樽。

（原载《明湖诗刊》2009 年第 32 期）

题贺新中国六十年大阅兵

国庆佳节喜气洋,首都三军阅兵忙。
科学武器竞亮相,气壮山河志更强。

旌旗映日彩云飘,军队豪气万丈高。
步履整齐雄姿展,东风浩荡尽英豪。

金秋气爽旭日升,正义雄师显威风。
装备精良军容整,文明之师国增容。

喜观世纪大阅兵,陆海空军实力雄。
倒海排山威武师,护航保驾势吞虹。

飘舞彩旗似海洋,首都检阅世人仰。
三军雄武磅礴势,彰显国威实力强。
装甲导弹铁流滚,雄鹰电掣傲天翔。
舰船火箭高科技,民富国强保远航。

阅兵赞

十月金风荡,大地起浩歌。
利甲坚兵固,军威壮山河。

国迎花甲寿,万里江山悦。
华夏威武师,兵民同欢乐。

祭孔大典颂

圣诞吉祥古乐鸣，佳节祭孔颂贤明。
万年师表宇寰仰，日月增光华夏荣。
仁者爱人和为贵，民生人本道常青。
修齐治平理天下，为政以德万事兴。

赞全国十一届运动会

华夏健儿聚泉城，泰山脚下论英雄。
黄河两岸佳绩创，友谊团结情更浓。
榜首高居东道主，一流服务展新容。
东荷西柳齐声赞，好客山东扬美名。

水泊梁山颂

天下英雄上梁山，替天行道灭贪官。
千年世道沧桑变，水浒美名忠义传。

老翁自勉

人活百岁并非梦，盛世和谐寿倍增。
民富国强老来乐，科学养生自觉行。

缅怀钱学森

航天之父钱学森，火箭大师无比伦。
两弹结合功卓著，爱国奉献勇创新。

赞书法家王长水先生

执教山大四十年，一片丹心照杏坛。
自强不息志高远，无私奉献育英贤。
通今博古有新见，精品层出似涌泉。
老骥佛心功卓著，学林书海赞歌传。

2010年8月

醉花间·春节君子兰

金花瓣、玉花瓣，红黄增色艳。满屋蕴芳香，来客皆称赞。
佳节花陪伴，喜气盈庭院，两盆君子兰，灵气春早现。

题贺世博会在我国举行

工业革命百余载，列强争霸起狼烟。
中华民族历磨难，落后挨打受辱艰。

末代皇朝多腐败，瓜分赔款任人宰。
东方庆幸已破晓，虎跃龙腾世博开。

金融风云西土生，波及世界危机重。
群星博览银光灿，更盼骄阳代月明。

题赠世博会中国馆——东方之冠

雄伟多姿红冠波，文明彰显盛世国。
出神入化东方美，紫气追天对日歌。

建筑神奇高精尖，舒适环保融自然。
以人为本新理念，天下美城终可攀。

题贺世博会山东馆

巍巍泰岱傲苍穹，孔孟之乡铸文明。
大海蓝天多胜景，地灵人杰会宾朋。

赠贺上海世博会

东海之滨旭日升，神州遍地出彩虹。
万国博览盛典举，亿万嘉宾聚申城。

世博召开义深邃，百年梦幻变真成。
大国崛起新风创，崇尚和谐共繁荣。

亚运会开幕赞

“白云之帆”舞台闪，空中飞渡世人罕。
武林高手特技演，大胆创新举步艰。
跨越奔腾冲激浪，登山飞障自由天。
更高更快更强劲，体育之神风采翩。

“海心沙岛”开盛典，群英荟萃舞翩跹。
金光影水造“巨轮”，系列喷泉出奇观。
高耸入云广州塔，火焰绚丽不夜天。
绝伦精彩南国城，“红棉花开”举世欢。

亚运会观感

二十年来誉日增，健儿体苑铸威名。
北京奥运惊环宇，今日羊城贯日虹。

国运恒昌体育兴，云霞映照木棉红。
群星璀璨登极顶，再创辉煌耀太空。

中国军团创辉煌，体坛折桂再称王。
辛勤历练巅峰走，新秀辈出尽闪光。

2010年9月

贺嫦娥二号发射成功

火箭轰鸣西昌升，腾云驾雾入蟾宫。
中华儿女齐声贺，科技航天又立功。

惊天动地出尘寰，星箭奔腾上青天。
笙箫曼舞迎御妹，牵手探秘共庆欢。

星河广袤深空间，探路先锋任重肩。
高精装备神武显，揽月九天今梦圆。

嫦娥近绕广寒宫，高速准确世人惊。

高端仪表新研制，探月绘图精益精。

直飞三十八万里，探险预选着路区。
虹湾影像堪完美，石岩清细高辨晰。

嫦娥二号奔月感赋

身披彩虹跃苍穹，华夏飞龙绕碧空。
火箭推星准入轨，近距探测建奇功。
炎黄子孙翘首待，国际友人喝彩声。
吴刚捧出桂花酒，迎来故友盼“三通”。

鹧鸪天·嫦娥二号奔月成功

浩气威武上太空，举世瞩目观金龙。
神州大地鼓乐鸣，遥星东方旭日升。
树雄心，奔征程，劲风相助探繁星。
中华崛起国魂振，再谱新曲送月宫。

钱伟长

力学之父钱伟长，毕生爱国图自强。
国外归来心血献，斯人奇迹美名扬。

夜　思

明月悠悠照大千，夜思遐想入梦涯。
欧风美雨景虽好，怎比巍巍锦中华。

2010年10月

北京残奥会开幕感怀

金秋北京喜事连，两个奥运相继开。
五洲健儿满意归，四海宾朋新又来。
轮椅悬空点圣火，攀登坚毅感尘寰。
瞬时满场星光灿，聋姑白裙舞玉盘。
自尊自强超自我，美妙绝伦似天仙。
同享欢乐充满爱，共建和谐大舞台。

党的十一届三中全会召开三十周年有感

三中全会义深远，伟大转折时代变。
否定“文化大革命”，思想解放起航帆。
科学评价毛泽东，小平理论开新篇。
求实路线基础奠，经济建设为重点。
改革开放序幕启，迎来春风暖人间。
议政五日乾坤定，赢得腾飞三十年。

建国六十周年颂

建国辉煌六秩年，丰功伟绩史无前。
三座大山被推倒，百年国耻已雪湔。
人民当家立宏愿，富民强国志永坚。
改革开放新时代，特色大道迈步宽。
经济腾飞惊四海，综合国力跃前三。
科技发展奇迹创，小康生活大改观。
全国进步世罕见，国泰民安业非凡。
和平外交礼仪邦，博得五洲赞歌传。

四代领导播真理，华夏一统聚英贤。

读黄冕堂先生赠书有感

大作读之难释手，恩师情意溢心头。
年逾八秩出名著，史册百家堪一流。

老骥犹存千里志，学林奋斗不知疲。
累累硕果誉华夏，巨著八旬盛世奇。

六十六岁方准退，轻松晚年众人求。
壮心不已仍拼搏，伏案著书笔未休。

志存高远才智广，通古博今谱锦章。
两部鸿文意深邃，传世佳作美名扬。

山大执教五十春，功勋卓著史书存。
无私奉献育桃李，千万学子颂师恩。

细研经史破千卷，创造继承书等身。
厚积薄发皆精品，华夏文坛放光辉。

敬佩先生意志坚，锲而不舍治学严。
勤奋艰苦埋头干，一代宗师后辈瞻。

博学多识胸怀广，崇德敬业诲人忙。
一片丹心兴科教，已忘松鹤年寿长。

(原文载2011年3月9日《山东大学报》)

贺《文史哲》创刊六十周年

波澜壮阔六十年，学术研究光灿天。
辛苦耕耘结硕果，九州誉满聚英贤。

中外大家文荟萃，学林圣地树丰碑。
荣得出版最高奖，名副其实相辉映。

尧天舜日五千年，盛世文坛花更妍。
厚积薄发名品展，博观约取美名传。

沥胆披肝育文苑，一枝独秀百花园。
高扬古典多新树，汉语之林异彩添。

博今通古厚根基，文史哲法贯中西。
务实求真汇精品，把关缜密质第一。

沧桑风雨起航帆，“双百”坚持未改弦。
崇尚科学辩真理，青春永驻步高端。

面向权威敢挑战，争鸣学术攀峰巅。
资深尊重赠佳作，扶持后生志更坚。

（原载2011年5月18日《山东大学报》）

纪念建党九十周年

精英七一起航帆，高举红旗奋勇先。
曲折艰难铁铮骨，风云变幻未更弦。

三山推倒劈新宇，崛起中华谱鸿篇。
改革开放春雷动，治国安邦壮尧天。

中共九十华诞感赋

迄今建党九十年，古老中华换新颜。
虎跃龙腾跨世纪，繁荣富强四海安。

抛头洒血建政权，守业更比创业艰。
历代帝王烟云客，存亡根本系民天。

百年鏖战誉千秋，逐鹿英雄自风流。
若问根由今安在，科学理论耀斗牛。

2011年7月

建党九十周年颂

喜迎建党九秩年，丰功伟绩史无前。
驱帝除封新国立，任人宰割不复还。
经济腾飞国安泰，华夏文明盛世天。
改革开放特色兴，承包百业出奇篇。
铁甲神龙昆仑进，三峡奇迹降人间。
南水北调世罕见，西气东输万里援。
高速铁路跃居首，巨龙腾飞众邦观。
京华奥运成功办，百年世博美梦圆。
星弹升空震玉帝，嫦娥奔月探群仙。
兵强国富黎民安，以人为本和永年。

毛泽东颂

匡世奇才大智勇，政军哲史传九州。
诗词名家无伦比，书法独帜尽风流。

纪念刘少奇同志诞辰110周年

开国元勋历坎坷，杰出英才忆悲歌。
白区艰险功卓著，治国良策惹风波。
一片丹心忠言谏，祸起“左”倾无奈何。
功留青史垂千古，治党安邦智谋多。

缅怀周恩来总理

盖世忠良开国相，丰功伟绩世难超。
才华横溢智慧星，大公无私品德高。
叱咤风云武侯志，治国安邦数英豪。
杰出外交扬天下，一代伟人千秋骄。

缅怀邓小平同志

三起三落志弥坚，惊涛骇浪固若山。
殚精竭虑谋发展，只争朝夕美华园。

缅怀周总理

功高天下无私欲，尽瘁鞠躬三寸丹。
清正廉洁垂典范，运筹帷幄超圣贤。

邓小平颂

(一)

文武全才智多星,威名远震冠西中。
高擎马列活运用,民富国强建奇功。

2011年8月

(二)

雄文三卷照千秋,特色宏论指航程。
改革开放富强路,中华崛起庆升平。

缅怀彭德怀元帅

彭大将军开国帅,功勋卓著敌胆寒。
百团大战威风显,抗美援朝震宇寰。
精忠报国铁铮骨,坚持真理勇当先。
为民敢谏千古颂,一代英名留世间。

纪念建党九十周年感赋

血腥风雨岁月艰,忘死舍生闯千关。
万里征程播星火,八年烽火斩敌顽。
开国曲折寻新路,换来改革艳阳天。
立党为公中流柱,碧血丰碑后辈瞻。

屡建伟功昭后代,勿忘英烈众先贤。

四代统帅兴基业，雄才大略谋兴端。
珠还壁合金瓯固，特色小康盛空前。
和平外交誉天下，屹立强林赤旗妍。

（原载2011年6月29日《山东大学报》）

纪念山大建校110周年

星移斗转世沧桑，山大巍巍璀璨光。
齐鲁率先学府建，章程首立世流芳。
民穷国弱受欺凌，战乱日艰迁徙忙。
历尽磨难归故里，护学爱国自图强。

青岛风光盖世美，名家荟萃聚八方。
兼容并蓄增活力，海纳百川博众长。
文化根基底蕴厚，大师携手创辉煌。
擅长文史播寰宇，理海工农有异芳。

薪火相传百载翔，求真务实奋发扬。
严师尊道崇学术，开拓创新校风彰。
正气浩然高远志，中西通贯谱华章。
育培才俊四十万，泰斗帅将国脊梁。

三校合一优互补，融合盛世觅良方。
根植齐鲁怀天下，为国储才图富强。
威海济南及青岛，三城八校势宏磅。
蓝天碧海文明地，泉海山河浴凤凰。

改革探索新模式，特色突出扬己长。
德性育人居位首，追求学术兴鸿庠。

教研永远中心定，团队大师领远航。
理念科学基础奠，人才战略腾龙骧。

科学管理高质量，跨越一流再铸煌。
国际交流迎挑战，登高望远气轩昂。
百年名校多丰果，孔孟之乡添逸香。
喜庆诞辰高起点，大鹏展翅傲天翔。

(原载 2011 年 9 月 7 日《山东大学报》)

世纪伟人孙中山

才华横溢大英雄，复旦兴中华夏龙。
起义广州腾热血，武昌炮响建奇功。
推翻帝制惊寰宇，民主共和废旧风。
地北天南促一统，鞠躬尽瘁陨巨星。

一代伟人凌志宏，救国革命献终生。
殚精竭虑兴禹甸，反帝废封称世雄。
强国富民除敝政，联俄联共助农工。
自由平等倡博爱，天下为公奔大同。

浪淘沙·赞孙中山先生

日暮帝资封，民怨沸腾，山河破碎国衰穷。
驱走鞑虏光禹甸，谁是英雄？
数数伟人丛，莫属孙公。
摧毁千年封建制，盖世奇功！

2011 年 10 月

咏知新楼

高耸入云新宇楼，百年名校显华容。
群英荟萃通四海，迈步高端攀顶峰。

体育馆赞

壮观雄伟美华馆，设计独特似穹天。
竞赛健身绝妙地，引来才俊把梦圆。

2011年10月

纪念孙中山诞辰145周年

少年大志热血腾，肝胆报国系民生。
海外奔波索真理，异邦结社誓兴中。

革命先驱孙逸仙，雄才大略气浩然。
披荆斩棘舞利剑，统帅楷模奋勇先。

专制废除根基奠，共和民主新纪元。
丰功伟绩垂青史，四海流芳万古传。

天下为公始至终，鞠躬尽瘁肝胆倾。
晚年新定三民策，大业承传赖后生。

读赵明义先生赠书有感

执教山大五十年，桃李芬芳遍宇寰。
辛苦耕耘结硕果，功勋卓著育良贤。

知古博今重任担，胸怀似海性豪然。
终身教授登极顶，文苑星光灿九天。

敬佩先生才识广，博学睿智谱华章。
荣膺崇奖世人羡，德艺双馨四海扬。

熟读经典重实用，信仰坚贞躬必行。
任尔倾盆风雨猛，难移泰岳一青松。

不谋权势不经商，敬业崇德著作忙。
百册书文奇迹创，弘扬马列世流芳。

高尚师德学术精，治学严谨大家风。
中西通贯索真理，慧眼金睛舞利锋。

乐观坦荡志坚强，妙笔豪情涌满腔。
高效果丰文璀璨，神州处处墨飘香。

思维灵敏多谋略，开拓创新远见卓。
组织才能谁与比，运筹帷幄帅之模。

殚思竭虑壮尧天，大作如林似涌泉。
老骥犹存千里志，领军团队仍攻坚。

诚谢先生赠巨著,珍书三部寄深情。
宏图笔锐播真理,业绩辉煌贯日虹。

2011 年 12 月

贺神九飞船对接成功

神九载人上太空,群英赴约一号宫。
对接自如真完美,荧屏内外掌声鸣。

巾帼英雄驾飞船,石破天惊震长空。
刘洋技高英姿爽,首扮嫦娥戏苍穹。

升空神九宏图展,夜吻天宫把梦圆。
巨龙腾起新星艳,永驻空间探九天。

2012 年 6 月

喜迎党的十八大召开

立党为公领远航,乘风破浪创辉煌。
科学发展明方向,民本推行要褒扬。
决策共明惠民好,跨越发展国富强。
龙腾凤翥迎盛会,紫气东来举世祥。

群英荟萃聚京城,承前启后绘锦程。
环球经济跃第二,九年农业连年丰。
改革创新促和谐,综合国力大提升。

和平崛起巨龙醒，何惧东隅妖又生。

神九飞船上太空，对接手控立奇功。
航天伟业旗高举，磅礴云天看大鹏。
蛟龙潜海七千米，首破纪录探迷宫。
九天揽月展豪气，五洋捉鳖笑东风。

2012年11月

校园春日

姹紫嫣红香浓郁，丁香海棠俏争宠。
教学钟响吉祥送，学子孜孜气贯虹。

典雅古朴屋宇堂，科学宝库院中藏。
岩柳婀娜莺燕舞，英才荟萃誉八方。

古树参天郁郁葱，芳园处处百花丛。
大师堂殿讲宏论，弟子三千留美名。

曲径通幽林荫间，繁花似锦登石连。
凝眸博览思天下，不晓春风送面前。

注：校园春日指洪楼校区

（原载2012年4月18日《山东大学报》）

名师风采

——终身教授赵明义八十寿辰暨学术贡献研讨会感赋

誉满杏坛五秩秋，耄耋鹤寿尚耕耘。
沧桑风雨攀峰顶。科社圣坛耀眼星。
卷卷珠玑多亮点。大师风采浴春风。
青春永驻安康泰，翅展鲲鹏傲九重。

潇洒坦诚八斗才，名师堂殿胜芳园。
连珠妙语义深邃。谈古论今若大川。
意立云天智如海，布识传道品优先。
创新求索解疑惑，学子莘莘尽赞言。

(原载 2012 年 9 月 12 日《山东大学报》)

读者来鸿

尊敬的编辑同志：

您好！

作为老读者，我把校报视为不可缺少的精神食粮，也把它作为了解山大信息的重要平台。令人欣喜的是该报越办越好，深受广大读者的关注和青睐。副刊亦如此：内容丰富，佳作荟萃，品位高雅，形式多样，文风朴实，图文并茂，生动感人，老少皆宜，风格独特。校报学术性、思想性、趣味性兼顾，正为创办高水平大学增光添彩。在此，谨向付出辛勤劳动的编者表示敬意。

光阴荏苒春已至，拂面暖风花又开。校园内已阵阵花香，景色宜人。笔者每前往观之，顿有神清气爽舒适之感，徘徊其间，流连忘返。今偶成拙诗送上，请审阅赐教。

祝健康幸福，再创辉煌！

杨尊明

2013 年 3 月 25 日

[附]

校中花

春意盎然百花放。满苑丁香领馥芳。
姿容媚秀千结美，四溢清香醉玉皇。

繁花似锦色娇妍，绛萼朱红俏世间。
潇洒风姿西子貌，芳香飘逸赛天仙。

注："校中花"指洪家楼校区。数百颗丁香即将盛开，浓香醉人。近五十棵海棠玉立道旁，十分诱人，令观者流连忘返。

（原载2013年3月27日《山东大学报》）

伟人毛泽东

百年伟人旷世功，社会主义织彩虹。
革命建设结硕果，独立自主飞巨龙。

瞻仰南京中山陵

古柏苍松绿肃森，紫金山麓仰忠魂。
叱咤风云四十载，英灵宝岛促归根。

中共九十华诞感怀

立党兴邦盖世讴，丹心英烈照千秋。
红旗血染印心内，饮水思源万古流。

环城公园游

丛林翠绿树参天，碧浪银河游画船。
流水潺潺绕城走，泉城美景胜江南。

岁寒三友

咏　松

郁郁葱葱看劲松，千年沧海亦从容。
剑锋铁骨豪气展，屹立峣然遍宇中。

咏　梅

凌风傲雪志惟坚，僻壤扎根不媲妍。
发奋有为图自励，频传暗香报春先。

咏　竹

山野林中傲似松，战寒斗暑屹苍穹。
虽为玉骨金枝貌，却保青春节劲风。

纪念党的十一届三中全会三十五周年

岁月悠悠弹指间，中华大地辟新天。
改革开放亮神剑，铸造辉煌无史前。
虎跃龙腾昂首迈，经济总量前超三。
东方出彩世人羡，国泰民丰春满园。

贺神十飞天成功

实现千年飞天梦，三人飘逸进天宫。
科学试验谱新曲，应用飞行誉满盈。
浩瀚宇宙迎齐女，太空授课显神通。
天地往返任尔越，中华儿女傲苍穹。

2013 年 10 月

咏　荷

圆叶长茎坐水塘，清纯色秀馥芬芳。
污泥不染真君子，岂忍身旁贪腐郎。

科社系八〇级毕业三十年同学聚会赴会感怀

(一)

毕业三十载，凯歌将帅还。
樽举同心贺，辉煌耀宇寰。

(二)

培桃育李一园丁，辛苦耕耘四季同。
忽见果实满天下，乐哉老叟傲鲲鹏。

2014 年 7 月

斥日本政要参拜靖国神社

遭侵怒火尚未消，拜鬼军国罪恶昭。
战犯魔怪阴魂在，勿忘国耻剑斩妖。

采桑子·游泰山

又惊又喜冲天穹，缆车腾升。人亦悬空，白云飞渡耳生风。
再看巍巍东岳，郁郁葱葱。南天门登，心潮万里觅圣踪。

崂山行

如诗如画空山留，小坐青石享风柔。
群山翠绿桥边柳，瀑布清泉足下流。

泰山行

脚踏白云头顶天，巍峨起伏山连山。
松柏蔽日石径路，烟海翻腾欲飘仙。

2014 年 7 月

咏诸葛亮

西蜀贤相诸葛亮，鞠躬尽瘁兴华邦。
多谋足智妙兵法，廉政治国万古芳。

说关羽

忠肝义胆美髯公，武略文韬盖世雄。
傲气忘形蜜语信，荆州痛失败麦城。

刘备困白帝城

感情冲动大兴兵，阻拒谏言一意行。
火烧连营十万损，逃生惨败困白城。

2014年8月

后　记

2013年春节前夕，在一次好友聚会上，赵明义教授关心地向我建议，把我过去的著作及近年来的诗稿整理一下出个集子，并表示可以协助。我迟疑良久未敢应允，只向大家说："退休二十多年了，成果平平，没啥意义。再者刚动完手术(青光眼)，身体也不好，以后再说吧。"宴会开始前，赵老师又说："今年正逢杨老师八十大寿，大家表示要庆贺一下，寿糕已准备好。"此举使我有些意外，又十分感动，心想：这位比我年长的老领导、全国著名专家、终身教授，还一如既往地关心老朋友，这是多么令人钦佩！记得1962年他刚从中国人民大学调来时，我们就是一个教研室。1978年春开始编著全国第一部科社教材时，我就是以他为首的学术团队的一名战士。时光荏苒，五十余载，人世沧桑，往事如烟，但我们的深厚友谊却始终未变。

次岁8月，毕业生返校聚会时，又聊起此事，他叫我写个目录。以后我便开始整理书稿，并拟出目录和题目给他看。我把发表的部分论著(以论文为主)，从中挑选较重要的按时间顺序编排而成。尽管时间渐远，但文中基本观点和主要内容，仍与社会主义核心价值观相吻合，作为史存尚有一定价值。本书能够出版，并在百忙中作序，首先要向这位德高望重的赵老师表示深深谢意！

说到诗词，我原无基础。退休前，一直忙于本专业的事情，更谈不上兴趣。2005年前后，张金龙教授送我他编著的《诗词六百首》，这才有了较多的接触。后来，随着身体状况改善，又无事可做，在他的热情帮助下，才逐步开始了诗的习作。至今共写了300余首，其中被报刊采用的100多首。这里选了200首,大部分都与国内外重大事件相关或与山大关系密切。因缺少文学修养和形象思维,加之,年逾七十,起步太晚,质量不高是很自然的事。这里需要特别感谢的是著名诗词专家张金龙教授。从开始创作到现在,一直得到他的热情鼓励和大力帮助,在格律方面尤其如此。全部诗稿都请他认真审阅、修改而成。为此他付出大量的心血和劳动,使我十分感激。张先生功底深厚、学识渊博、乐于助人,不愧是我的良师益友。可惜,我对诗词基本知识至今仍知之甚少,顶多懂一点皮毛。晚年所为,是退休生活中的一种乐趣和补充,也是我大半人生的简单回顾与小结,是迟到的一份生日礼物。此书能够顺利出版,还要感谢山大出版社的领导和参与工作的朋友们,感谢他们的大力鼎助。

作者因眼疾特请尚丽琴副研究员、张金龙教授(诗词部分)校对,在此深表谢意!由于水平所限,书中难免有不妥之处,敬请读者不吝赐教。

作者

于山东大学洪楼校区五宿舍敬轩书斋

2015年4月26日

图书在版编目(CIP)数据

社会主义问题研究文稿/杨尊明著．—济南：山东大学出版社，2015.12

ISBN 978-7-5607-5447-5

Ⅰ．①社…　Ⅱ．①杨…　Ⅲ．①社会主义建设－中国－文集
Ⅳ．①D616-53

中国版本图书馆 CIP 数据核字(2015)第 309898 号

责任编辑：赵　岩
封面设计：张　荔

出版发行：山东大学出版社
社　址　山东省济南市山大南路 20 号
邮　编　250100
电　话　市场部(0531)88364466
经　销：山东省新华书店
印　刷：济南新科印务有限公司
规　格：880 毫米×1230 毫米　1/32
9.25 印张　250 千字
版　次：2015 年 12 月第 1 版
印　次：2015 年 12 月第 1 次印刷
定　价：26.00 元
